Franz Schuh

LACHEN UND STERBEN

Paul Zsolnay Verlag

Mit freundlicher Unterstützung der Kulturabteilung
der Stadt Wien, Literatur

1. Auflage 2021
ISBN 978-3-552-07229-9
© 2021 Paul Zsolnay Verlag Ges. m. b. H., Wien

Textnachweis: Georg Kreisler, Taubenvergiften
© Barbara Kreisler-Peters; Elias Canetti, Die Fackel im Ohr.
Lebensgeschichte 1921–1931 © 1993 Carl Hanser Verlag München;
ders., Die Blendung © 1992 Carl Hanser Verlag München; ders.,
Ich erwarte von Ihnen viel. Briefe. Aus dem Nachlass hrsg. von Sven
Hanuschek und Kristian Wachinger © 2018 Carl Hanser Verlag
München; ders., Komödie der Eitelkeit. Aus: Gesammelte Werke
Band 2 © 1995 Carl Hanser Verlag München; Carl Merz, Helmut
Qualtinger, Der Herr Karl © 1996, 2007 Deuticke im Paul Zsolnay
Verlag Wien; Odo Marquard, Zukunft braucht Herkunft. Philoso-
phische Essays © 2003, 2020 Philipp Reclam jun. Ditzingen

Satz: Nadine Clemens, München
Autorenfoto: L&P
Umschlag: Anzinger und Rasp, München
Motiv: © Robert Samuel Hanson @2agenten.com
Druck und Bindung: CPI books GmbH, Leck
Printed in Germany

MIX
Papier aus verantwortungs-
vollen Quellen
FSC® C083411

Die Zeit kommt nicht, sie vergeht.
Die Schwarzwaldklinik (1985)

2020

In diesem Winter
und in dem Winter davor
habe ich kein einziges Mal
meinen Wintermantel getragen.

Das war vielleicht ein Glück!
Denn ich bin wieder einmal dicker
    geworden,
dicker, als ich damals war,
in dem Jahr, da ich den Mantel kaufte.

Vielleicht hätte er mir nicht mehr
    gepasst,
obwohl ich jeden Mantel größer kaufe,
als gerade angemessen wäre.
»In weiser Voraussicht«, wie man sagt.

Die Frage ist in diesem Frühling
    ohnedies überholt.
Es kursiert die Nachricht,
dass manche Leute zur »Risikogruppe«
    gehören.
Die muss man entweder schützen
oder ihrem Schicksal überlassen.

In meiner Quarantäne
benötige ich keinen Mantel,
nicht einmal eine Jacke.
Hemden oder T-Shirts genügen
die nächsten drei Monate.

Vielleicht muss ich länger so auskommen.
Zum Trost ist draußen Frühling.
Manchmal scheint die Sonne,
und es ist schon sehr warm.

TOT IN WIEN

»Schock am Dienstag: Während der Fahrt polterte plötzlich ein Sarg aus einem Fahrzeug der Wiener Bestattung auf die Straße und zersplitterte. Der Transporter war gegen 11 Uhr auf der Atzgersdorfer Straße, Ecke Riedelgasse, unterwegs, als sich aus bislang ungeklärter Ursache die Ladetür öffnete. Der Sarg hätte aus Lainz in die Bezirksbeisetzungskammer Favoriten gebracht werden sollen. Genauere Details zu dem/der Verstorbenen werden von der Wiener Bestattung aus Rücksicht auf die Hinterbliebenen nicht veröffentlicht. Die Straße sei in diesem Bereich sehr steil gewesen, man gehe derzeit von einem technischen Defekt aus. Bei dem Klein-Lkw von Mercedes handelt es sich um einen ›Fourgon‹, wie das Fahrzeug im Bestatterjargon bezeichnet wird. Mit diesem werden regelmäßig Verstorbene von den Kühlhäusern der Spitäler zu Leichenhallen transferiert. Der gekühlte Transporter bietet Platz für insgesamt zehn Särge – bei dem heutigen Vorfall war nur eine Leiche an Bord. Der Fahrer, der alleine von Hietzing auf dem Weg in eine Bezirksleichenkammer in Liesing war, reagierte pietätvoll und richtig, indem er die Leiche in einen Sanitätssarg umbettete und den zerborstenen Holzsarg so gut wie möglich abdeckte. Die Angelegenheit war in etwa zehn Minuten erledigt, auch durch die Unterstützung alarmierter Kollegen. Der oder die Tote blieb ›unversehrt‹. Die Angehörigen, sofern es welche gibt, würden über den Vorfall informiert. ›Wir sind untröstlich, dass das passiert ist‹, beteuerte der Sprecher der Wiener Bestattung. Dass die Verriegelung der hinteren Türe defekt ist, sei klar. Wieso sie versagt hat, weiß man nicht genau. Auf der steilen Rosenhügelstraße wäre der Sarg jedenfalls aus dem offenen Transporter gerutscht. Dem Fahrer könne man einen technischen Defekt nicht vorwerfen. Er erlebte unschöne Minuten am Dienstagvormittag: Damit nicht genug, dass der Sarg auf der steilen Rosenhügelstraße aus dem Wagen rutschte. Da sich der Tote in einem Holzmodell befand, zersplitterte der Sarg auf der Straße. Der Vorfall wurde vom Sprecher der Bestattung Wien bestätigt mit dem Hinweis, dass so ein Vorfall trotz 30 000 jährlich durchgeführter Fahrten noch nie vorgekommen sei. Glück im Unglück: Der Fahrer des Leichenwagens brauste nicht davon, sondern bemerkte den Vorfall sofort und bettete den oder die Verstorbene – Details werden nicht bekannt gegeben – mit zu Hilfe gerufenen Kollegen in einen Sanitätssarg aus Metall um. Der zersplitterte Holzsarg wurde pietätvoll abgedeckt. Als Ursache des tragischen Missgeschicks wird ein technischer Defekt genannt, da der Wagenlenker vor Fahrtantritt die Türe vorschriftsmäßig verriegelte. Die Hinterbliebenen des transportierten Toten wurden verständigt, beziehungsweise ›würden‹ – sie würden verständigt, falls es Hinterbliebene gäbe. Spuren des Unfalls, der ein Vorfall ist, also eigentlich ein Rausfall in den Abfall der Straße, sind an dem Körper, also an der Leiche übrigens, übrigens nicht ersichtlich. Nach dem Vorfall stand der Fahrer des Unglückswagens unter Schock. Er wurde noch am Dienstag vorzeitig nach Hause geschickt.«

»LEBENSHILFE WIEN«
(FÜR DO)

1

Was soll ich sagen? Eines muss ich sagen, und ob es wahr ist, den Beweis für die Wahrheit, hat zum Beispiel der Verleger des Zsolnay Verlags, Herbert Ohrlinger. Jetzt steht der Verleger nicht nur hinter meinem Buch, sondern sogar in meinem Buch. Man wird sehen, wie der Buchhandel sich auf die Dauer macht und wer dann noch irgendwo steht. Wo steht aber der Autor?

Es ist jedenfalls wahr, dass der Titel dieses Buches »Lachen und Sterben« mit dem Coronavirus gar nichts zu tun hat, und es ist sogar wahr, dass mir das Virus gar nicht ins Konzept passt. Es ist ja Corona nicht bloß ein Virus, sondern auch eine eigene Textgattung geworden – ein ganzes Theaterstück über eine Pandemie konnte nicht aufgeführt werden wegen der Pandemie. Kultur ist, wenn sich die Katze in den Schwanz beißt. Einmal wollte ich sogar ein Gedicht veröffentlichen – der Redakteur lehnte freundlich ab, das Gedicht »Der Tod im Haus« – in diesem Buch glücklich abgedruckt – spiele unvermittelt, also ohne die künstlerisch gebotene Indirektheit, auf das Coronavirus an.

Das Virus gab es aber gar nicht, als ich das Gedicht schrieb, man kann die Baugesellschaft fragen, die das Haus neben dem meinem abriss, sodass eine Wand meiner Wohnung nackt in der Häuserzeile stand. 75 Prozent meiner Besucher erkannten mein einseitig alleinstehendes Heim nicht wieder. Sie hatten mitten in ihrer Heimatstadt belastende, verstörende Fremdheitsgefühle und fuhren gleich weiter in Gegenden, die sie besser zu kennen glaubten. Ich machte im informierten Kreis, in der gehobenen Bildungsschicht, den pädagogischen Vorschlag, Corona als Textsorte in die Maturaprüfung aufzunehmen, zumal ja für die Matura heute weniger Literatur im alten Sinn gefragt ist als zum Beispiel die Sorte Leserbrief an die *Krone*, die ja als *Kronen-Zeitung* mit ihrem Eigennamen schon wiederum von Corona erzählt.

Es gibt kein Entkommen (oder – sollte es schon vorbei sein – damals, damals gab es kein Entkommen), es sei denn durch die absurde Ästhetisierung, die mir, einem Angehörigen der extremen »Risikogruppe«, am Herzen liegt. »Wir« stellen eben die meisten Toten, »wir« mit unseren »Vorerkrankungen«. Dafür waren wir schon in den fünfziger Jahren auf der Welt, standen mit beiden Beinen im jungen Leben und wissen heute: »Corona, Corona, Corona« – das muss man singen im Stile von Vico Torriani, einem Schweizer, der auf Italianità machte und dessen Italienisch, obwohl es perfekt war, stets nach deutschem Touristen in Caorle klang. Auch Caterina Valente hätte ohne weiteres mitsingen können: »Corona, Corona, Corona.«

Ob ich deppert bin, ein depperter Snob, fragt mich jemand im informierten Kreis, aus der gehobenen Bildungsschicht. Es sei doch klar, wenn Leben und Sterben an Corona hängt, dass da mindestens eine Textsorte herausschaut. Ecce homo, c'est la vie – ich gebe alles zu, und wenn die Thematisierung einer Menschheitsplage *businesslike* erfolgt, bin ich auch dabei. Schließlich arbeite ich auf demselben Feld. Ich habe keine Ahnung, ob die Allmacht, die das Virus nicht zuletzt durch die Dauerrede darüber genießt, angemessen ist oder ob sich die Menschen zu einem Tunnelblick verdammt haben, mit dem sie um sich blicken und angstlüstern immer nur ES sehen. Aber auf einmal scheinen immer mehr davon genug zu haben, und sie sehen ES überhaupt nicht mehr, weil sie ES einfach nicht mehr sehen wollen. Wohin wird das führen?

»Lachen und Sterben« hat ursprünglich gar nichts mit meiner über Nacht gekommenen Erkrankung zu tun. Meine Zugehörigkeit zur großen Menge der hospitalisierten Personen kam viel später. Wer krank ist, hat aber etwas zu erzählen, ich diese Anekdote: Nachdem ich ins Spital eingeliefert worden war, ersuchte meine Freundin Dorit den an mir diensthabenden Arzt um eine Auskunft, wie es denn um mich stünde. Zufällig kannte mich der Arzt aus dem sogenannten normalen Leben. Der Freundin teilte er mit, dass mein Tod wahrscheinlich wäre, und er fügte hinzu: »Er hat sich ja immer für den Tod interessiert.« Ja, das stimmt, und auch der Tod hat sich für mich interessiert.

Ich habe ihn mir am Beginn des Buches »Sämtliche Leidenschaften« schon einmal vorgenommen, persönlich hat er mich ja noch nicht eingeholt, aber es ist nicht zu leugnen, dass seine Vorwegnahme in Gedanken der Vorbereitung auf ihn dient: Minimierung der Überraschungsmomente bei gleichzeitiger Resignation angesichts der Wahrscheinlichkeit, dass es erstens anders kommt, als man zweitens denkt. Aber man kann sicher sein, dass es kommt. Das ist doch komisch, wenn auch nicht lustig. In der »Ballade von der Unzulänglichkeit menschlichen Planens« lässt Bertolt Brecht singen: »Ja, mach nur einen Plan! / Sei nur ein großes Licht! / Und mach dann noch 'nen zweiten Plan / Gehn tun sie beide nicht.« Theologisch heißt das, und die Sentenz wird Pascal zugeschrieben: »Wenn du Gott zum Lachen bringen willst, erzähl ihm deine Pläne.« Sicher, das ist das Konzept von Gott: Wer zuletzt lacht, lacht am besten, und das kann nur ER sein. Ein guter, ein braver Theologe muss darauf aufpassen, dass sein Herrgott am Ende nicht als der große Zyniker dasteht, der über die Idioten lacht, die er geschaffen hat. Da gibt es aber nichts zu lachen, und Gott lacht freundlich über unsere Pläne, über die liebenswürdige, kindliche Naivität, mit der wir glauben, die gewünschte Zukunft zu haben. Der Mensch ist ein Kind Gottes, und daher ist er, wie es in Brechts Ballade heißt, nicht schlecht genug für dieses Leben: »Denn für dieses Leben / Ist der Mensch nicht schlecht genug. / Doch sein höh'res Streben / Ist ein schöner Zug.«

Mehr als ein schöner Zug ist die menschliche Hingabe an das Höhere nicht (also an das, was die eigene Schlechtigkeit überhöht), immerhin kann man versuchen, an den schönen Zug anzuknüpfen. Falls nur ein Schöngeist dabei herauskommt, hat man halt Pech gehabt. Zuhause bei sich ist der Mensch (wer immer »der Mensch« ist) weder in seinem schönen Zug noch in seiner Schlechtigkeit, aber in beidem kann er höchste Präsenz erringen, furchtbare oder befreiende Gegenwart. Nein, Lachen und Sterben ist kein Thema, das äußerer Anlässe bedarf, auch wenn solche Äußerlichkeiten sich manchmal in das Innere der Seelen hineinfressen können und dann keine Äußerlichkeiten mehr sind. Lachen und Sterben spielt auch nicht auf das Sich-Totlachen an. Diese Floskel kommt vom Neid darauf, dass in der Tragödie alle, die auf sich halten, spektakulär sterben dürfen. So eine Wirkung will die Komik auch haben.

Vorsichtig gesagt, enthält die Zusammenstellung von »Lachen und Sterben« eine Utopie, die das »amor fati« unterläuft. Amor fati ermöglicht einen Zustand, durch den man sein Schicksal liebt (auch weil es das höchsteigene ist), selbst wenn es grauenhaft oder zerstörerisch daherkommt. Im Lachen sehe ich eine Chance, dasselbe Schicksal auszulachen und entsprechend dramatisch lachend unterzugehen. Das Theorem von amor fati, von der Liebe zum (eigenen) Schicksal unterschlägt die Unterwerfung, die Akzeptanz eines Leidensweges, den man heroisch inszeniert. Das Lachen weist solche Zumutungen von sich und spielt sich im letzten Moment noch für ein wenig Souveränität auf. Beide Konzepte sind Utopien und als solche Orientierungen, die realiter nur in Bruchstücken vorkommen. Von Brüchen soll man angeblich lernen können, nämlich vor allem, wie man sich ein integrales Ganzes vorstellen möchte. Mit Utopien dieser Art versucht man, mit einer Essenz die Existenz zu programmieren. Aber, wie gesagt, mach nur einen Plan ...

2

Problemlos kann man das Magazin des Glücks umbauen: in ein Magazin des Unglücks. »Magazin des Glücks« hieß ein genialer Entwurf für eine Revue von Ödön von Horváth: ein Haus mit Zimmern und Praktiken, die alle, die Eintritt zahlen, glücklich machen. Die Angestellten im Haus, die Magazineure, sind dezidiert nicht glücklich. Soziologisch gesehen ist Horváths »Magazin des Glücks« eine anschauliche Skizze von dem, was man heute Glücksindustrie nennt. Edgar Cabanas, ein spanischer Psychologe, und Eva Illouz, die israelische Soziologin, haben in ihrem Buch »Das Glücksdiktat« diese Industrie und ihre Versuche, dem Leben für Geld die Negativität auszutreiben, angeprangert. Horváths Titel »Magazin des Glücks« habe ich mir ausgeborgt und als Untertitel für mein Buch »Fortuna« verwendet.

Die Glücksgöttin Fortuna ist ambivalent, sie hat nicht wenig mit dem Unglück zu tun. Glück und Unglück – die Begriffe bieten sich für eine dialektische Wechselwirkung an. Man sollte aber auch einen Glücksbegriff in Erinnerung behalten, der nicht die Dialektik von Glück und Unglück betont, einfach weil für einen Menschen das Glück so wunderbar, so außerordentlich sein kann, dass die Grenze seines Glücks kein Unglück ist. Das Glück steht dann allein da, souverän, grenzenlos und alles überstrahlend. Mit der Zeit vergeht jedes Glück sowieso, und in der pessimistischen Tradition ist das Glück ohnedies von vornherein nur eine Chimäre. Die Pessimisten rechnen mit dem Schmerz, mit dem Leid, und Glück besteht für sie höchstens in der Vermeidung des Unglücks. Kein Unglück ist für sie schon ein Glück.

Schuld an diesen meinen Überlegungen ist kein geringerer als Otto Schenk, ein Theatermann, von dem man sagt, er sei ein großer Theatermann, hat er doch sogar Opern an der Metropolitan Opera in New York City inszeniert. Er ist aber auch Schauspieler, und ich, der viele seiner antimodernen Marotten nicht besonders leiden kann, halte ihn für einen großen Komiker, für einen der größten, den ich kenne. Im Fernsehen sieht man nicht wenige Aufnahmen von früher, und in einer dieser filmischen Konserven führen Otto Schenk und Michael Niavarani ein Gespräch. Ich will niemandem durch meine aufdringliche Zuneigung auf die Nerven gehen (so wie mir das bei Harald Schmidt einwandfrei gelingt), aber es ist so, wie es ist: Für mich ist Niavarani ein großer Komiker, die Leichtigkeit seiner Einfälle, die Schnelligkeit seiner Reaktionen, und Schenk gegenüber: seine besondere Art der Gesprächsbereitschaft.

Michael Niavarani, der Gesprächsführer, der Moderator, beherrscht eine seltene Kunst: Er ist von starker Präsenz und lässt dennoch seinem Gesprächspartner den Vortritt. Er spricht mit und lässt den anderen reden.

Der andere, Otto Schenk, ist ein Mann von Genie. Genie – das meint hier eine Art innerer Kraft, ein Begeistertsein, das andere Menschen ebenfalls mit Begeisterung erfüllt. Nun arbeitet Schenk gewöhnlich mit komischen Effekten, aber an einer Stelle seines Gesprächs mit Niavarani packte ihn ein dramatischer Ernst. Es ging ums Unglück und darum, dass – so Schenk – »die Unglücke«, die da im Kommen sind, alle gewesenen »Unglücke« in den Schatten stellen werden.

Niemand kann sicher sagen, was ein anderer denkt (vor allem was ein gelernter Schauspieler denkt), aber man kann vermuten, dass Otto Schenk dachte: Wir hatten es so viele Jahre so außerordentlich gut, und das kann nur schlecht ausgehen! Ein bissl schlechtes Gewissen steckt dahinter wegen allzu schöner Zeiten, die zu schön waren, um wahr zu sein. Auch Erfahrungen stecken dahinter, die eine Lehre waren, wie schnell ein geordnetes Leben ins Chaos stürzen kann. Niemand weiß, was kommen wird – das stimmt vielleicht nicht ganz so, manche haben eine Ahnung, und es gibt eingespielte Denkweisen, die solche Ahnungen zum Ausdruck bringen. Eines dieser Denkmodelle heißt: Es wird noch schlimmer.

Unter Corona haben (hatten?) auch wir eine finstere Zeit. Man kann sich in solchen Zeiten die Frage stellen, ob der Mensch gut ist oder böse. Die Frage ist unbeantwortbar, man findet Belege für beides, in den USA sind fünfhundert Mal mehr Waffen verkauft worden als vor der Krise. Ein Käufer erklärt es dem Fernsehen: »Wenn einer wegen Corona durchdreht, ist es gut, wenn man etwas gegen ihn in der Hand hat!« In China, so berichtet ein Reporter, werden Ausländer als Sondermüll bezeichnet, der entsorgt gehört. Aber überall gibt es freiwillige Helfer und Arbeiter und Angestellte, die durch ihr Wirken die Zivilisation aufrechterhalten.

Man ist geneigt, das Gute und das Böse am Menschen gegeneinander auszuspielen: Entweder Solidarität oder Untergang, entweder Corona-Party am Strand oder einsam daheim verharren in der Abwehrhaltung gegen das Virus. Die Grauzonen sind weniger charmant, aber umso mehr in der Realität verankert. Lachen jedenfalls hat, siehe oben, eine metaphysische Seite, es hat aber auch eine rein professionelle Seite, oder um es – Rudi Carrell hart variierend – zu sagen: »Komiker ist ein Beruf, ist ein Beruf, den der Herrgott schuf.«

Ausgangsbeschränkung: Es ist zweierlei, dem ich alles unterordne, was ich mir zur Lage in der Zeit der Ausgangsbeschränkungen denke (dachte?). In den wesentlichen Fragen gibt es erstens (noch) keine sicheren Antworten. Alle müssen mit und in der Ungewissheit leben und sterben. Dieses banale Prinzip kann man jedoch nicht als Grundlage dafür verwenden, sich keine Gedanken zu machen. Der Optimismus, der seit der Aufklärung mit dem Selberdenken verbunden ist, ist (noch) in Kraft: Also nicht bloß denken, was einem zum Beispiel eine Regierung als das einzig Denkbare vorschreibt. Die Regierung, selbst die wahrhaftigste, muss Sicherheit suggerieren, auch wenn es keine geben kann. Die Unsicherheit hat zumindest diese eine garantierte Folge: Im öffentlichen Raum konkurrieren viele Vermutungen als Gewissheiten, und heute heißt es: »Jetzt Sorge vor zweiter Corona-Welle.« Dabei hat gestern ein Virologe vom Mount Sinai Hospital (New York) im öffentlich-rechtlichen Fernsehen bereits die dritte Welle angesagt.

Das zweite Prinzip, an das ich mich halte, lautet: Man muss aus den angegebenen Gründen weniger dogmatisch, sondern entschieden hypothetisch sprechen. Das heißt, man muss in seinen Kommentaren zur Lage deutlich machen, dass man sich vielleicht nur in unbewiesenen Annahmen ergeht. Das wäre ja kein Problem, gäbe es in dem Meer des Ungewissen nicht tatsächlich auch Tatsachen, über die man sich besser jede Meinung erspart, weil man bewiesene Tatsachen einfach zur Kenntnis nehmen muss. So tritt hier ein altes Problem auf, das Problem, dass der Zweifel vernünftigerweise kein Selbstzweck ist, sondern dazu dient, das Unbezweifelbare, wenn nicht sogar ein »fundamentum inconcussum«, ein unerschütterliches Fundament, zu finden. Man sollte skeptisch bleiben, aber zugleich stets dazu imstande sein anzuerkennen, was man bei Verstand nicht abstreiten kann. Das kommt einem doch leicht vor, aber man studiere die sogenannten sozialen Medien. Die Freude daran, just das Unbestreitbare abzustreiten, wollen sich viele nicht nehmen lassen.

Ein anderes Problem, das immer wiederkehrt, ist das von Optimismus und Pessimismus. Im Radio qualifizierte ein Redakteur die Aussagen eines Unternehmers, eines »Hauptaktionärs«, als sehr optimistisch. Der Mann antwortete: »Mit Pessimismus geht gar nichts.« Da hat er recht, Pessimismus ist Selbstlähmung. Ein Pessimist kann sich die eigene Einschätzung, dass alles schlecht und immer schlechter wird, leicht selbst erfüllen. Pessimisten verwirklichen aus Eigenem die Aussichtslosigkeit, die sie in die Lage projizieren.

Hat sich der Pessimist selbstgefällig dem Aussichtslosen verschrieben, so gibt es Optimisten, die in ihrem Tatendrang nichts als blöd sind. »Ein Optimist«, hat Karl Valentin gesagt, »ist ein Mensch, der die Dinge nicht so tragisch nimmt, wie sie sind.« Das ist traurig, aber anstatt über diesen Sachverhalt gründlich zu trauern, beschäftigt die Gesellschaft eine große Menge von Optimisten, die beteuern (und zwar nicht selten für Geld), dass alles gut wird. Uns Trauernden wird gesagt: »Suchen Sie sich professionelle Hilfe bei Ihrem Optimisten!«

Die Profis des Optimismus, die einem das schon zitierte »Glücksdiktat« vorbuchstabieren, finden sich unter Psychologen, unter Coaches, Ärzten und Journalisten. Die professionellen Optimisten versprechen mehr oder weniger deutlich, die Negativität, das Unglück aus dem Leben austreiben zu können. *Ollas leiwand* auf Wienerisch, man muss es sich nur einbilden, den Coach bezahlen, sein Buch kaufen, dann klappt es.

Es gibt Leute, deren These lautet: Nach Corona (mit Corona und durch Corona) wird die Schöne Neue Welt beginnen. Manche deuten es Gott sei Dank nur vorsichtig als Möglichkeit an. Dabei üben sie sich im Schönsprechen: Die Pandemie sei eine »Einbruchstelle für eine fundamentale Änderung der sozio-politischen Ordnung«. Im geschichtsphilosophischen Smalltalk wird die Möglichkeit eingeräumt, »dass man später von einer Epochenwende im Jahr 2020 sprechen wird«. Vielleicht. Aber ob es eine Wende zum Guten, auch nur zum Besseren wird?

Andere sind sich da sicher. Der Schock brächte Gutes in die Welt, es wird eine Art Reinigung gewesen sein. Viele werden sich erleichtert fühlen: Die Hetzerei im Alltag, das Quatschen in den Medien – es wird sich erledigt haben. Verzichte müssen nicht unbedingt Verlust bedeuten, sondern können sogar »neue Möglichkeitsräume« eröffnen. Halbwegs intelligente Menschen ringen nach Worten, auch nach einem Wort, mit dem man die Polarisierung von Pessimismus und Optimismus beenden könnte. Eine Lösung ist: *Eh wurscht,* oder mit einem Aphorismus von Karl Valentin ruhig hingesagt: »Ich freue mich, wenn es regnet, denn wenn ich mich nicht freue, regnet es auch!« Man höre die schöne Sprachregelung: Weder blauäugige Optimisten noch resignierende Pessimisten wollen wir sein, sondern Possibilisten, also Menschen, die Möglichkeiten sehen. Vielleicht muss man das gar nicht. Sibylle Berg, die Dichterin, wurde gefragt: »Wird es jemals so sein, wie es war?« Sie antwortete: »Ich fürchte, ja.« Näheres über die Zukunft erläuterte sie so: »Die, die nicht Bankrott gehen, werden weitermachen wie bisher. Andere werden neu anfangen, und wieder andere können sich aufhängen.«

Kein Zweifel, zu welcher Gruppe ich gehöre. Aber mein Interesse für Aussagen, die sich an der nichts Gutes verheißenden Grenze vom Kynismus zum Zynismus und retour bewegen, habe ich noch. Der Kynismus ist eine in der animalischen Körperlichkeit des Menschen wurzelnde Philosophie, die angesichts unserer niederen Bedürftigkeit alles Hochtrabende verlacht. Und der Zynismus ist die schlichte Freude am Leid der anderen. Es war eine satirische Fernsehsendung mit dem schönen Titel »Willkommen Österreich«, in der Sibylle Berg ihr Urteil fällte. Sie wurde übers Internet aus der häuslichen Quarantäne in die Sendung hineingespielt. Sibylle Berg trug ein Oberteil. Man sah von ihr auf dem Bildschirm nur ein Brustbild, und dass sie unten nichts trug, sagte sie. Es muss nicht wahr gewesen sein, gut erfunden war es auf jeden Fall. Das hätte für den Befund des Kynischen genügt, aber zusätzlich hielt die Dichterin ihre Füße eng an die Kamera, um zu zeigen, welche Kunststücke sie mit den Zehen machen kann.

Ich besitze einen Schreibblock von der »lebenshilfe wien«. Auf jeder seiner Seiten steht – in einer roten Ellipse – ein Ausruf, den ich bejahe. Er lautet: »JA zur Inklusion.« Ich habe auch einen Block vom »Hotel am Domplatz« in Linz, aber dessen Seiten sind nicht liniert. So notierte ich auf dem lebenshilfe-Block mit den hilfreich linierten Seiten die Ausführungen eines meiner Idole, des Soziologen Heinz Bude, der in der österreichischen Fernsehsendung »Kulturmontag« auf Befragung ein kleines Referat hielt. »Kulturmontag« ist ja gut: Wir fangen am Montag gleich mit der Kultur an, dann haben wir den Rest der Woche eine Ruh davon. Um dagegen dem Auftritt von Heinz Bude ein wenig Dauer und Erinnerung zu verschaffen, referiere ich gleich sein Referat, aber nicht ohne die Schande zuzugeben, dass ich zuerst glaubte, dieser verehrte Mann sei verrückt geworden.

Der unverzeihliche Eindruck kam daher, dass sein Referat mir zu viel Optimismus ausstrahlte. War er unter die billigen Prediger gegangen, die uns eine bessere Welt nach der Katastrophe einredeten? Erst beim zweiten Anhören offenbarte sich mir eine Sichtweise, die ich – mea culpa – zwar nicht teilen kann, deren Überlegenheit meinen Zweifeln und Verstimmungen gegenüber ich aber mit Freude anerkenne.

Ich beginne mit einer Polemik Budes, die seine Ausführungen krönt, mit der er sie jedenfalls beendet. Sie betrifft die anders denkenden Kollegen und putzt sie herunter. Es sei eine Form von »Arbeitskonsens« nötig, um aus der Krise herauszukommen: »Dazu braucht es Leute, die nicht so wahnsinnig darauf aus sind, dass sie Nonkonformisten sind, dass sie irgendwelche Grundprobleme sehen – das sind meistens Leute, die sagen, was sie immer schon gesagt haben.«

Ich sehe Grundprobleme, aber es ist nicht ganz so, dass ich sage, was ich immer schon gesagt habe. Ich habe in der Krise um Worte gerungen, mein Lieber! Ich lege auch keinen Wert darauf, dass es Leute wie mich braucht, ich sehe mich bloß zum Nachdenken darüber gezwungen, was »eigentlich« los ist. Ich will es verstehen, und Bude hilft mir: Sein Stichwort ist »Arbeitskonsens«, also eine Art vernünftiges Übereinkommen aller Menschen, die guten Willens sind. Man kann es auch Solidarität nennen – ein Begriff, mit dem ich im Privatleben eine schlechte Erfahrung hatte: Als vor vielen Jahren eine Geliebte mich mies behandelte, jammerte ich, sie müsse doch solidarisch sein. »Ein Liebesverhältnis«, sagte mein Freund Konrad darauf, »ist nicht die Gewerkschaft.«

Aber »Arbeitskonsens« enthält neben der Utopie der Übereinstimmung noch zweierlei: Erstens den Vorrang des Tuns, der Praxis, und zweitens die Provokation von Unaufgeregtheit. Dies war überhaupt Budes Tonart: intelligent beschwichtigend, ein Ton, mit dem man aufgeregte Interventionen ins Timeout zu schicken versucht. Eher aufgeregt war die erste Frage der Redakteurin Clarissa Stadler. Nein, sagte Bude, es war nicht »angstgetriebene Konformität«, mit der viele Menschen sich in der Krise den obrigkeitlichen Anordnungen fügten. Nach seiner Wahrnehmung war es die Einsicht vieler Leute, man müsste etwas tun. Es hätte, so Bude, eine »enorme Solidaritätsbereitschaft« geherrscht, wie könnte man das nur übersehen. Viel stärker als die Angst wäre das »Gefühl von Ohnmacht« und ein Verantwortungsgefühl »für sich und andere« gewesen, der Wille mitzutun.

Aber es gäbe doch den »Coronagraben«, die Entzweiung derer, die Disziplin fordern, und der anderen, die auf Lockerung setzen. Darauf riskierte Bude eine Vorhersage: »Es wird viel ruhiger gehen, als viele glauben.« Damit ging er sehr weit in Richtung eines ideologischen Optimismus, einer Eh-alles-gut-Propaganda. Ruhe ist danach keine Bürgerpflicht mehr, sondern sie ist schon des Bürgers Freude. Wollte Bude seine intellektuelle Satisfaktionsfähigkeit behalten, musste er im Lauf die Richtung ändern. Und da verließ er sich ganz auf das Unbestreitbare: auf die real existierenden sozialen Ängste, auf die ökonomischen Ängste, auf »die Angstsummierung« mit der Grundlage der einen Angst, am Virus zu erkranken. Und er verwies auf das Wegbrechen der »Publikumswirtschaft«, der er zu Recht eine überaus wichtige Funktion zusprach, nämlich »die Relativierung der Isolationsmüdigkeit«.

»Publikumswirtschaft«, gemeint sind damit Friseure, Theater, Gasthäuser, auch die seltsamen Kleinbühnen und Rednerpulte, an denen ich mich manchmal breitmachen kann. Der Terminus ist treffend und hat etwas Notwendiges: Er besagt nämlich, dass das Publikum selbst das Programm macht, wenn es nicht überhaupt das Programm selbst ist. Moderatoren der Lage gibt es genug, die Kommentare folgen der Medienlogik: Sie sind für ein Publikum und nicht von einem Publikum. Die Publikumswirtschaft bietet die Möglichkeit eines mehr oder minder spontanen Meinungsaustausches, einer wechselseitigen Relativierung des Erlittenen. Funktioniert diese Relativierung nicht, dann entsteht, so Bude, ein »Thematisierungsstau«. Das heißt für mich: Manch einem, dessen Herz voll ist, kann der Mund übergehen, er wird endgültig nicht mehr gehört.

Die Publikumswirtschaft hat die Funktion, Ausgleiche zu schaffen, Balancen herzustellen, Resonanzen zu ermöglichen, die das Leben im Fluss halten und es nicht in einem Stau abwürgen. Bude konkretisierte noch einmal das Negative der Krisenfolgen, und er ließ nicht aus, dass einige davon bleiben werden: Sicher wird es Wohlstandsverluste geben, sicher einen Verlust von Lebenschancen, aber – und da (ver)zweifle ich an seiner Einsicht – es wird »nicht so wahnsinnig schlimm, weil es bei allen auf der Welt passiert, wir kommen nicht ins völlige Nachsehen«.

Dass wir nicht völlig ins Nachsehen kommen, kann schon sein. Aber es kann auch sein, dass es deshalb wahnsinnig schlimm wird, gerade weil es bei allen auf der Welt passiert. Vielleicht (eine Unterstellung) steckt hinter Budes Trost durch das Gleichmacherische des Schicksals auch so etwas wie ein Glaube an eine weltweite Solidarität, die in Kraft tritt, wenn man erkennt, dass bei allen das Gleiche passiert. Die Welt würde sich als Schicksalsgemeinschaft neu formieren. Ich wage mir einen solchen Glauben nicht auszudenken, muss ich auch nicht, zumal er nicht explizit zu Budes Analyse gehörte.

Zentral, der innerste Kern seiner Argumentation war eine Revitalisierung der klassischen Aufklärung. Es gebe, so Bude, keine klaren Lösungen, es gebe auch keinen Rechner, der uns – unter Berücksichtigung aller Cluster, Modelle oder Konstellationen – Entscheidungen abnimmt. Zu erreichen gelte es den schon zitierten »Arbeitskonsens«. Wir selbst, so interpretiere ich Bude, sind nun zum Mut gezwungen, uns unseres eigenen Verstandes zu bedienen. Er ist des Rätsels Lösung. In der Zukunft gelte es, sich »in eine andere Form der Orientierung hinzubegeben«. Voraussetzung dafür wäre, wenn ich es recht verstehe, eine vielfältige Kompromissfähigkeit. Man muss sogar, denke ich, mit der Existenz, die man einmal hatte, Kompromisse schließen, weil man sie in ihrer alten Form nicht mehr wiederbekommt.

Ein »Arbeitskonsens« ist pragmatisch, nicht pathetisch, und er hält vielleicht sogar das Selbstmitleid in Grenzen (gewiss nicht meines, denn meines ist grenzenlos). Um aus der Krise herauszukommen, sagt Bude, und das ist eine aufregende Ergänzung zum »Arbeitskonsens«, wäre eine »moralische Diplomatie« nötig – aus meiner Sicht keinesfalls das sich moralisch gerierende Aufstellen von Forderungen, man möge doch endlich Förderungen bekommen, weil »die anderen« von ihren Förderungen längst schon einen Übergenuss haben. Abwägen, vorsichtig sein, Balancen ermöglichen und halten, Geltenlassen des Anderen, das Eigene zurückstellen, ohne dabei in eine Opferrolle zu geraten – das ist meines Erachtens »moralische Diplomatie«. Auf sie kommt man – diesen Glauben traue ich Bude zu – ganz einfach, indem die Menschen von ihrer Vernunft Gebrauch machen, und das werden sie, denn was bliebe ihnen sonst übrig?

DER TOD IM HAUS

Der Tod im Haus
lässt gar nichts aus.
Auf Stiege zwei
bricht er mein Herz entzwei.

Die Hauptmieter gekündigt,
die Untermieter entmündigt
oder umgekehrt.
Niemand hat sich bei seinem
   Tod beschwert.

Die Dachrinne leckt,
der Hausmeister ist verreckt.
Der Tod bringt ins Lot
auch seine Not.

Am Zimmerrand
ist eine Wand.
War auch die Wand vom
   Nachbarhaus.
Jetzt ist es mit ihr aus.
Kein Nachbar ist hier mehr zuhaus.

(Oder man nimmt gegen die
   Verblendung
diese andere Wendung:
Mit einer Wand ist es zu Ende.
Kein Nachbar hat hier mehr vier Wände.)

Das Haus ist weggeschliffen.
Der Wohnbaustadtrat hat darauf
   gepfiffen.
Nackt steht nun mein Haus
allein vor seinem Schicksals-Kran.
Der Stadtrat hat (k)einen Plan.
Dafür spend ich ihm Applaus.

Das Haus ist abgerissen.
Ins Gras sie bissen,
die Mieter daneben
in erschütterndem Beben.

Der Atem stockt.
Eine Tablette lockt.
Mit der Luft wird's eng.
Der Tod ist streng.

SOKO DONAU

Mir ist nichts zu Boden gefallen,
das ich ohnedies nicht aufheben könnte,
weil ich im Rollstuhl nicht hoch
und weil ich aufrecht stehend nicht
tief hinunter komme. Es ist nur der Schatten,
den im künstlichen Licht ein Stuhlbein wirft.
Mein Zimmer ist eine Zelle,
das Größte darin: ein Fernseher,
und ich sehe die Folge von »SOKO Donau«,
in der die Schauspielerin Maria Happel
im Turnkleid »Polizei« ruft. Vor so viel
freiwillig-unfreiwilliger Komik
verblasst die Lächerlichkeit meiner Invalidität.
Ich fahre im Rollstuhl hinaus auf den Balkon
und darf das alte Faszinosum wieder erleben,
dass ein Kloster, ein Gefängnis, ein Spital
demselben Geist entstammen. Vis-à-vis
von mir hat der Architekt meine eigene Unterbringung
noch einmal hingebaut, lauter Zellen mit Balkon.
Es gibt keinen Ausweg, nicht einmal eine Aussicht.
Sogar die Architektur stößt einen hier vor den Kopf.
Jetzt bringt man mir die Mittagstabletten,
synchron zum Fernsehprogramm,
wo einer in »SOKO Donau« sagt:
»Alles wegen dieser Scheißpillen.«

TAUBENVERGIFTEN IM PARK.
ÜBER DEN WIENER SCHMÄH

Es war nicht im alten Wien, aber auch noch nicht im ganz und gar modernisierten von heute. In der Zeit, von der ich rede, gab es von früher noch die Straßenbahnen, die einen Lenker hatten, der mit seiner Kurbel wie ein Alleinherrscher – aufrecht stehend und bloß mit einer Stange vom Publikum getrennt – den Wagen durch die Ungewissheiten der Stadt führte. Aber halb so schlimm, alles passierte ja nur auf Schienen, und dennoch kann ich von einer Entgleisung berichten. Eine alte Dame rief dem Wagenlenker die Frage ins Ohr: »Wann, bitte sehr, kommt die Rochuskirche?« Darauf entgleiste der Fahrer, und er sagte bitter und zugleich vergnügt: »Die Rochuskirche kommt gar nicht – wir fahr'n hin!«

Würde man mich in der Nacht aufwecken, um mich mit der Frage zu konfrontieren, was denn, bitte sehr, der Wiener Schmäh sei, ich würde diese Anekdote aus dem realen Straßenverkehr erzählen. Bevor ich den Grund dafür nenne, will ich ein anderes, ergänzendes Ereignis, aber ebenfalls von einem Straßenbahner, erzählen.

Ich stand in Hietzing, einem angeblich noblen Wiener Vorstadtbezirk, an einer Kreuzung. Auf der anderen Straßenseite stand ein Wagen der Linie 10 und absolvierte seine eingeplante Wartezeit. Ich deutete dem Lenker, der – *modern times* – in seinem Cockpit saß. Er solle, bitte, auf mich warten. Meine Dringlichkeit belegte ich extra dadurch, dass ich bei Rot über die Kreuzung lief. Der Mann in der Straßenbahn wartete, aber nur so lange, bis ich vor seiner Tür stand. In genau diesem Moment fuhr er los, mich demonstrativ keines Blickes würdigend.

Warum dieses zweite Beispiel? Weil es typisch ist für den Wiener Schmäh ohne Schmäh. Ohne Schmäh zeigt sich in Reinkultur, auf welcher Grundlage, auf welchem Humus der Schmäh erwächst. Aus dem ersten Beispiel ging hervor, dass der Schmäh aus Wien die Verarbeitung einer grundsätzlichen Missgunst ist – und diese Missgunst bildet einen Rohstoff, der sich durch einen Gedankenblitz im Witz auflösen kann (aber nicht muss). Als Witz, erzählt in der Witzebranche, gibt es auch die Umkehrung, den schlechten Witz mit der richtigen Charakteristik: Ein Steirer in Wien. Irrtümlich betritt er den Privatgrund eines Wieners. Der Wiener: »I reiß da die Brust auf, reiß da des Herz ausse, und stopf das in Oasch.« Der Steirer: »Entschuldigen'S. Ich bin ja net von hier.« Der Wiener: »Waß i eh. Deswegn hob i's jo im Guaten versucht.«

Wir Wiener sind kane Guaten net. Viele Wiener haben – ja, wie Menschen aus anderen Nationen auch – in der Geschichte Kollektive gebildet, die in einem verbrecherischen Ausmaß böse waren. Das, was ich hier böse nenne, ist durchaus mit dem Ressentimentcharakter der grantigen Sentimentalität verbunden. Lotte Tobisch hat davon erzählt, und sie sprach mit theologischer Wortwahl vom »Sündenfall«, den man nicht einfach vergessen könne. »Ich habe«, erzählte sie, »die Gestapo in der Früh gesehen, wenn sie ins Haus gekommen sind.« Und dann erzählt sie von einem Begleitumstand: »Leute, die gestern noch sehr freundlich waren – die Freude, die sie hatten, die Lust an dem, was bei Schnitzler ›die selbstlose Gemeinheit‹ heißt. Die Lust und die Freude, dass der andere, wie man in Wien sagt, ›baden geht‹. Eigentlich hat er nichts davon. Aber die Hetz, ha, jetzt hot's den dawischt!«

Wenn man von einer Straßenbahn, in die man nicht hineinkam, auf die Hochliteratur aufspringen will, dann kann man einen Befund zitieren, den Robert Musil im Roman »Der Mann ohne Eigenschaften« dem Habsburgerstaat ausgestellt hat. In diesem Staat sei das Widersprüchliche nichts Besonderes gewesen: »Es hatte sich bloß die Abneigung jedes Menschen gegen die Bestrebungen jedes andern Menschen, in der wir heute alle einig sind, in diesem Staat schon früh, und man kann sagen, zu einem sublimierten Zeremoniell ausgebildet... Denn nicht nur die Abneigung gegen den Mitbürger war dort bis zum Gemeinschaftsgefühl gesteigert, sondern es nahm auch das Misstrauen gegen die eigene Person und deren Schicksal den Charakter tiefer Selbstgewissheit an.«

Ich behaupte, so unerfreulich es sein mag, dass das, was man als »Wiener Schmäh« qualifiziert und als solchen auch abzufeiern gewillt ist, einen Humus in der wechselseitigen Abneigung hat, mit der die Wiener einander nolens volens begegnen. Die Crux einer solchen Behauptung ist offenkundig: Solche Abneigungen sind international, die Menschen warten überall auf der Welt damit auf. Und zweitens sind Generalisierungen, Mentalitäten betreffend, wenn sie denn einerseits richtig sind, anderseits immer auch falsch.

Aber denke ich zum Beispiel an Georg Kreisler, würde es mir schwerfallen, in der Misanthropie nicht eine Quelle seiner Kunst zu erkennen: »Ja, der Frühling, der Frühling, der Frühling ist hier / Gehn ma Taubenvergiften im Park! / Kann's geben im Leben ein größres Plaisir / Ois das Taubenvergiften im Park? / [...] Der Hansl geht gern mit der Mali / Denn die Mali, die zahlt's Zyankali / Die Herzen sind schwach und die Liebe ist stark / Beim Taubenvergiften im Park... / Nimm für uns was zu naschen – / In der anderen Taschen! / Gehn ma Tauben vergiften im Park!«

Der Sadismus des Wagenlenkers in der Straßenbahn, der gereizt, also witzig, auf die Frage einer alten Dame reagiert, ist sich selbst genug. Er sorgt für die Abfuhr mieser Laune im Augenblick. Kreislers Lied dagegen thematisiert den einheimischen Sadismus und wendet ihn witzig und erst recht böse gegen den wienerischen Alltagssadismus. In so einem Lied können wir Wiener uns im Spiegel sehen. Bei Kreisler gibt es – durch seinen Vortrag – noch eine zusätzliche Dimension: Er singt das satirische Chanson im allerfreundlichsten Ton der Welt. Zu diesem Ton fällt mir die in Wien eingebürgerte rhetorische Frage ein, die möglichst hochtrabend zu stellen ist: »Muss eine Häuslfrau (das ist die Klofrau) scheißfreundlich sein?«

Kreisler parodiert die Scheinfreundlichkeit, die selbstzufrieden schmierig ist und mit der noch das Ungeheuerlichste in die Gemütlichkeit investiert wird. In der Gemütlichkeit vergisst man kurzweilig die Lebensangst, durch die man als »typischer« Wiener seltsam passiv durch das Leben taumelt. Das kommt auch dem Schmäh zugute. Mit dem Schmäh leistet man Gegenwehr gegen die stets unfairen Verhältnisse und rettet ein bisschen was von seinem Selbstbewusstsein. Das Lachen übertönt die Angst, ohne dass man wirklich etwas verändert hätte. Wie ein antiker Philosoph verharrt der »echte Wiener« in der Anschauung des Lebens, allerdings nur um jedes Handeln zu vermeiden. Lieber reißt er ein paar Witze über die Vergänglichkeit. Der Wiener Schmäh, behaupte ich, ist depressiv grundiert.

Wunderschön kommt dies in Ferdinand Raimunds Stück »Der Bauer als Millionär« vor. Da wird das ganze Leben in einer Arie abgehandelt: »Die Menschheit sitzt um billigen Preis / Auf Erd an einer Tafel nur [...] / Und's Wirtshaus heißt bei der Natur.« Es ist klar, der Zivilisationsprozess, der auch den Wiener von der Natur in die Kultur führt, wird übel enden, und so heißt es bei Raimund am Schluss: »Der Todtengräber, ach herrje! / Bringt dann die Tasse schwarz Kaffee / und wirft die ganze Gesellschaft 'naus, / So endigt sich der Lebensschmaus.«

»Lebensschmaus« ist, der Not des Daseins gehorchend, eine Umdichtung des Wortes Leichenschmaus. Leben und Tod – manchmal geht der Wiener Schmäh aufs Ganze. Er kann es sich leisten, denn allmählich sind in Wien eine unverwechselbare ästhetische Kraft und eine ausdrucksvolle Kunst entstanden. In »Der Zerrissene«, einem Stück von Johann Nepomuk Nestroy, sagt der Protagonist: »Armut ist ohne Zweifel das Schrecklichste. Mir dürft' einer zehn Millionen herlegen und sagen, ich soll arm sein dafür, ich nehmet's nicht.« Das ist eine Wendung, in der Sprache, Pose, Gedanke und Witz eine Einheit aus ihren Widersprüchen bilden.

Diese Einheit resultiert nicht zuletzt aus der verinnerlichten Obrigkeit, gegen die die Untertanen sich mit befreiendem Witz helfen, der sich am besten durch kommunikative Knoten mitteilt. Direkter Ausdruck ist angesichts der Staatsmacht nicht empfehlenswert, und wer heutzutage aus dem österreichischen Behördenapparat mahnende Post erhält, wird nicht glauben, dass die Zeiten des Untertanenstaats vorüber sind.

Unverwechselbar heißt: »Die Deutschen« können mit dem Schmäh nichts anfangen. Claus Peymann kann keinen Nestroy inszenieren, und er kompensiert das gewiss dadurch, dass er es eh nicht will. Alles Österreichische hängt er an Thomas Bernhard auf, der vom Land kommt und dessen Humor vom wienerischen so weit entfernt ist wie dieser vom ostfriesischen. Dass »die Deutschen« mit dem Schmäh wenig anfangen können (indem sie ihn entweder kritiklos bewundern oder ihn einfach nicht verstehen), könnte auch daran liegen, dass in Österreich – bei allem Antisemitismus der vielen – der jüdische Einfluss im Denken stark geblieben ist. Ja, Nestroy ist das Leichte, das schwer zu machen ist. Nicht nur für deutsche Regisseure, erst recht für Schweizer, zum Beispiel für Stephan Müller, einen Schweizer Theater- und Opernregisseur, Dramaturg und Dozent für plurimediale Ästhetik. Letzteres bin ich auch, und es ist herrlich, im Pluralismus zu surfen.

Müller ist ein guter Mann und hat in Wien Nestroy inszeniert. Die Inszenierung ist ihm schwergefallen. »Das ist eine der schwierigsten Arbeiten«, sagte er, »die ich je gemacht habe, obwohl ich schon monströse Projekte gemacht habe. Aber Nestroy in eine Leichtigkeit, Schärfe und in einen musikalischen Rhythmus zu bekommen, das ist eine unglaubliche Arbeit.« An seiner Stelle hätte ich es weniger plurimedial gesagt. Mir hätte genügt: Ich hab's gehasst. Aber immerhin hatte der Schweizer Legionär für die Frage, ob er noch einmal einen Nestroy inszenieren würde, eine Antwort in der Art parat: »Nie im Leben.«

Freud war ein dialektischer Denker von hohen Graden, Schnitzler verstand auf seine einzigartige Weise etwas von den Widersprüchen der Emotionen. Die jüdische Intelligenz der Zeit vor dem Ersten Weltkrieg existierte ihrerseits in einem munter machenden Gegensatz: Sie war – durch den Antisemitismus – einerseits gesellschaftlich marginalisiert und andererseits dem Mainstream durch ihre international anerkannten Leistungen überlegen. Eine unbehagliche Situation, durch die man lernt, witzig zu sein, um sie zu ertragen.

Das Unerträgliche wirft auch heute noch seinen Schatten: Die Abgeordneten der FPÖ verweigerten im österreichischen Parlament nach einer Rede zum trauernden Gedenken an die Pogrome gegen Juden vom 9. auf den 10. November 1938 demonstrativ die Zustimmung. Das geschah im Ernst 2017 – bei der Angelobung des neu gewählten Nationalrats.

So sind die alten Gegensätze gemildert, aber doch noch in Kraft. Den Humor der österreichischen »nationalen Heimatpartei«, der

FPÖ, kann man von ihren Plakaten ablesen, zum Beispiel vom Lebensmotto »Daham statt Islam«, und man lernt, was der Wiener Schmäh eben auch ist: eine unausbleibliche, defensive Reaktion auf den abgeschmackten Bierernst, mit der die vor allem auf dem Land gewählte Rechte gegen die Urbanität anrennt.

In einer kleinen Studie über das Wienerische hat der Psychoanalytiker Harald Leupold-Löwenthal auf etwas aufmerksam gemacht, das offensichtlich ist und das gerade dieser Offensichtlichkeit wegen leicht übersehen wird. Für sein Argument zitiert der Psychoanalytiker eine Passage bei Nestroy. In »Einen Jux will er sich machen« träumt Weinberl, ein sympathischer, aber, wie man heute sagen würde, unausgelasteter Kleinbürger (der für seinen Patron einen Greislerladen schupft), den Traum der Aufmüpfigkeit: »Wenn ich nur einen wiffen Punkt wüsst' in meinem Leben, wenn ich nur von ein paar Tag' sagen könnt': da bin ich ein verfluchter Kerl g'wesen – aber nein! Ich war nie verfluchter Kerl. Wie schön wär' das, wenn ich einmal als alter Handelsherr mit die andern alten Handelsherren beim jungen Wein sitz', wenn so im traulichen Gespräch das Eis aufg'hackt wird vor dem Magazin der Erinnerung, wenn die G'wölb'tür der Vorzeit wieder aufg'sperrt und die Budel der Phantasie voll ang'ramt wird mit Waren von ehmahls, wenn ich dann beim lebhaften Ausverkauf alter G'schichten sagen könnt': ›O! ich war auch einmal ein verfluchter Kerl, ein Teuxelsmensch, ein Schwerack!‹«

Bevor die Sache seiner Ein-verfluchter-Kerl-Werdung sich ereignet hat, malt Weinberl sie sich bereits im Rückblick nostalgisch aus. Er ist Nostalgiker schon in Bezug auf Taten, die er erst setzen müsste. Ein verfluchter Kerl will er gar nicht sein, er will ein verfluchter Kerl gewesen sein. Die Motivation für seine Taten erhält er dadurch, dass er sie eines Tages hinter sich haben wird. In diesem Horizont, könnte man sagen, lebt der Wiener vom Tourismus:

Er bietet eine Stadt an, die es Gott sei Dank schon hinter sich hat, und die dennoch immer noch was abwirft. Man hat was davon, dass man einmal was gewesen ist.

Das Kämpferische ist in dem Wiener Wort Schmäh fast auf diskrete Weise enthalten, wegen der Schmähung, die man gelegentlich benötigt, um sich durchzusetzen (wenn möglich nicht ohne sogenannten Charme). Der Wiener Schmäh ist auch ein Machtspiel, zu dem manchmal der Trick der Ironie gehört, nämlich sich kleiner zu machen, als man es ist oder sein möchte. Der Schmäh verleitet den Feind, oft auch den Partner, das Gegenüber zu unterschätzen; ein gelungener Schmäh lebt davon, dass wenigstens einer drauf reinfällt.

Lukas Resetarits, ein Kabarettist, also einer, der beruflich vom Schmäh lebt, hat in einem Interview das »Schmähführen« als eine komplexe und rücksichtsvolle Strategie beschrieben. Ich werde darauf zurückkommen, jetzt zitiere ich ihn: »Für mich ist Schmäh erst dann Schmäh, erst dann diese verbale Herangehensweise ans Leben, wenn man sich selber nicht herausnimmt aus dem Schmäh, das heißt: Die Grundvoraussetzung für den Schmäh, wie ich ihn mag und dessen ich mich befleißige, ist, dass man zuerst einmal auch selber Opfer ist, eigenes Versagen quasi über a Gschichtl darbringt, weil man damit die anderen auch öffnet und eine gewisse Gleichberechtigung gegenüber den Opfern, die man sonst aufs Korn nimmt, von vornherein herstellt; es ist nicht von vornherein unflätig, wenn ich mir selber zwei Watschen heruntergehaut hab, bevor ich die dritte jemanden anderen gebe.«

Kann sein, dass ich vom eigenen Schmäh infiziert bin, aber ich glaube, der Wiener Schmäh hat seine Zeit überschritten. Er wird in einzelnen Menschen überleben, aber als Unterscheidungsmerkmal eines Kollektivs hat er ausgedient. Einer seiner Rohstoffe wird von ihm bleiben, nämlich der zur ohnmächtigen Wut steigerbare

Grant, der derzeit gerade dabei ist, eine internationale Karriere zu starten. Auf der Straße stößt einem der Wiener Schmäh hin und wieder noch zu. Ich gehe vor der Auslage der Hermann-Nitsch-Foundation vorbei, redet mich ein Mann an: »Hearn S', sans Se da Nitsch?« – »Nein«, antworte ich wahrheitsgemäß, aber einen Wunsch habe ich schon: Könnten Sie mich bitte mit jemand anderem verwechseln?« »Jo«, sagt er, »aber mit'm Travolta geht des net.«

DER BLUES

Hab keine Heimat
und keine Fremde
Hab kein Buch
hab meine vier Wände
und den Blues
Ich habe den Blues
Nichts als den Blues

Hab keinen Verdacht
hab selbst nichts gemacht
habe den Kopf verloren
stehe draußen – vor Toren
kein Fenster, habe kein Fenster
keine Sicht und keine Zukunft
keine Zeit
keine Sekunde
und keine Ewigkeit
nur meine Einsamkeit
habe nichts, nur den Blues
Ich habe den Blues
Nichts als den Blues

Habe keinen Halt
keine Herrschaft und Gewalt
habe keinen Grund, keine Gestalt

und keinen Sinn
weil ich im Grunde
schon verschwunden bin
Alles aufgegeben für den Blues
Ich hab nur den Blues
Nichts als den Blues

Ich habe nichts, keine Waffe
den Blues, sonst nichts
habe keinen Anzug
keine Uniform
keinen Spind, keinen Stand,
    keinen Rang
zuhaus keinen Kasten
auch das Atmen
geht zu meinen Lasten
keine Luft, habe keine Luft
aber den Blues

Habe Wasser in den Beinen
bin mit mir im Reinen
hab kein Knie
keinen Muskel,
der noch geht
keinen Fuß,
der noch steht
aber es fehlt mir an nichts
Ich hab ja den Blues
den Blues, nichts als den Blues

Ich hab keine Zimmerpflanze
eine Wohnung hab ich nur
noch zwei Monat – da bin ich stur
verlor auch mein Gesicht
aber nicht mein Gewicht
weiß nicht,
was man spricht
bei diesem Jüngsten Gericht
Eine Würde hab ich nicht
Alles aufgegeben für den Blues
nichts als den Blues

Hab kein Licht
Nichts, wonach ich mich richt
habe kein Geheimnis
weiß nicht,
dass das ein Reim ist
habe keinen Glauben
keine mir zu sauren Trauben
den Blues, nichts als den Blues
habe den Blues

Habe keinen Schatten
kein Auto und keinen Platten
keine Uhr
keine Frisur
keine Ohren zum Hören
keinen Geist zum Stören
kein Glas zum Trinken
keine Kraft zum Winken

keine Berge	keine Kinder
keine Wiesen	keine Tanten
keine Blumen	keine Onkel
keine Felder	keine Verwandten
keine Bilder	keinen Weg
keine Rahmen	keine Schranken

War nicht in der Messe am Sonntag
hab keinen Trost
er lässt mich nicht los
der Blues, nothing but the Blues
it's so inviting, so exciting
the Blues, alles aufgegeben für den Blues
alles aufgegeben, den Blues, nichts als den Blues

UNSER WIEN.
EINE ANLEIHE BEI KARL KRAUS
UND ELIAS CANETTI

»An Neid auf die Aufgspritzte mit ihre Zwa-Millionen-Ketten ham mir ned.« Das ist die Äußerung eines Gewerkschaftsbosses von heute über eine Millionärin, die über allen Wassern schwebt und vom Erbe lebt. Der pflichtschuldigste Klassenhass. Im Dementi, um das ihn keiner gebeten hatte, gesteht der Mann von der Gewerkschaft, was er leugnet: Mia ham an Neid auf die Aufgspritzte! Na klar, das ist es, was sie haben, einen Neid, so einen Neid ... Der Neid ist besser, ist viel schneller zur Hand als eine Politik, die einem sogar aus dem Neid heraushelfen könnte. Rein artistisch betrachtet, ist die Neidleugnung des mächtigen Mannes grandios und beispielhaft. Er zählt nicht mehr zu den ganz Mächtigen, sondern zu den Halbmächtigen. Aber er hat einen Spruch, ich meine keine Sprache, sondern eine Aussprache – diese Aussprache ist eine Art zu existieren, eine Art von In-der-Welt-Sein, sie ist ein pars pro toto und steht ganz für den Mann, der sich auch ordnungsgemäß entschuldigt hat: »Ich habe mich zu einer Wortwahl verstiegen, die nicht in Ordnung war.« Und er fügt das für ihn Tröstliche hinzu, es sei ohnedies nicht sein Stil ...

Der Mann von der Gewerkschaft (deren Anhänger ich bin) zeigt, wie man sich durch seine Parolen in die Verhängnisse von Masse und Macht einschreibt. Es ist die Million, nein, es sind die »zwa Millionen«, die die Phantasie zum Witz herausfordern. »Aus dem Schatz«, schreibt Canetti in »Masse und Macht«, »ist heute die

Million geworden. Sie hat einen kosmopolitischen Klang, die Bedeutung dieses Wortes erstreckt sich über die ganze moderne Welt, es kann sich auf jede Währung beziehen (also auch auf Halsketten in Millionenwert, Anm.). Das Interessante an der Million ist, dass sie durch spekulative Geschicklichkeit sprunghaft zu erreichen ist: Sie schwebt allen Menschen vor, deren Ehrgeiz auf Geld gerichtet ist. Der Millionär hat eine der strahlendsten Eigenschaften des alten Märchenkönigs übernommen«, und wenn einem das Leben der Heidi Horten mit ihrem Schmuck und ihren Kunstwerken, ihren Seegrundstücken und Villen, mit den Geldquellen vom verstorbenen Gatten in den Sinn kommt – wie sollte sie nicht die Königin in einem Märchen sein?

Zu ebener Erde geht es anders zu. Die Invektive »Aufgspritzte« ermöglicht neben der kosmetischen Sicht noch eine andere Assoziation. Im Jargon ist der Gspritzte oder die Gspritzte ein Synonym für Depperte. Unter dem Titel »Echte Wiener 2« läuft der in jeder Hinsicht unnötige Film »Die Deppat'n und die Gspritzt'n«. Als die Weinwirtschaft Wien weit plakatierte »Der Gspritzte hat immer Saison«, kamen viele zum Handkuss, denen man den Satz zu ihrer Identifikation servierte.

Sie, die Aufgespritzte, finanzierte außerdem noch den sogenannten politischen Gegner, mit dem man bei allem Hass, den man gegen ihn empfindet, jahrelang koalierte – nicht aus Liebe, sondern des anderen Pols der Menschlichkeit wegen, also der Macht wegen. Gemeinsam trachtete man, den jeweils anderen schwächer zu machen, jeder ermächtigte einerseits den anderen, ohne dessen Macht auch er selbst nicht an der Macht gewesen wäre, aber genau diese Macht machte man einander auch streitig, bis dieses Machtspiel der *message control*, das heißt einem anderen Machtspiel wich, das mir zumindest ebenso widerlich vorkommt.

In dem anderen Machtspiel propagierten die Verbündeten ihre Liebe zueinander, bis endlich der Hass ausbrach, den die Liebenden nicht mehr kontrollieren konnten. Der abgehängte Partner, dem die Liebe entzogen wurde, ist in der Zwickmühle, denn einerseits will er sich an den Verrätern rächen, anderseits will er aber alle Welt an die schönen Zeiten der Liebe erinnern, und Politik heißt, dass man aus solchen Situationen noch eine praktikable Strategie entwickelt, die wenigstens im Entferntesten an ein Gemeinwohl erinnert. Literarisch aber ist die Sache gelaufen, die wechselseitigen Spiegelungen, denen die Akteure sich aussetzen, in denen die einen sich in den anderen reflektieren, tragen das Zeichen einer Blendung, die in ihrem Kern in Canettis Roman »Die Blendung« ein Vorbild hat. Dazu später, jetzt dazu nur die eine Bemerkung, dass Canetti im Alter vor seinem eigenen Werk, vor der »Blendung«, erschrak, man hätte ihn damit trösten können, dass es nicht nur sein böser Blick auf die Welt war, sondern dass diese Welt selbst das Böse vor der endgültigen Katastrophe war, bei der nicht allein – wie im Roman – Bibliotheken verbrannten, »im Feuer aufgingen«, sondern ganze Stadtteile im Feuer untergingen und Menschen darin verbrannten.

Ich habe keine Lust, alte Feindschaften scheinlebendig zu machen, ein Leben wie das von Franz Werfel steht für mich höher als die Niederungen seines Werks oder seiner zeitweiligen Erfolge. »Der Spiegelmensch« hieß das polemische Theaterstück des Franz Werfel, zu Unehren von Karl Kraus verfasst. Das Stück versucht dem kriegerischen Streit durch Errichtung einer metaphysischen Metaebene siegreich zu entgehen – die Polemik, also die Rhetorik, mit der Kraus Werfel umbringen wollte (es ging prinzipiell in der Polemik des Kraus um Vernichtung, ums Umbringen), diese Polemik versuchte Werfel in das gebräuchliche »Selber Arsch!« umzuwerten.

Es ist die primitivste Form der Retourkutsche: Alles, was du mir vorwirfst, bist du selber, und das Einzige, das du im Leben erblickst, ist dein eigenes Spiegelbild. In Werfels Stück heißt es: »Du Lieber! Bei Gott, das sind keine Marotten, / Denn es verwischt die Persönlichkeit, / Wenn Weiber, Tenöre, Hochstapler und Laffen / Jahrelang, als wären sie's selbst – mich begaffen. / Man wird davon am Ende gewöhnlich / Und schließlich dem schmutzigsten Waschwasser ähnlich; / Die Physiognomie muß süßlich verpatzen / Zum geometrischen Ort aller Fratzen!« Und Rudolf Steiner, den gewiss das irgendwie Faustische an Werfels Spiegelmenschen anzog, interpretierte, »dass der Wegsuchende wissen lernt, wie die Welt, die er bisher erlebt hat, nur die Rückspiegelung seines eigenen Wesens ist. Er lernt wissen, was andere nicht wissen, dass der Mensch, der keine innere Entwickelung durchmacht, glaubt, eine Welt vor sich zu haben, in der Tat aber nur vor einem ›Spiegel‹ steht.«

Diese Rhetorik wiederholt einerseits Kleists ewige Kantkrise, nämlich die erschütternde Entdeckung, dass die Wahrheit keine Substanz ist, der man sich nähert oder von der man sich entfernt, sondern dass die Suchbewegungen mit konstituieren, was man dann für die Wahrheit halten muss. Das könnte man dem Dichter Werfel, bei Musil »Feuermaul« genannt, schon kritisch sagen: Ein jeder, ob Freund oder Feind, ist so ein Spiegelmensch und steht zu einem Teil im Banne seiner Subjektivität. Einer wie Canetti, der die Haushälterin am Telefon nachmachte, um Anrufer stimmlich abzuwimmeln, ist es umso mehr. Es liegt hier – ich nenn es einmal so – entweder eine leichterhand ausgetüftelte Strategie des Täuschens vor, oder vielleicht ist es doch in aller Unschuld bei Canetti nur die Anpassung eines Lebewesens an die nie so ganz stimmige Umwelt. Man muss sich ihr angleichen, von selbst ergibt sie sich nicht.

Die Werfelsche Rhetorik enthält andererseits eine dramaturgische Volte, die das feindliche Subjekt radikalisiert, dass nämlich das wirkliche Gesicht des Fratzenschneiders, sein wahres Gesicht, selbst nichts als eine Fratze ist. Der Mensch, der in unserer Art von Öffentlichkeit Aufmerksamkeitskapital akkumuliert – das sagt uns Werfel –, unterschätzt die Wucht, mit der ihm diejenigen, die ihm Aufmerksamkeit zollen, zugleich seine Visage formen. Nachäffen als Kunstform, was – meiner Meinung nach – sein muss, um das wahre Gesicht des Gegners zu beleuchten, ja, um es widerzuspiegeln, diese Kunstform – will uns Werfel sagen – ermöglicht keine Souveränität, und schon gar nicht eine, wie Karl Kraus sie für sich beanspruchte.

Das gilt für den Herausgeber der *Fackel*, dezidiert aber nicht für den Dichter der »Letzten Tage der Menschheit«. Dieser will alles nur zitiert haben, und das Montageverfahren aus Zitiertem und Konstruiertem wird im Vorwort zum Drama zugunsten der einen Seite ausgeblendet: »... ich habe gemalt, was sie nur taten. Die unwahrscheinlichsten Gespräche, die hier geführt werden, sind wörtlich gesprochen worden; die grellsten Erfindungen sind Zitate. Sätze, deren Wahnwitz unverlierbar dem Ohr eingeschrieben ist, wachsen zur Lebensmusik. Das Dokument ist Figur; Berichte erstehen als Gestalten, Gestalten verenden als Leitartikel; das Feuilleton bekam einen Mund, der es monologisch von sich gibt; Phrasen stehen auf zwei Beinen – Menschen behielten nur eines. Tonfälle rasen und rasseln durch die Zeit und schwellen zum Choral der unheiligen Handlung.«

Das ist als Zitat berühmt geworden, und ich gebe es wieder, um überbetonend die Aufmerksamkeit auf das Akustische zu lenken. Gemalt wird schon, dem Ohr aber wird eingeschrieben: Lebensmusik, Tonfälle rasen und rasseln, Choral ... Hans Hollmann, dessen Inszenierung der »Letzten Tage der Menschheit« heutzutage zu Recht legendär ist (ich verbiete mir jede Äußerung über die jüngste Stadttheater-Bemühung für das Burgtheater und die Salzburger Festspiele), Hans Hollmann hat auch Canettis »Komödie der Eitelkeit«, deren Grundeinfall das Spiegelverbot ist, in Wien inszeniert. Hollmanns Stil hatte in meinen Augen einen Fehler: Er destruierte die Figuren satirisch, schon bei ihrem Erscheinen waren sie nichtig, ohne dass sich das im Geringsten an einer Handlung erwies. Bevor die Figuren gezeichnet waren, waren sie schon Karikaturen. Das ermäßigte ihre Widerwärtigkeit. Dieser Regisseur hasste zu schnell, zu hastig, als dass man regelrecht mithassen hätte können.

Ich war bei der Pressekonferenz im Burgtheater; Sigrid Löffler, damals Redakteurin des *profil*, hatte mich mitgenommen, und Canetti wurde gefragt, wie denn das mit ihm und Wien wäre – eine gefährliche Frage, wenn man sich eine Wahrheit als Antwort erhoffte. Ich habe viele Rundfunkinterviews mit dem Dichter gehört (»abgehört«), und ich glaube, Canetti hatte eine Neigung, sich jeweils dort als zuhause zu zeigen, wo der jeweilige Fragesteller herkam. Im Burgtheater betonte er (und es gab auch eine Art Gerücht, er würde sich vielleicht wieder in Wien niederlassen) die Stimmen, die er hier in Wien zu hören bekam. Ich kann mich nicht genau erinnern, aber ich glaube, es war so, dass Canetti das ihn verwirrende Potential dieser Wiener Stimmen als Ohrenzeuge hervorhob. Wer kann arbeiten, dichten, die Wiener Stimmen im Ohr ...

Und dann hörte Franz Werfel im kleinen Kreis einer Lesung von Canetti zu, den er schließlich als »Tierstimmenimitator« beschimpfte, ahnungslos, aber vielleicht unbewusst doch wissend, dass dies ein Lob war für die Tradition des Kraus, die dem diesbezüglich so empfindlichen Werfel in Gestalt des Vortragskünstlers Canetti wiederum virtuos entgegentrat. In der Stimme der Menschen steckt auch das Vorsprachliche, das Kreatürliche des Ausdrucks, der sich gesellschaftlich auf Verständigung beschränkt, gerade weil er oft Unverständliches und Unverständiges mitteilt. In der Stimme steckt das Tierisch-Kreatürliche, das Wüste und Ungepflegte – der Schmerzensschrei (oder der Lustschrei) sind ein Inbegriff davon ebenso wie die eine Stimme, die die Masse in den Augenblicken ihrer Hochzeiten, ihres scheinbar ultimativen Zusammenschlusses hat. Aber auch der gute Klang, das Naive, das Traurig-Einsame, sich aus tausend Schmerzpunkten Zusammensetzende, auch das kann man aus manchen Stimmen heraushören, deren Klang noch nicht in die Sinnproduktion investiert wurde. Der sinnfreie Ton, in ihm spiegelt sich die Individualität, die Unverwechselbarkeit des einzelnen Menschen jenseits seiner Kultivierung zum nützlichen Mitglied der Gemeinschaft, in deren Komödie der Eitelkeit ganz wiederum der tierische Charakter durchbrechen kann.

»Tierstimmenimitator«, das muss man als Vortragskünstler sein, um den Figuren eine menschliche Wahrheit beizumischen. Das Gestalt gebende laute Lesen vor Publikum arbeitet mit akustischen Masken. Der Merksatz lautet: Die akustische Maske ist die unverwechselbare klangliche Gestalt eines Sprechenden. Kein Zweifel, Canetti hatte bei seinen Versuchen, solchen Gestalten eine Resonanz zu geben, die *Fackel* im Ohr. Aber auch in der *Fackel* kann nur stehen, was schon der Alltag hergibt. »Gehen Sie in ein Volkslokal«, so Canetti, »setzen Sie sich an irgendeinen Tisch und machen Sie die Bekanntschaft eines Ihnen wildfremden Menschen. [...] Es genügt nicht festzustellen: Er spricht Deutsch oder er spricht Dialekt [...]. Nein, seine Sprechweise ist einmalig und unverwechselbar. Sie hat ihre eigene Tonhöhe und Geschwindigkeit, sie hat ihren eigenen Rhythmus. Er hebt die Sätze wenig voneinander ab. Bestimmte Worte und Wendungen kehren immer wieder.«

Zwei Bemerkungen – eine zu den Tierstimmen, sie ist eine willkürliche Assoziation, und dann eine Bemerkung zum Volkslokal, sie lässt sich philologisch rechtfertigen. Schreckensgeweiteten Auges sehe ich im österreichischen Fernsehen sooft es geht nicht die Sendung »Am Schauplatz Gericht«. Aber manchmal sehe ich doch »Am Schauplatz Gericht«. Ich fürchte mich davor, denn wie Menschen sich in substanzlosen Streitigkeiten verhaken können und wie sie den Staat zu Hilfe rufen, damit ihnen Recht geschehe, das erstickt jeden Humanismus im Keim.

Einmal war in »Am Schauplatz Gericht« von einer Siedlung die Rede und von einem Hausbesitzer, der in seinem Garten exotische Vögel ausgesetzt hatte. Diese Vögel gaben Tag und Nacht Geräusche ihrer Gattung von sich, die kostbaren Vögel zerschnitten die Luft und jegliche Stille mit ihren Schreien, und die anderen Siedler sahen sich gezwungen, allein um zu überleben, gegen das Getier und seinen Herrn zu prozessieren. Wie die Prozesse ausgegangen sind, weiß ich nicht, aber die Vogelgeräusche habe ich unüberhörbar im Ohr.

Die zweite Bemerkung trifft das Volkslokal. Ein solches ist im Roman »Die Blendung« beschrieben, und um mir die Beschreibung auf der Zunge zergehen zu lassen, erinnere ich an diese Stelle. Dort ist von einem Lokal namens »Der ideale Himmel« die Rede – ein wunderbarer Name angesichts der ambivalenten, höhnischen Beschönigungen, die in Wien üblich sind: »Fast an jedem der kleinen Tische saß ein haariger Geselle mit einem Affengesicht und stierte verbissen ... Im Hintergrund kreischten sonderbare Mädchen. Der ideale Himmel war sehr niedrig und hing voll schmieriger, goldbrauner Wolken ... Zwischen den Tischen flogen Schimpfworte hin und her. Die Musik gab den Menschen Kampfeslust und Kraft. Sobald das Klavier schwieg, sanken sie träge in sich zusammen. Was waren das für Geschöpfe?«

Das Chinesische kann ich nicht überhören: Durch den Zufall der Zeitgenossenschaft kenne ich das Verbrechen, das die Staatsmacht am Platz des Himmlischen Friedens verübt hat. Der Name überführt Reminiszenzen an solche Lokalitäten, in den Eingeweiden Wiens habe ich sie in den sechziger Jahren noch erlebt. Das Café Sport, und auch vis-à-vis vom Café Eiles, auf der anderen Seite der sogenannten Zweierlinie, gab es ein Lokal, das wie in einer Grube lag, man musste hinabsteigen, über Stiegen nach unten, um unten endlich das eigene Niveau zu erreichen. Die Eingeweide-Lokale, in denen das verborgene Innere der Stadt zu Gast war. Das waren Übergangsbeisl, von der Kaiserstadt über die Zwischenkriegszeit hinaus in den Nachkrieg hinein bis zur sozialpartnerschaftlichen Ära. Der ideale Himmel waren diese Lokale auch für mich, sie waren warm, hatten Stallwärme, und wie zur Musiktherapie von uns kranken Typen sang der Monsieur 100 000 Volt, Gilbert Bécaud, auf Platte immer dasselbe französische Chanson: »La place Rouge était vide … Nathalie.« Als die Musikbox kurzfristig verstummte, sank ich in mich zusammen und sang wieder mit, als Bécaud es von Neuem versuchte.

Solche Atmosphären vermischen sich mit der sogenannten Pubertät zu einem angekränkelten Glücksbrei, der sich ein Leben lang durch die Seele zieht und der immer wieder über den Vernunftwall hinüberschwappt, hinter dem man sich auch freiwillig eingesperrt hat. Der ideale Himmel war natürlich die Hölle, städtischer Abfall, aus dem heraus Kostbares, also irrtümlich Weggeworfenes hin und wieder glänzte. Im Lokal gab es die Schachweltmeister, die hier Pause oder Reklame machten für ihren großen Sieg. Die Schachweltmeister gibt es immer noch, diese Lokale nicht mehr, die Einsamkeit ist viel weiter fortgeschritten.

Aber was es gibt, heute im vermehrten Ausmaß, und was damals standesgemäß Hollmanns Wiener Inszenierung der »Komödie der Eitelkeit« traf, ist die Unduldsamkeit gegen das Aussprechen von politischen Wahrheiten, die die Österreicher schmerzen, vor allem wenn sie in den Kulturtempeln damit konfrontiert werden. Die »Komödie der Eitelkeit« ist wie Thomas Bernhards »Heldenplatz« – wenngleich auf ganz andere Weise – ein Stück über Faschismus und Nationalsozialismus, über die untergründigen emotionalen und gedanklichen Strömungen, auf denen autoritäre Gesellschaften in alle Fugen und Ritzen des privaten und öffentlichen Lebens eindringen.

In der dritten Vorstellung des Stücks kam es im Burgtheater zu einem Eklat. Canetti berichtet in einem Brief davon, er war selbst im Theater. Der Eklat begann mit einem schrillen weiblichen Aufschrei aus dem Publikum, der da lautete: »Schweinerei.« Von da an bis zur Pause ging es ununterbrochen: »Aufhören! Vorhang! Unverschämtheit! Schweinerei!« Ganze Reihen verließen das Parkett. Canetti berichtet von einer Frau, die sich vor die Türe seiner Loge stellte und den Dichter anschrie: »Können Sie keine Zeitkritik ohne Schweinerei betreiben!« Einige Frauen im Theater riefen: »Wir brauchen eine deutsche Ordnung!«

Canetti kommentierte das Ereignis in einem Brief vom 22. Mai 1979 mit den Worten: »Ich bin noch heute davon überzeugt, dass es sich um eine organisierte Nazi-Affaire gehandelt hat, während viele Wien-Kenner der Meinung waren, es handle sich um einen Protest des alt-idiotischen Abonnements-Publikums.« Jedenfalls zeigen die Reaktionen auf die Premieren von »Heldenplatz« und der »Komödie der Eitelkeit«, wo die Schmerzpunkte eines Teils des österreichischen Establishments liegen, und es zeigt sich auch, dass dieser Teil zumindest im kulturellen Leben ausgespielt hat: Nicht nur Bernhards »Heldenplatz« wurde ein Erfolg, auch Canettis Komödie ging nach dieser dritten Aufführung erfolgreich, jedenfalls ungestört weiter.

Liest man die Briefe, die Canetti um die Zeit seiner Premiere geschrieben hat, sieht man, er war nervös. Ich lese, dass er einen damals überall herumstolzierenden, in seiner Branche allmächtigen Literaturfunktionär damit qualifizierte, er könne ihn nicht leiden (»er ist genauso wie sein Gesicht«). Das ist schön böse und ein wenig hinterhältig, denn ins Gesicht hat Canetti dem Mann mehr oder weniger oft schöngetan. Aber es ist präzise gesagt und sehr wahr: Der war genauso wie sein Gesicht, einfacher und wirksamer, schlagkräftiger konnte man ihm es nicht hineinsagen. Die hohe Schule der Polemik bedarf keines hohen Tons, von dem herab man vernichtet. Sie bedarf keines Ideals, dessen Nichtverwirklichung man anprangert. Und was das Lügen in Wien betrifft: »In sechs Tagen Wien wird man verlogen für sechs Jahre«, hat Canetti 1968 geschrieben, als er den Großen Österreichischen Staatspreis erhielt. Warum sollte er die sechs Jahre nicht gut genützt haben?

Elias Canetti fühlte sich aber auch bedrängt von dem Literaturfunktionär, der nicht Karl Kraus, sondern Wolfgang Kraus hieß. Stets wollte Kraus den Dichter zu irgendwas kriegen. Auch das war ein Grund für Canettis Wiener Missstimmung, die er mit einer klassischen Hoffnung verband: »Es hat auch Zeiten [...] gegeben, da der schrecklichste Druck in das Glück der Inspiration umschlug.«

Gerald Stieg, an den Canettis oben zitierter Brief gerichtet war, kommentierte den Vorfall im Burgtheater ganz in Canettis Sinn: »Die ›Komödie der Eitelkeit‹ hatte also ihre Wirkung am richtigen Ort und zur rechten Zeit getan, im Bildungstempel der Österreicher, die sich mit der Wahl des Juden Kreisky einen endgültigen Persilschein ausgestellt zu haben meinten. Ein Blitz aus österreichischem Himmel. Kein Medienskandal wie bei im Voraus kolportierten Übertreibungssätzen Thomas Bernhards war dem vorausgegangen, Premierenpublikum und Kritik hatten sich im Großen und Ganzen verständnisvoll und gastfreundlich verhalten. Doch das authentische Publikum der ehrwürdigen Institution hat eben – bewusst oder instinktiv – genau verstanden, was da auf der Bühne vor sich ging. Es hat sich diese Vivisektion seiner selbst aus dem Jahre 1934 nicht gefallen lassen. Es ist viel erträglicher, sich von Thomas Bernhard ununterbrochen als katholisch-nationalsozialistisch beschimpfen zu lassen, als das echte österreichische Antlitz im Spiegel zu sehen.«

Stieg legt eine Spur, die größere Aufmerksamkeit verdient, als ich hier aufbringen kann. In unserem kleinen Reich der Literaturbeachtung und -betrachtung gibt es zwei Kirchen: die Bernhard-Kirche und die Canetti-Kirche. Die meisten Leser laufen in die Bernhard-Kirche, die meisten sind Thomas Bernhard in Interpassivität verbunden: Beschimpftwerden ist okay, Bernhard nehmen wir in den Kanon auf. Man kann an Bernhard zeigen, wie sein Werk Gläubige generiert, wie also keine unterscheidende Aneignung mehr stattfindet, sondern wie seine Sätze und die aus ihnen herauspräparierte Haltung zu Dogmen werden. Karl Kraus gegenüber ist das religiöse Element der Rezeption noch viel stärker gewesen, und es ist mir nicht möglich, den Punkt zu erkennen, an dem »Ehre, wem Ehre gebührt« umschlägt in heidnische Religiosität. Es hängt mit dem Rechthaben zusammen, Schriftsteller haben mit ihrem Rechthaben gleich ein Doppeltes zu leisten: Einerseits stellen sie den Spiegel her, auf dem sich das wahre Gesicht zeigt, andererseits wirkt dieses Zeigen zugleich als Kompensation des Entsetzlichen, das es im Spiegel zu sehen gibt. So gesehen ist Canettis dramatisches Werk, das seltsam selten gespielt wird, fein raus. Es lässt sich, so scheint es, für das Dementi dessen, was sich in diesen Stücken abspielt, kaum benützen (und das eine Voraussetzung für ihren Erfolg, sprich für die Aufführungsfrequenz wäre). Aber sowohl Karl Kraus als auch Elias Canetti haben in ihren Werken und in ihrem Wirken Schwachstellen, an denen sich ihr simulierter Absolutismus relativiert.

Bei Kraus ist es das weite Feld von Geschlecht und Charakter, auf dem er male-chauvinistisch herumdilettiert. Es gibt in seinem Werk Züge von Antisemitismus, der sich nicht vom eingebürgerten unterscheidet, nicht einmal von jenem, der sich schließlich mörderisch austobte. Liest man »Die Dritte Walpurgisnacht«, könnte man auf die Idee kommen, dass Kraus gegen Ende seines Lebens wenigstens eine Ahnung davon gehabt hatte. Und Robert Musil, der intellektuelle Souverän des Zeitalters, sieht das richtig, dass Kraus einer der Führer war, als sich das Führertum zum Unheil aller verbreitete. Jens Malte Fischer zitiert in seiner Kraus-Biografie einen Brief von Franz Kafka. Mit einer Wucht sondergleichen reduzierte Kafka die ganze Arbeit von Kraus auf die prekäre Existenz eines Juden, der mit allen seinen Mitteln gegen die antisemitische Übermacht um Hegemonie ringt. Folgt man Kafkas Post, dann ist die ganze *Fackel* nur ein Sammelsurium jüdischen »Mauschelns« gewesen. Kraus hätte sich vergeblich die Sprache der Übermacht angeeignet, einem Juden könne sie niemals gehören. Das ist deutlich genug weniger eine Analyse, als es genau jenen Sachverhalt submissest widerspiegelt, den einer der größten Dichter aller Zeiten sich erklären möchte. Durch das Werk dieser Größe ist der Vorwurf einerseits schwerwiegend, andererseits glänzend widerlegt. Kafka beendet den Brief mit einem ästhetischen Urteil: Kraus unterscheide sich von den ihm verhassten Literaten allein dadurch, »dass er statt bloß oi zu sagen, auch noch langweilige Gedichte macht«.

Canettis Werk ist auf den ersten Blick ach so ethisch hochstehend, es suggeriert, der Autor möge es auch gewesen sein. Aber die bittere Satire ist ohne Affinität zum Bösen nicht zu haben, von wegen »Einheit aus Ethik und Ästhetik«. Der Mann war ein

Monster, und während Kraus in seinen genderpolitischen Ausfällen auch unterschwellig naiv war, also simpel dumm, war Canetti in seiner Lebenspraxis nicht selten abgebrüht und gemein. Für mich gilt, ohne dass ich mich mit der moralischen Monstrosität Canettis messen könnte, die Bibel: »Wer unter euch ohne Sünde ist, der werfe den ersten Stein.« Aber es gilt auch, dass die Brüche in Wirken und Werk den Absolutheitsanspruch der großen Meister relativieren und so auch die Lust mindern, sich ihnen zu unterwerfen.

Stimmt das überhaupt mit den Tierstimmenimitatoren? Nicht auf einer simpel mimetischen Ebene. I. Akt, 1. Szene »Die Letzten Tage der Menschheit«: Ein Wiener hält von einer Bank eine patriotische Ansprache, bei der er sich hoffnungslos im zeitgemäßen Phrasenschatz verheddert: »[...] wie ein Mann wollen wir uns mit fliehenden Fahnen an das Vaterland anschließen [...]« Dieser Wiener, der als Privatmann, als Idiot, eine Volksrede hält, ist keine Marionette einer Widerspiegelungstheorie. Er wird zur historischen Figur, für meine Generation durch die Lesart Helmut Qualtingers, aber vor allem dadurch, dass dieser Wiener von Kraus schon zugerichtet wurde. Der Wiener ist stilisiert, zu seiner Echtheit verfremdet. Die Kunst entfremdet die Figuren nicht von ihren Originalen in der außerliterarischen Wirklichkeit. Sie nimmt ihnen bloß das Zufällige und schafft damit den Eindruck: So sind wir wirklich! In der »Komödie der Eitelkeit« arbeitet Canetti mit einer Darstellungskunst, die auch »Die Blendung« in Schwung hält: Die Leute reden leicht abgehackt, immer abgeschmackt, sagen dauernd Sinnsprüche auf, um deren Sinn es ihnen nicht geht. Es geht Wort für Wort allein um die Untermauerung ihrer Interessen. Sprache dient in erster Linie nicht der Mitteilung, mit ihrer Hilfe schlägt man die Feinde aus dem Feld und räumt mit ihrer Illusion auf, sie hätten etwas zu sagen.

In der »Komödie der Eitelkeit« spielt sich folgende Szene ab. Sie stellt den Unterschied der Klassen heraus und zugleich den Altersunterschied und den Abgrund auch an Selbstbewusstsein, der zwischen den routiniert Erniedrigten und der Eitelkeit der Erniedriger besteht.

»François Fant, *jung elegant, tänzelt heran. Hinter ihm der* Nada-Franzl, *ein alter Dienstmann, unter einer schweren Last von Spiegeln keuchend.*

NADA: Schwer, schwer, junger Herr.

FANT: Nur weiter, es wird schon gehen.

NADA: Wann i des gwußt hätt, daß S' so viel Spiegeln habn! A so schwer.

FANT: Lieber Freund, entweder oder.

NADA: I mein ja nur.

FANT *(bleibt stehen):* Übrigens, wenn Sie nicht weiter wollen, ich find auch wem andern.

NADA *(erschrocken):* Aber i bitt schön, junger Herr, des war net so gmeint. Mit meine grauen Haar. Wer wird denn gleich bös sein?«

Das ist nicht nur das alte Machtspiel von Herr und Knecht, wobei der Knecht eine Rückentwicklung darstellt, weil er im Bewundernd-Sklavischen sein Auskommen zu finden versucht. Dafür ist der Herr den Zeitläuften entsprechend ein spätpubertierender Soziopath. Nein, der Ausschnitt führt in verfremdeter Form eine Wiener Sprechweise zu Ohren. In der Verfremdung ist der Nachklang von Stimmen bewahrt, die ich von Kindheit an gehört habe und die jetzt nur noch selten zu hören sind. In diesem Ton sprachen im unverfremdeten Original meine Großeltern mütterlicherseits – sie wohnten im Bezirk Favoriten. Unterwürfigkeit war der Pass, den man vorzuzeigen hatte, wenn man im Leben ein wenig vorankommen oder wenigstens durchkommen wollte. Aber diese Sprache birgt auch aggressives Potential, das zum Ausdruck drängt und sich ergänzend zur Selbstverharmlosung verhält – eines führt zum anderen.

Ich kenne einen Oberösterreicher, der es in Wien zum Intellektuellen gebracht hat. Der Mann charakterisierte den Wiener Dialekt mit einer historischen Reminiszenz: Ihm klinge er in den Ohren wie die Laute des Gesindels, das seinerzeit Juden anfeuerte, die mit der Zahnbürste den Gehsteig putzen mussten. Ich gebe zu, dieses Werturteil hat mich ebenso überrascht wie gekränkt, auch weil ich mir selbst Gedichte in meinem Dialekt schrieb, um meine eigene Sprache vor dem Verschwinden zu bewahren.

Aber vielleicht ist das echte Wiener, ja das echte österreichische Antlitz der Basilisk in der Schönlaterngasse? Es war im Jahr 1212. Eine Magd erblickte im Brunnen ein grässlich aussehendes und stinkendes Tier. Ein tapferer Bäckergeselle kletterte in den Brunnen und kam von Entsetzen gebeutelt wieder heraus. Was tun? Ein weiser Wiener (in der Sage gibt es so jemanden) erteilte den Auftrag, das Tier mit einem Spiegel, den man ihm vorhalten solle, zu töten. Denn erblickt der Basilisk sein eigenes Abbild, so ist er von seiner Scheußlichkeit so entsetzt, dass er vor Wut und Ingrimm zerplatzt.

BLENDUNG HEUTE

Ein kluger Mann (dessen Klugheit ich anerkenne, weil er einen Fehler, den er mir nachgewiesen hat, niemals selbst gemacht hätte) schickt mir einen Satz, der meine Orientierung verbessern soll. Der Satz stammt von einem französischen Philosophen, er lautet: »Faschismus ist, wenn alle durcheinander reden.« Derzeit reden alle durcheinander, ist das Faschismus? Aber haben alle nicht immer schon durcheinandergeredet, hatten nicht alle Redner ein Anliegen?

Da ich seinerzeit mitredete, mitsprach, wie die aufgeblähte Wendung dafür lautet, und da ich es, wie man liest, immer noch versuche, weiß ich, dass es heute anders ist. Damals hatte das Durcheinander einen nicht nennbaren, nicht in Begriffe gefassten Bezugspunkt, dessen Vitalität eben durch das Reden aktualisiert, lebendig wurde. Die Gegnerschaften, in meinem Fall sogar einige Feindschaften, wurden ausgetragen und damit begründet, dass dem Feind oder dem Gegner wesentliche Eigenschaften abgingen, ohne die es keine Übereinstimmung, geschweige denn eine Zustimmung geben dürfte. Der Streit war böse genug, und was Karl Heinz Bohrer forderte, nämlich »Auseinandersetzung ohne Versöhnungsabsicht«, war schmerzlich möglich. Das Streiten selbst, der »Meinungskampf« (und nicht die einzelne, gut begründete Feindschaft) standen jedoch im Zeichen der unrealisierbaren Utopie, dass durch Reden die Leute zusammenkommen, und sei es als Feinde.

Geblieben ist der öffentlichen Rede die Feindschaft – einen Bezugspunkt gibt es nicht mehr. Dieser Punkt wurde durch Redeweisen ausradiert (und durch ihre unaufhörliche Wiederholung), man könnte sagen, durch neurolinguistische Programmierung. Vor Jahren habe ich mich gefragt, warum der Politiker Jörg Haider jede Diskussion gewinnt. Die Antwort ist einfach, weil so einer wie er nur spricht, um auch beim Reden zu siegen. Siegen kann man allein, ganz allein, am Ende werden alle ganz allein gesiegt haben. Diskutieren kann man dagegen nur in Rücksicht auf andere, auf Gegner und Freunde.

Die am Horizont erscheinende illiberale Demokratie hat in der beinahe liberalen Demokratie ein würdiges Vorbild: Sprachfetzen wurden von sogenannten Spindoktoren prominenten Sprechern ins Maul geschoben, sodass sie immer nur geknebelt sprachen, was nicht so schlimm war, weil sie eh nur eine Botschaft hatten: Kauft mich, der andere ist nichts wert! Daran stimmt immerhin der zweite Teil des Satzes, aber wenn Interessenten ihre Slogans massenhaft aussenden, dann verseucht die Propaganda die Öffentlichkeit. Was soll man über die ritualisierten Hassausbrüche in Medien sagen, die man vollkommen verblödet und nicht ohne Stolz »soziale Netzwerke« nennt?

Die in Massen verbreitete Propaganda drückt in erster Linie einen Siegerwillen aus, es ist eine von durchschnittlich begabten Machttechnikern kalkuliert ausgedachte Appellsprache, die dem Konsumenten die Chance einräumt, es sich als Reiz-Reaktionsdepp bequem einzurichten und gutgläubig allein gegenüber alternativen Fakten zu sein. Dem Konsumenten macht das Spaß und er bereichert von selbst die Sprache, die man ihm vom Maul abgeschaut haben will, um vereint und zugleich einsam zu siegen. Das gerade noch harmlose Selbstlob wird aggressiv, auch auf höchster Ebene der Macht. Jeder ist der Größte, auch die Erniedrigten und Beleidigten sind die größten Erniedrigten und Beleidigten.

Ich sage es noch einmal: Es ist unverzeihlich, wenn auch verständlich, dass Elias Canetti gegen Ende seines Lebens, das doch viele Jahre friedvoll sein durfte, »Die Blendung« ablehnte. Sie jagte ihm, behaupte ich, mitten im Frieden Angst ein, und zwar mit Recht: »Die Blendung« zeigt das scharf gemachte, explosive Durcheinanderreden. Jede Figur spricht Bände vom eigenen Sieg, der demnächst eintreten wird, koste es die anderen, was es wolle. Wie wird das diesmal ausgehen? Niemand kann es wissen. Aber es ist nicht ausgeschlossen, dass der Rückschritt, während man entflammt durcheinanderredet, bereits begangen ist.

MEIN ÖSTERREICH

Der größte Österreicher, den ich kennenlernte, war Karl Kraus. Gewiss, persönlich habe ich ihm nie begegnen können, er starb 1936. Ich bin elf Jahre später geboren. Kraus ist als größter Österreicher außerdem unterdefiniert, er ist ein Satiriker von Weltrang. »Apocalyptic Satirist« nannte ihn ein Engländer, der auch davon beflügelt war, dass es in der angelsächsischen Welt nichts mit dem Werk von Kraus Vergleichbares gibt.

Für mich (und weiß Gott für viele nicht) ist Kraus der größte Österreicher, weil er eines gezeigt hat, dass man nämlich, ob nun im Habsburgerreich oder in der Republik, »die Wahrheit« im emphatischen Sinn über alles, was Österreich betrifft, nur polemisch sagen kann. Die Tradition der Polemik, die im zwanzigsten und im 21. Jahrhundert mit den Namen Thomas Bernhard und Elfriede Jelinek verbunden ist, erkläre ich mir daraus, dass in einem Klima der Wahrheitsunfreundlichkeit der Versuch, den verbreiteten Lügen nicht nachzugeben, nur polemisch, also kriegerisch ausfallen kann. Der Wahrheit im emphatischen Sinn muss die Unzumutbarkeit anhaften, die in der frommen Phrase, die Wahrheit sei dem Menschen zumutbar, in Abrede gestellt wird.

Selbstverständlich ist das nicht *common sense*, auch nicht die Vorrangstellung von Karl Kraus in der Reihe der großen Österreicher. Ein Diskurs wie der seine muss liberal denkende Menschen abstoßen. Wer meint, er könne – wie Kraus das von sich glaubte – das »Weltgericht« verkörpern, erscheint den Liberalen bloß als Betreiber der Überhöhung von schlichter Rechthaberei. Aber man muss kein Liberaler sein, um politisch ganz anders zu denken als Kraus. Hugo von Hofmannsthal zum Beispiel, ein eher konservativer Mensch, war vom Wirken des Karl Kraus unangenehm berührt, erstens überhaupt und sowieso, und zweitens auch, weil Hofmannsthal sehr wohl Opfer der Polemik von Kraus geworden war.

Der Polemiker hielt Hugo von Hofmannsthal nicht zuletzt das Spektakel vor, das man als Dichter mit seiner Sensibilität machen muss, um in der Kulturindustrie Erfolg zu haben. Seltsamerweise verschwindet die Sensibilität, wenn so ein Schöngeist im Kriegspressehauptquartier die Front meidet, für deren Propaganda diese Institution da ist.

Aber Hofmannsthal skizzierte in wenigen Worten durchaus das, was einige das Fragwürdige an Kraus nennen. Kraus, schreibt Hofmannsthal in einem Brief, habe zwar Witz, aber keine Substanz – ja, nicht einmal ein Urteil über ihn, über Kraus, könne Substanz haben. Danach ist Kraus also ein Nichts, und diese Behauptung erscheint mir plausibel als die Spiegelung, als die Reflexion der Vernichtung, die Personen durch die Polemiken des Karl Kraus hatten erfahren müssen.

Hofmannsthal und Kraus – in der Jugendzeit kannte man einander. »Es war auch damals«, schreibt Hofmannsthal, »nichts in ihm, auch kein Wille, sich zu fundieren, nichts als kurze Zwecke und Absichten. Wäre aber auch irgendeine Substanz in ihm gewesen, so hätte er sie vergeudet: Keine Individualität verträgt ein Dasein, das nur auf Polemik gestellt ist, und nicht einmal Polemik reeller Art, die auf Herbeiführung politischer Veränderung ausgeht, sondern eine Polemik, die sich immer gegen den Schein und die Form von Dingen richtet, aber selbst von diesen Scheinen und Formen nicht loskann.«

Ich erinnere mich an eine Szene im Wiener Burgtheater, nicht auf der Bühne, sondern am Stiegenaufgang. Es war Anfang der achtziger Jahre, da erklärte mir Rudolf Henz in aller Kürze die Welt. Henz war im Austrofaschismus ein Kulturfunktionär der Schwarzen, also der Christlich-Sozialen gewesen. 1934 wurde ihm die Leitung des Kulturreferats der Vaterländischen Front übertragen. 1934 – das war das Jahr des Bürgerkriegs: Der sozialdemokratische Schutzbund, die Roten, gegen die christlich-soziale Heimwehr. Das prägt aus der Ferne, aber bis heute die österreichische Politik; und sogar, behaupte ich, Österreicher, die vom historischen Ereignis keine Ahnung haben, erleben in eigenartig gedämpfter, sozialisierter Form den alten Gegensatz. Er ist einer der Quellen des Hasses geblieben, die in meiner geliebten Heimat nur so sprudeln. Rudolf Henz, der nach dem Krieg Programmdirektor des österreichischen Rundfunks war, der also seiner Gesinnungsgemeinschaft ihre Tradition garantierte, erklärte mir am feudalen Stiegenaufgang des Nationaltheaters nicht ohne Hass, dass Karl Kraus im Ersten Weltkrieg »unseren Feldgrauen« in den Rücken gefallen wäre. Das ist Kraus eben nicht: Er hat in seinem Drama »Die Letzten Tage der Menschheit« mit aggressivem Mitleid vor Augen geführt, wie die Dehumanisierung für Kriegszwecke Menschen in Massen getötet hatte.

Unter den vielen Definitionen des Ersten Weltkrieges findet sich bei Kraus auch diese: »Das technoromantische Abenteuer.« Damit ist gemeint, dass in diesem Krieg ein sentimentaler, romantischer Heroismus der Propaganda den tödlichen Maschinen vollkommen unangemessen war, die in Wirklichkeit über Leben und Tod von Millionen Menschen entschieden. In einem Aufsatz mit dem Titel »Das technoromantische Abenteuer« beschreibt Kraus im März 1918 auch einen Sachverhalt, der – wie immer verändert – die gegenwärtige Nachmoderne ebenfalls bestimmt: Während im Weltkrieg die Menschen auf den Schlachtfeldern starben, berichtete die Presse von einem Mann, der »in der gleichen Stunde« und beschienen von der Engadiner Sonne als Zeichen seiner Zugehörigkeit zu einem Bob (dem Wintersportgerät) »auf seinem Hanswurstkostüm die Aufschrift ›The Tank‹« trägt. The Tank – der Panzer.

Darin zeigt sich für Kraus im Kriege »die totale Fühllosigkeit im Angesicht der geistigen und ethischen Kontraste, zwischen denen sich dieses Schauerdrama abspielt«. Es ist der Wahnwitz der »Gleichzeitigkeit«, »jener Zustand einer Epoche, in dem sie die Konkurrenz der heterogensten Zeitcharaktere, die sich in ihr begegnen, erleidet, aber nicht mehr spürt«. Diese Gleichzeitigkeit regiert auch heute die Friedenszeiten, ja überhaupt den Globus.

Das alte Österreich hatte vor allem in seinem Untergehen etwas Beispielhaftes. Das Ramponiertsein ging vielen Menschen bis auf die Knochen. Ich bin Wiener, und Wien hat – anders als Paris oder London – schon 1918 einen Bruch seiner Kontinuität erlebt: von der Kaiserstadt zur größten Kleinstadt. »Wien, die größte Kleinstadt deutscher Zunge« – das stammt von Anton Kuh, einem der intelligenteren Feinde von Karl Kraus. Kuh hat auch eine Selbsterkundung dieses Wiener Bruchs geschrieben: Als Stadt ihrer Kaiser, schrieb er 1927, »war sie einmal ein Paradies der Resignation, Arkadien der Melancholie, ihre Luft gemischt aus dem Lebenshauch, der vom Zentralfriedhof, und aus dem Sterbehauch, der vom Prater über sie strich. Und hier im Prater, an der Grenze vom Ringelspiellärm und feudalen Huftrab, im grünsten Dickicht, lag auch ihr symbolischer Punkt: das ›Selbstmörderbankl‹.«

»Heute«, so Kuh 1927, »ist ganz Wien ein solches Selbstmörderbankl geworden. Die Resignation ist schäbig, die Melancholie verschlissen.«

Verschlissene Melancholie – die Wortprägung stammt selbst

aus dem, was sie bezeichnet, aus verschlissener Melancholie, und wenn sie einmal ganz verschlissen ist, bleibt nur mehr der Neuanfang. Aber der hat lange auf sich warten lassen, und der österreichische Weg von einer prächtigen Versuchsstation des Weltuntergangs zum instabilen Behagen am Kleinstaat war hart. Zum achten Geburtstag der Ersten Republik dichtete Kraus über diese Republik: »Es bleibt wohl die beste von ihren Gaben: / dass wir keine Monarchie mehr haben.«

Das könnte man im Rückblick als Hybris bezeichnen, die zum Himmel schrie, angesichts der Tatsache, dass 1938 die Diktatur kam. Mit einer Stimme rief die Masse am Heldenplatz: »Sieg Heil! Sieg Heil! Sieg Heil!«, und das pompöse Pathos Hitlers, Inbegriff der faschistischen Ästhetik, gratulierte den »Idealisten«, die die Vorarbeit für seine Herrschaft geleistet hatten, die, so Hitler, »bewiesen haben, dass das Deutsche, unter Druck gesetzt, nur noch härter wird«. Hitler rief es über den Platz, er würde als Führer gerade »die größte Vollzugsmeldung seines Lebens abstatten: [...] Als Führer melde ich vor der deutschen Geschichte nunmehr den Eintritt meiner Heimat in das Deutsche Reich.«

So eine aufgeblasene Bürokratenrhetorik versetzte am Heldenplatz einen Teil meiner Landsleute in die Euphorie des totalen Massenerlebnisses. Geschichtsphilosophie wurde zum Scheißdreck im Munde des Führers. Während die einen Österreicher im schauerlichen Zusammenklang ihr »Sieg Heil!« brüllten, wurden andere Österreicher in Gefängnisse geworfen und gefoltert. Wie soll ich das verstehen, wie damit zurechtkommen (bevor es mir die Historikerkommission der FPÖ unter der Lenkungsgruppe des FPÖ-Mitglieds Wilhelm Brauneder erklärt haben wird), dass im Jahr 2018 ein Liederbuch im Vorrat einer deutschen Burschenschaft auftauchte, die einer Partei, die vor kurzem noch Regierungspartei war, nahesteht, ein Liederbuch, in dem die zu singenden Zeilen abgedruckt sind: »Da trat in ihre Mitte der Jude Ben Gurion: ›Gebt Gas, ihr alten Germanen, wir schaffen die siebte Million.‹«

Die Reaktion der geistig Entblößten, der anhand ihrer Bibliothek Überführten, deren Familiengeheimnis plötzlich öffentlich wurde, war klassisch: Erstens habe man nichts davon gewusst, und zweitens sei, was man davon gewusst habe, nicht so gemeint gewesen, außerdem hätte man ja die Zeilen geschwärzt, drittens habe man die betreffenden Worte zwar selber auch gesungen, aber zu einer Zeit, in der man für so etwas noch nicht »sensibel« war, und habe nicht auch Kreisky gesagt, wenn die Juden »ein Volk« seien, dann seien sie ein »mieses Volk«?

Der inkriminierte Text sei ja nur ein eh bedauerter Einzelfall, ein Ausrutscher, und es sei der politische Gegner, »die Linken«, die aus Frustration, nicht mehr an der Macht zu sein, jetzt nicht und nicht aufhören mit ihrer »Hetze« und ihrer »Schmutzkübelkampagne«. Die aggressive Variante der Selbstviktimisierung: Durch das Herausschreien ihrer Opferrolle sind die Protagonisten der sozialen Heimatpartei emphatisch mit ihren Anhängern verbunden. Lauter Opfer, die endlich zur Gegenwehr schreiten, die sich nicht mehr, wie ihre deutschen Gesinnungsgenossen so gerne sagen, »verarschen« lassen. »Verfolgende Unschuld« nannte Kraus diesen Politikstil.

Aus den Einzelfällen, unter denen der arme Kanzler Sebastian Kurz so gelitten hatte (was er eingestand, als dieses Leiden am Partner bereits opportun war), aus diesen Einzelfällen sollte ja kein ganzes Bild entstehen! Das ganze Bild ergab sich dann aber doch aus einem Video, dessen Hauptdarsteller immerhin mit Vorzugsstimmen bei der nächsten Europawahl ausgezeichnet wurde. Die politische Ästhetik (ich meine damit: das schön Sichtbare) führte H.-C. Strache vom Pfui-Rufen aus der Loge im Burgtheater bei Thomas Bernhards »Heldenplatz«-Premiere zu jenem Video, in dem er schwitzend im Ruderleiberl seine Machtphantasien für die Ewigkeit formulierte.

Das Video ist ein Beweisstück, aber auch ein Kunstwerk aus der Ästhetik des Schreckens, weil jede Österreicherin und jeder Österreicher nun sehen muss, wie nahe Strache – auch dank Kanzler Kurz – an der Realisierung seiner illiberalen Demokratie war. Das sogenannte »Ibiza-Video« – eine journalistische Bezeichnung, die einen unschuldigen Ort mit hineinzieht – ist das Gesamtkunstwerk der österreichischen Rechten, die ihren Extremismus dahinter verbirgt, dass sie doch eh demokratisch gewählt ist.

Der verdammten Macht wegen haben die Gesinnungsgenossen H.-C. Strache isoliert und damit zu Alleingängen inspiriert; und schon kandidierte er – diesmal erfolglos – wieder für die Kommunalwahl in Wien. An seinem Nachfolger, sagt Strache, sehe man, wie die FPÖ wieder irrelevant werde und das an Stimmen verlöre, was er, Strache, einst eingeheimst hatte. Er und sein Gesamtkunstwerk, das Spiegelbild der österreichischen Rechten, kann natürlich nichts dafür. Wie einst Jörg Haider ist auch H.-C. Strache zuerst weg und dann schon wieder da. Das Volk, das die »soziale Heimatpartei« FPÖ so aufopfernd betreut, war erst dann ganz weg, als Straches Spesenabrechnungen veröffentlicht wurden. So stellt sich die uralte politische Frage: Wie kommt der Emporkömmling zu Geld, damit er den angemessenen Lebensstil weiterführen kann?

Aus alledem ergibt sich für mich auch, dass zwei Bundespräsidenten, geborene Beschwichtigungshofräte, ihre Irrlehren aphoristisch zusammenfassten: Der eine meinte, die Österreicher seien nicht so: »So sind wir nicht. So ist Österreich einfach nicht.« Richtig ist, dass nicht alle Österreicher so sind, einige aber doch. Der andere, der vorangegangene Bundespräsident meinte, und seine Meinung wird in einem Rundfunk-Jingle oft wiederholt, »die Menschen« hätten aus der Geschichte gelernt. Keineswegs alle, einige sicher – aber ich halte es derzeit für Bürgerpflicht, vor allem an diejenigen zu erinnern, die genau so sind und denen man nicht erlauben sollte, unter dem Deckmantel zu verschwinden, dass eh nicht alle sind wie sie.

Anders als der große Patriot Wolfgang Schüssel, der spätere Kanzler, der in seiner Jugend als Referent für den ÖVP-Parlamentsklub unabkömmlich war, bin ich Soldat gewesen. Ausgebildet wurde ich in Glasenbach, einer ehemaligen SS-Kaserne, in der – glaubte ich – die Amerikaner nach dem Krieg verdächtige Nazis interniert hatten. Glaubte ich, stimmt aber nicht. Mein Irrtum ist ein typischer, ein historischer Irrglaube, mit dem man schön was in der Hand zu haben meint. Das Internierungslager der Amerikaner war am linken Ufer der Salzach, nicht aber meine Kaserne in Elsbethen.

Es war aber durchaus im Ort Glasenbach, vor allem war »Glasenbacher« eine Bezeichnung für die Männer, die sich ihre alte Ideologie nicht nehmen ließen und die im Lager ihr Wiederaufleben für die nächsten Jahrzehnte planten. Meine Kaserne wurde, ich glaube 2012, von einem österreichischen Energy-Drink-Konzern um 23 Millionen Euro gekauft. Am 29. Mai 2013 wurde in einem Festakt mit symbolischer Schlüsselübergabe und Einholung der Bundesflagge die Glasenbacher Kaserne vom Militärkommando Salzburg an den Getränkekonzern übergeben. Ist das nicht ein historisches Ensemble der Sonderklasse? Wie auf einem Teppich sind die unvereinbaren Zeiten miteinander verknüpft. Man glaubt es nicht, aber die Kaserne hieß »Rainerkaserne«, und der Name leitete sich vom Salzburger Hausregiment Erzherzog Rainer Nr. 59 ab. Also ist auch die Monarchie in das historische Ensemble verwoben. Ich darf erwähnen, dass der Getränkekonzern, der meine

Kaserne kaufte, auch einen Fernsehsender führt, in dem endlich gegen »den linken Einheitsbrei« der Öffentlich Rechtlichen ordentlich rechte Stimmen laut werden können.

Ich war kein guter Soldat, aber im Nachhinein bin ich nicht ungern einer gewesen, ja, sowohl Soldat bin ich gerne gewesen als auch kein guter. Im Dienst bin ich im Lande herumgekommen. Ich habe, während der spätere Bundeskanzler Wolfgang Schüssel das Intrigieren in der Politik lernte, Österreich von Grund auf kennengelernt, auch den Erdboden, in den ich mich zwecks Waffenübung mittels einer kaum funktionstüchtigen Schaufel eingraben konnte. Ich habe schon einmal darüber geschrieben, dass ich eines Nachts die Orientierung verloren hatte und mit meinem elf Kilo schweren Maschinengewehr (dem MG 42, einer deutschen Produktion aus dem Jahre 1942) den Lichtern folgte und so in der mir bis heute ganz und gar fremden, aber immerhin zivilen Stadt Salzburg ankam. So ein Irrsinn verbindet mich mein Leben lang mit Stadt und Land, ich bleibe also Patriot, und das ist für die nächste Zeit ein Mensch, der fürchten muss, dass die Weltkomödie Österreich wieder einmal tragisch ausgehen könnte.

Was also wird werden? Man wird's noch erwarten, aber was ich schon gesehen habe, fand in Österreichs einziger politischer Sendung statt, in »Seitenblicke«. Wolfgang Schüssel stand da (vor Jahren) in irgendeiner Botschaftsgesellschaft herum und bot einen erfreulichen Anblick. Der Mann Schüssel war heiter gelöst, ja, erlöst. Kein Wunder, er musste ja auch nicht mehr durch Kellergänge hindurch, vor starren und flackernden Blicken bestehen und mit dem Experten für eh alles, Andreas Khol, der bis heute an ihn glaubt, das Land regieren. Die »Seitenblicke« stellten diesen frischen Menschen vor die politische Frage, die auch mir oft schon auf der Zunge lag: »Warum interessiert die Österreicher prinzipiellerweise das Skifahren?« – »Weil's bergab geht!«, rief Schüssel kregel ins Mikrophon, »das liegt den Österreichern«, und damit es nicht allzu missverständlich wird, fügte er noch amüsiert hinzu: »Wir lieben es, wenn's schnell bergab geht.«

NOTIZEN AUF KUR

Im Hotel, Abendessen, die Leute geben allmählich Gabel, Löffel und Teller ab. Die Konzentration des gemeinsamen Mahls löst sich ins Gemütliche auf, und so steht ein netter Herr plaudernd am Tisch eines Ehepaares. Der Herr trägt einen pinkfarbigen Trainingsanzug, dazu strahlend rote Turnschuhe mit gelben Schnürriemen. Unterm Trainingsanzug sieht man ein weißes Hemd, dessen Kragen mit einem schwarzen Mascherl verziert und zugleich verschlossen ist.

Davon rede ich nicht, weil ich jemanden wegen »schlechten Geschmacks« anprangern möchte. Im Gegenteil, der Herr gefällt mir, auch philologisch: Er führt mir vor Augen, dass sogar eines der blödesten Wörter, nämlich Outfit, von Bedeutung sein kann. Außerdem finde ich den kleinen, glatzköpfigen, etwas mausigen Mitmenschen lieb und putzig. Deshalb sperre ich meine Ohren auf, um zu erfahren, was sein Beitrag zur Unterhaltung ist. Ich erfahre, dass er dem mäßig aufmerksamen Paar die Welt erklärt und lächelnd auf die dunklen Seiten der Menschheit hinweist: »Der Mensch«, sagt der putzige Mensch schließlich, »ist und bleibt ein Raubtier – da kann man nichts machen!« In dem Moment kommt ein Kellner vorbei, der die Frage, ob er etwas bringen soll, in die Formulierung kleidet: »Kann ich noch etwas Gutes tun?«

In der Bäderabteilung saß ich neben einem älteren Herrn (das ist ein noch älterer als ich), der mir erzählte, dass er dreißig Kilometer von Auschwitz entfernt geboren wurde. »Und stellen Sie sich vor, was mir heute im Schwimmbad passiert ist!« Im

Schwimmbad ist ihm passiert, dass ein Mitschwimmer plötzlich von Adolf Hitler zu schwärmen begann. Adolf Hitler, das wäre der größte Politiker aller Zeiten gewesen, ein Mann, dem bis heute die Geschichte zu Füßen läge und die keineswegs über ihn hinweggegangen wäre. Niemand wäre aktueller als Adolf Hitler – heutzutage!

Als mein Gesprächspartner dem Hitlerianer den Geburtsort – »dreißig Kilometer von Auschwitz weg« – mitteilte, war der Mann in seinem Element: »Na, dann sagen Sie mir mal, wie viele Juden haben wir in Auschwitz getötet? Aber genau, Sie sind ja dort geboren.« Den Hitlerianer kannte ich aus dem Speisesaal, er war ein geradezu peinlich unauffälliger Mensch. »Die Banalität des Bösen« wäre für ihn zu hoch gegriffen.

Da war ein anderer Mann, den ich in der ersten Klasse der Westbahn kennenlernte, im wahrsten Sinne des Wortes von einem anderen Kaliber: Er signalisierte Gewaltbereitschaft und Traurigkeit darüber, dass er keine Gewalt anwenden würde. Die Verhältnisse sind (noch) nicht so. Dieser Nationalsozialist war viel jünger als der Schwimmer, so um die 35. Er stürmte in den Wagon, hatte in der Linken ein Handy, das er verkrampft musterte, und als er mich sah, rief er mir aufgeregt zu: »Wohin fahren Sie?« Ich: »Was geht Sie das an, wohin ich fahre?« Er grundsätzlich werdend: »Die Linken und die Juden sind viel gefährlicher als die Nazis.« Ich: »Das hoffe ich.«

Dass er mich für einen Juden hielt, kam davon, dass ich ein Buch las. Dass er mich für einen Linken hielt, davon, dass ich seine Wünsche, ohne sie auch nur zu kennen, auf keinen Fall zu erfüllen gedachte. Im Abgang sagte der junge Nationalsozialist tatsächlich: »Vor siebzig Jahren haben wir euch weggeräumt.« Er drohte mir mit Wiederholung aufgrund seiner Wiederbetätigung. Ja, vor siebzig Jahren. Fiel nicht in dem Gerangel um die Wien-

Wahl vor einiger Zeit auch das Diktum, dass »wir« nach siebzig Jahren wieder den Bürgermeister stellen sollten?

Mit dem Mann in der Bäderabteilung bildete ich kurzfristig eine Zwei-Mann-Antifa-Gruppe. Ich erzählte ihm eine Geschichte, die ich überhaupt gerne erzähle und die zum Teil auf die Rechnung meiner Eitelkeit geht. Ja, auch das muss ich zugeben (und es hätte zum Abschnitt »Fragmente der Eitelkeit« gehört): Während auf der einen Seite die Eitelkeit ungeheuerlich aufblüht, gibt es auf vielen anderen Seiten der Gesellschaft nichts zu lachen. Es gibt dort auch keine Eitelkeit, weil die Leute einen Überlebenskampf führen, der ihnen keinen Raum lässt, den Existenzkampf auch nur zu kommentieren, geschweige denn als gelungen in irgendeine der vielen Auslagen zu stellen. Für die ganze Eitelkeit dieser Gesellschaft ist eine sogenannte Prominenz zuständig, die ständig ausgeleuchtet und ausgefragt wird, um dem Publikum vorzuspielen, was für glanzvolle Persönlichkeiten diese Gesellschaft ermöglicht, also wenigstens nicht verhindert.

Es ist eitel, wenn auch nur zum Teil, dass ich diese Geschichte erzähle, die übrigens überhaupt nirgendwo einen Anklang findet. Es war, erzählte ich dem Herrn in der Bäderabteilung, es war, lieber Herr, an einem dieser Republikfeiertage, da eine für österreichische Verhältnisse ordentliche Zeitung eine Art ideologischen Kassasturz veröffentlichen wollte. Zu diesem Zweck versammelte man einige kluge Leute, darunter auch solche, die viel klüger waren und sind als ich. Der Witz war, dass die Versammlung um der Photographien wegen, die von uns angefertigt werden sollten, im großen Debattenraum des österreichischen Parlaments stattfand. Ein merkwürdiges Gefühl, im leeren Raum der Politik einen Auftritt zu absolvieren. Im Vakuum wirkte das Parlament gestaucht, es war viel kleiner als der Eindruck, den es für das Fernsehen machen musste.

Unsere Statements hatten wir klugen Leute schon abgegeben, jetzt ging es nur mehr um die Konterfeis. Ich war, was mein Statement betraf, scharf kritisiert worden. Hilfe! Die Redakteurin hatte nämlich gefragt: Was sei denn in den letzten Jahren die am meisten auffällige Veränderung gewesen? Ich antwortete: Die Wiederkehr einer politischen Rechten, die der einmal gewesenen »Bewegung« nicht unähnlich ist. Na, mehr hatte ich nicht gebraucht, und es war damals noch lange hin bis zur Regierungsbeteiligung der sogenannten Freiheitlichen Partei Österreichs, für deren Würdigung ich mir die Formel ausgedacht habe: Wer sie mit den Nazis gleichsetzt, verharmlost die Nazis, wer die Analogien übersieht, verharmlost die Freiheitliche Partei Österreichs.

Wie man's macht, ist es eben falsch. Damit muss man leben, damit hat man eine Koexistenz in dieser späten Moderne, mit ihrer Verzahnung von Falschem und Wahrem, mit dem Vagen, dem Ungefähren und den Paradoxien – mit all diesen folternden Ungewissheiten, aus denen sich da oder dort eine schreckliche Gewissheit erheben kann, und zwar in überdeutlichen Umrissen. Entschuldigen Sie mein Pathos, lieber Herr. Ich habe die Heraufkunft des verschieden verkleideten Rechtsextremismus aber nicht als ein eitler Auskenner in der Politik veranschlagt. Ich war schlicht paff, und das Unwort paff in seiner lautmalerischen Widerlichkeit trifft es: Wenn es irgendeinen Beweis für irgendetwas geben kann, dann ist es doch bewiesen, dass die Menschheit ihren größten Schaden durch das Versprechen von völkischem Glück erlitt. Ich war simpel erstaunt über die ehrgeizigen Anstrengungen, auch nur das Geringste dieses überführten Übels oder einen Abklatsch davon wiederum wünschenswert erscheinen zu lassen, und heute regiert zum Beispiel in Ungarn ein Mann ganz nach dem Geschmack der alten Regime. Das, sagte ich, sei das eigentlich Erstaunliche. Und damals haben sie's mir hineingesagt: Es gäbe doch wohl ganz andere Umstände und Errungenschaften von Wichtigkeit, und heute triumphiere ich eitel, dass ich einmal, wenn auch nur ein einziges Mal recht hatte.

Der gute Mann im Bademantel stand auf und musterte mich. »Kennen Sie die Schrift an der Wand?« – »Um Gottes willen«, erwiderte ich. »Ach nein, sagte er, das ist doch ein Buch: ›Die Schrift an der Wand‹«, und er fügte bedächtig hinzu: »Ich lese das Buch gerade, es ist von Günther Anders, der auch ›Die Antiquiertheit des Menschen‹ geschrieben hat – ein Meisterdenkertitel. ›Die Schrift an der Wand‹« – das ist ein Tagebuch aus der Nachkriegszeit, in der die Quellen des Vergessens zum Fließen gebracht wurden. Wissen Sie, was daraus mein Lieblingszitat ist?« – »Wie sollte ich?« Der Mann holte ein Buch aus einer der großen orangenen Taschen hervor, die jeder Kurgast bekommt, damit er intern, im Kurhaus, die Badesachen und anderes Zeug herumschleppen kann. Er las mir die Stelle vor, sie stammte aus dem Jahr 1950. »Also«, sagte mir der Herr im Bademantel, »Anders ist aus der Emigration zurückgekehrt und nimmt angeekelt am Wiener Leben teil, auch an der ›Kultur‹. Bei einem literarischen Abend ...« Jetzt fiel es mir ein. Ich kannte doch das Buch und die Stelle, ich hatte sie einst meinem Repertoire eingemeindet. Diesen Satz hätte Anders nur zu lesen brauchen, und er hätte mir das Buch, ja einige Bücher, seine ganze Bibliothek an den Kopf geworfen. Einmal eingemeindet, hatte ich Buch und Stelle auch schon vergessen. Das passiert mir nicht wieder, zumal ich Anders kannte und erst recht die Stelle: »In einem dieser Säle – vermutlich hat man hier vor 135 Jahren den Sieg über Napoleon zertanzt – sitzen heute, nur die vordersten Reihen füllend, letzte, versehentlich übriggebliebene Zipfel der Gesellschaft, ›tout Vienne‹ spielend, und hören sich Dichtungen an. Da man den Krieg, als wäre er nicht gewesen, überspringt, ebenso die Hitlerzeit, kommt es schon nicht mehr darauf an, noch weiter zurückzuspringen. Wo man landet, schreibt man etwa 1912.« Gespenster, Gespenster. Anders glaubte, ersticken zu müssen, auch wegen der vorgelesenen Texte: »Belanglosigkeiten mit gewissen Charme-Resten.« Ich habe in deutlicher Erinnerung, wie der Herr im Bademantel, in seine Plastikschlapfen schlüpfend, mir eindringlich den Schluss der Tagebucheintragung vorhielt: »Denn nicht das Zerstörte ängstigt«, hatte Anders geschrieben, »sondern das Gebliebene.«

DIE GESELLSCHAFT DER GIERALE

Zu den Gemeinplätzen, die jedem Menschen zur Selbstdarstellung dienlich sind, gehört der Satz: Diese Gesellschaft hat keine Tabus mehr! Dagegen stelle ich mir vor (es ist eine reine Erfindung), ich wäre zu einem Abendessen, sagen wir, beim Bundespräsidenten eingeladen. Es gibt natürlich Rindsuppe mit Frittaten, Tafelspitz und Wein aus der Wachau, einen mittelguten Riesling Federspiel – geurasst wird beim Staatsoberhaupt überhaupt nicht.

Und man stelle sich vor, ich eröffne das Gespräch mit meiner Tischdame, einer eleganten Dame der Gesellschaft – sie ist eingehüllt in kostbarste Tücher mit leichtem Trachteneinschlag. Ich sage zu ihr: »Also, gnädige Frau, nein, was ich in den Augen hab, ist keine Konjunktivitis, sprich: keine Bindehautentzündung. Meine Augen tränen vor Gier, vor gesunder Gier, ich bin nämlich ein Gieral. Wo andere die Hände in den Schoß legen, krieg ich den Hals nicht voll. Ein guter Tag beginnt für mich mit einem Gieranfall. Und der kommt bei mir immer von selbst. Ohne mein Zutun. Gnädige Frau, ich schnüffle schon früh morgens herum und sehe mit tränenden Augen um mich, damit ich was finde, was meine Gier befriedigt. Und das ist nun das Schönste: Eine ordentliche Gier kann man gar nicht befriedigen. Ich bin so gierig, gnädige Frau, dass ich schon meine eigene Gier liebe: Wie die Idioten, die ins Verliebtsein verliebt sind, liebe ich gierig das Gierigsein.

Und wenn ich schon von Liebe rede, gnädige Frau, ja, dieser Bereich, dieser intime Bereich. Ich bin zwar, wenn ich es so sagen darf, impotent, aber dauernd erregt. Der geile Impotente ist mein Daseinsideal, ich habe es erfüllt. Meine Gier trägt mich leicht durchs Leben, und, gnädige Frau, wenn's auch manchmal rumpelt im Lebenslauf, ich bin gerne Raffke und Gierschlund in einer Person, vital vor Gier. Raffke und Gierschlund – die hab ich aus einem Film, ich glaube von Mel Brooks, den auch keiner mehr kennt. Wollen wir über Filme sprechen, gnädige Frau?«

Ach, würde ich das der mir zugewiesenen Dame beim Präsidentschaftsabendessen sagen, die Dame würde mir in die Frittatensuppe spucken, und das trotz Angebot, über Filme zu sprechen. Bei Gott, sie würde mir zeigen, was ein Tabu ist, und ich – ich würde es als ungerecht empfinden. Haben die anderen hier nicht auch so eine Fratze wie ich? Der Bundespräsident ist als Anderer sowieso immer der Gleiche: der ewige Beschwichtigungshofrat an der Spitze der Republik. Aber wetten, dass wenigstens zwei Drittel der von ihm Eingeladenen genau auf die von mir eingestandene Weise gierig sind; wetten, dass diese zwei Drittel, die sich jetzt mit der Nachspeise (Sachertorte) vollstopfen, den Hals nicht vollkriegen können. Gierig sein ist durchaus akzeptiert, tabuisiert ist nur, es zuzugeben, es offen zu sagen. Die Gesellschaft der Gierale hat sich auf den Satz geeinigt: Gierig – das sind immer nur die anderen. »Ja, gnädige Frau, die Gier, das Reden von ihr als meine Gier, das ist ein Tabu: Ein Tabu beruht auf einem stillschweigend praktizierten gesellschaftlichen Regelwerk, auf einer kulturell überformten Übereinkunft, die bestimmte Verhaltensweisen auf elementare Weise ... Ach, Prost!«

Ein Cartoon von Oli Hilbring zeigt – vor einem Auto in der Verbotszone – einen aufgeregten, mickrigen Nerd, der zu einer Politesse, die ihn gerade aufgeschrieben hat, mit beinahe ungebrochenem Stolz sagt: »Ich bin ein mittelloser Literat.« – »Also, ich«, antwortet ihm die Politesse mit dem Knöllchen in der Hand, »kann vom Schreiben leben.«

Das hat mich erschüttert, und ich bin darauf gekommen, dass ich keinen einzigen reichen Menschen persönlich kenne. Das Einzige, das ich vom Reichtum weiß, steht in Robert Musils »Der Mann ohne Eigenschaften«. Dort findet sich ein Argument gegen die Ansicht des jungen Karl Marx, Geld würde es ermöglichen, Eigenschaften zu kaufen. Nach Musil ist aber der Reichtum selbst eine Eigenschaft: »Jede menschliche Nase riecht unweigerlich sofort den zarten Hauch von Unabhängigkeit, Gewohnheit, zu befehlen, Gewohnheit, überall das Beste für sich zu wählen, leichter Weltverachtung und beständig bewusster Machtverantwortung, der von einem großen und sicheren Einkommen aufsteigt.«

Der Philosoph Christian Neuhäuser hat die Frage »Wie reich darf man sein?« diskutiert. Dabei pflegt er eine Denkweise von praktischer Anschaulichkeit, er denkt Schritt für Schritt in einfachen, aber lehrreichen Fallgeschichten über den Reichtum. Auf diesem Weg kommt er zum Schluss: »Reich ist derjenige, der deutlich mehr Geld zu Verfügung hat, als man für die Umsetzung einer vernünftigen Vorstellung vom gelingenden Leben braucht.«

Hier setzt die Gier an, die ich den Reichen gerne nachsage. Das Wesen der Gier ist es, für sich unangemessene Vorstellungen vom Gelingen des Lebens durchsetzen zu wollen und es auch zu können. Man kann behaupten, dass Reichtum per se weder gut noch schlecht ist. Ungerecht muss man ihn aber dann nennen, wenn, so Neuhäuser, »Reichtum zu grundsätzlichen Schädigungen von Strukturen und anderen Menschen führt. Sollten beispielsweise reiche Menschen anfangen, erheblichen Einfluss auf die Politik zu nehmen, schädigt das unmittelbar die für liberale Republiken zentrale Grundidee der politischen Gleichheit aller StaatsbürgerInnen.« Darf man die USA noch eine Demokratie nennen, wenn Nicht-Milliardäre für die Präsidentschaft gar nicht kandidieren können?

Es ist nicht Neid, mit dem Frauen den Männern gegenüber die Forderung nach gleichem Lohn für die gleiche Arbeit stellen. Es wäre nur gerecht. Die Ideologie ist ausgeleiert, jede Kritik an der Ungerechtigkeit mit dem Neidvorwurf abzublocken. Bei Musil findet aber auch der Neidige Trost: »[...] zerstöre Bankkonto und Kredit, und der reiche Mann hat nicht bloß kein Geld mehr, sondern er ist am Tag, wo er es begriffen hat, eine abgewelkte Blume.«

Ja, und es gilt auch, dass Geld von denen überschätzt wird, die keines haben. Allerdings ist die Überschätzung des Geldes durch die Armen unvermeidlich. Es ist kein Hirngespinst, kein leerer Wahn. An seinem Mangel demonstriert das Geld, was es tatsächlich bedeutet. Sonst (wenn man Geld hat) kann es einem auch wurscht sein. In einer Folge der amerikanischen Fernsehserie »Criminal Intent«, die den Titel »Fashion Victim« trägt, kommt eine Psychiaterin vor, die in der Geldfrage Bescheid gibt. Sie sagt: »Der einzige Unterschied zwischen armen und reichen Patienten ist der, dass die Reichen wissen, dass Geld ihre Probleme nicht lösen kann.«

FRAGMENTE DER EITELKEIT

Der eitelste Mensch, den ich jemals gesehen habe, war ein Schauspieler, nein, eigentlich ein Kabarettist oder besser »ein Alleinunterhalter«. Außerdem war dieser Unterhalter auch ein Schriftsteller, wenngleich er mir als Hobbyschriftsteller vorkam – als einer von der Art, die durch Themenwahl und Qualität dem Publikum schmeichelten, das sofort erkennen konnte, worum es in den Schriften geht, und das sofort angenehm berührt war, auch wenn der Autor zu irgendwelchen Empörungen aufgerufen hatte. Darin war er professionell und konnte sich selbstverständlich als Profi erster Güte ansehen. Ausgerechnet die eitelste Gattung des Schreibens galt dem Unterhalter als seine eigentliche Domäne: der Aphorismus.

Aphorismen sind im schlimmsten Fall Sätze, die wie der klingen, den ich von einem Trottel im Fernsehen gehört habe: »Was eine Frau im Frühling träumt, hat ein Mann im Bett versäumt.« In der einschlägigen Sendung nennt man solche Aphorismen »Amorismen«, und das ist wohl ein eitles Wortspiel, das nichts besagt, aber ganz schön auftrumpft, und er war so stolz auf seine Aphorismen, unverwechselbare Sätze, von ihm stammend, selbständig auf ihrem Felde stehend, wie sonst nur der als Individuum gelungene Mensch in der Welt.

Alles eitel: Aphorismen trumpfen mit der Einfallskraft des Autors auf. Sie leben, wie Roland Barthes es gesagt hat, von der Einbildung, man könne den Fluss der Wahrheit mit einem Satz stoppen. Der eitle Aphoristiker und Alleinunterhalter bereitete mir (der ich, wie man ja sieht, selbst eitel genug bin) Schmerzen, weil ich zumindest einige seiner Aphorismen auf ihren Ursprung zurückverfolgen konnte: Stolze zwei waren von mir selbst, der Rest, in alphabetischer Reihenfolge, von Goethe (»Maximen und Reflexionen«), von Karl Kraus, von Arthur Schnitzler oder gewissermaßen außer Konkurrenz von Autoren, die sie wiederum von Goethe, Karl Kraus, Arthur Schnitzler und anderen unabweisbaren Berühmtheiten bezogen.

In diesem Bezugssystem war mir der eitle Mann durchaus unangenehm. Er kam in einer Rundfunkkantine (wir hatten gerade vor dem Mikrophon einige unserer Aphorismen aufgesagt) neben mir zu sitzen und auf mich zu sprechen, das heißt: Er sprach auf mich ein. Er sprach aber nur zu sich und hörte seiner Stimme nostalgisch zu, damit ihm nichts entging; es schien, als ob er jeden Ton, den er von sich gab, zugleich auch bedauerte: »Waren Sie schon in meiner Vorstellung, kennen Sie schon mein letztes Buch?« Ja, aber nur soweit in seinem letzten Buch Sachen standen, die ich schon vorher aus anderen Büchern kannte. Wie war das mit dem allzeit schutzbedürftigen Mann, der nur mit Kondom onanierte, oder der berühmten Passage, die da lautet: »Der Ästhet verhält sich zur Schönheit wie der Pornograph zur Liebe und wie der Politiker zum Leben.« Über solche Sentenzen muss man streiten: Hier büßt doch der Politiker für den schlechten Ruf, den unter *sophisticated* Ästheten der einfache Ästhet, der simple Dekadent genießt. Darüber muss man streiten, sogar in der Rundfunkkantine mit dem eitlen Herrn, auch wenn der Sinnspruch ihn gar nicht zum Autor hat, obwohl er den Eindruck erwecken möchte. Dabei glaube ich nicht, dass er als Dieb die Weltliteratur bestiehlt. Er hält sich bloß selbst für so bedeutend, dass er in aller Unschuld glauben kann, alles Einleuchtende und Schöne wäre von ihm.

Ich sagte aber kein Wort, weil ich mir die Eitelkeit nicht leisten wollte, einen sogenannten Kollegen der Unredlichkeit zu überführen. Die Unredlichkeit der Kollegen kann man getrost voraussetzen, da braucht man nicht extra einen Wirbel zu machen. Und die Aphorismen sind ihrerseits laut genug: »Der Tod ist das Erhabene, das jedem zu Gebote steht« konkurriert mit »Sterben kann ein jeder Idiot«. In dem Match gewinnt die demokratische Konkurrenz gegen das Erhabenheitsangebot, dessen Autor den niedrigen Tod, den elenden und den ekeligen Tod für seinen Witz unterschlägt. Im ersten Augenblick überrascht ein derartiger Aphorismus mit einer Erleuchtung, man darf ihn nur nicht weiterdenken, dann wird es finster.

Sehr beliebt, erleuchtend und – außer der Pointe – ohne den geringsten Widerspruch hinzunehmen ist folgende Passage: »Verehrter Herr Minister, verehrte Anwesende, es ist nichts zu loben, nichts anzuklagen, aber es ist vieles lächerlich; es ist alles lächerlich, wenn man an den *Tod* denkt.« Der Tod steht kursiv da, und der Aphorismus provoziert den Umkehrschluss. In der Umkehrung ist er zum Glück genauso wahr: Nichts ist lächerlich, wenn man an den Tod denkt.

Angesichts der radikalen Endlichkeit ist die Lächerlichkeit aufgehoben, auf eine höhere Ebene gebracht und negiert. Die Lächerlichkeit ist halt unser Ernst, einen anderen haben wir nicht, das Erhabene ist unerreichbar und höchstens in der Komik präsent, mit der wir es verfehlen. Der Aphorismus, dass angesichts des Todes alles lächerlich ist, gehört zu den besten, weil er beidseitig benutzbar ist. Die damit verbundene forsche Behauptung kann man jeweils anders sehen. Das Forsche ist ja seinerseits ambivalent. Einerseits heißt es: Mit mir habt ihr einen, der euch alles hinhaut, aber anderseits ist genau diese Geste entlastend: Wenn alles lächerlich ist angesichts des Todes, was gibt's dann noch im Ernst zu tun, wozu dann noch etwas auf sich nehmen? So schöpft der Nihilist Hoffnung.

Vieles liegt auf der Hand, die oft geschüttelt wurde. Es scheint, dass es ungefähr zehn Lebensweisheiten auf der Welt gibt, die man aber so drapieren kann, dass sie stets wie neu wirken. Ideal für einen Markt. Was ein Dichter dem Minister hineinsagt, dichtete auch die Sängerin Joan Baez: »There is no need for anger, there is no need for blame / There is nothing to prove, everything's still the same.« Kein Grund für Zorn, alles Beschuldigen kann man sich ersparen, und zu beweisen gibt's auch nichts: Es ist, wie es ist! Das Lied heißt »Farewell, Angelina«, und Joan Baez singt, wie ein Mann sich befreit, indem er sich verabschiedet. Innerlich hatte ich für mein Gegenüber, für den Kabarettisten, einen Schauspieler-Witz parat: Ein Schauspieler zeigt sich einer Dame von seiner schönsten Seite. Er geht alle seine Hauptrollen durch und erzählt, wie er in Hamburg den Faust, in Wien Richard III., in München John Gabriel Borkman und in Stuttgart den Liliom gegeben hatte. Plötzlich hält er inne und sagt zu seiner Zuhörerin: »Mein Gott, jetzt rede ich nur von mir und lasse Sie gar nicht zu Wort kommen. Also Fräulein, bitte sagen Sie mir, wie habe ich Ihnen als König Lear gefallen?«

In Johann Wolfgang Goethes dialogisch aufgebautem Gedicht »Rechenschaft«, in dem ein Meister spricht und auch ein Chor zu Wort kommt, stehen die Zeilen: »Jeder möge so verkünden, / Was ihm heute wohlgelang! / Das ist erst das rechte Zünden, / Daß entbrenne der Gesang. / Keinen Druckser hier zu leiden / Sei ein ewiges Mandat! / Nur die Lumpe sind bescheiden, / Brave freuen sich der Tat.« Die Verteidigung dessen, was andere als eitel denunzieren, hat einen Grund: Das Selbstbewusstsein des Produzenten, die Bejahung der eigenen Leistung gegen ein verzagtes Herumdrucksen kann man in weiteres Gelingen investieren. Mit Bescheidenheit macht sich der Kreative verdächtig. Der Moralist mag dem Tatmenschen, der sein Gelingen verkündet, Eitelkeit vorhalten. Aber was ist dieser Vorbehalt schon gegen die verdiente Freude des Braven an der Tat?

Ja, nur die Lumpen sind bescheiden, denn sie wissen genau, wer sie sind. Der Typus, den Goethe favorisiert, ist allerdings nicht eitel, auch wenn man ihn für eitel hält, weil er ja seinen Erfolg nach außen hin spiegelt. Er hat Selbstbewusstsein, das aus dem Gelingen resultiert. Ein eitler Mensch dagegen hat keine Ahnung davon, wer er ist. Die einfachste und handlichste Definition der Eitelkeit, die diese Verblendung thematisiert, stammt von Montaigne. Nach Montaigne besteht die Eitelkeit »aus zwei Stücken, von sich selbst zu viel und von anderen zu wenig zu halten«. Das hält den interaktiven Charakter der Eitelkeit fest: Eitelkeit existiert in einer Verhältnismäßigkeit, die von unverhältnismäßigen Überlegenheitsgefühlen, von einer unreflektierten Einseitigkeit gelenkt wird. In seiner Rede über die Dummheit hat Robert Musil den sozialen, den interaktiven Charakter der Eitelkeit sine ira et studio vor Augen geführt. Die Verwandtschaft von Dummheit und Eitelkeit ergibt sich aufgrund der Wechselseitigkeit von Ich und Du nach Musil von selbst: »Ein dummer Mensch wirkt gewöhnlich schon darum eitel, weil ihm die Klugheit fehlt, es zu verbergen.«

Aber, sagt Musil, Eitelkeit ist auch ein moralischer Defekt, eine »Störung des Anstands«, bei der die Wechselseitigkeit der Kommunikation eine merkwürdige Volte schlägt. Es existieren nämlich »Distanzgebote«, die dazu verhelfen, dass der andere Mensch in seinem Eigendünkel geschont bleibt, wenigstens nicht extra herausgefordert wird: »Solche Distanzgebote richten sich auch gegen den Gebrauch zu offener Worte, regeln Gruß und Anrede, gestatten nicht, dass man einander ohne Entschuldigung widerspreche, oder dass ein Brief mit dem Worte ›Ich‹ beginne, kurz, sie fordern die Beachtung gewisser Regeln, damit man einander nur nicht ›zu nahe trete‹. Ihre Aufgabe ist es, den Umgang auszugleichen und zu ebnen, die Nächsten- und Eigenliebe zu erleichtern und gleichsam auch eine mittlere Temperatur des menschlichen Verkehrs zu erhalten.« Das kann man »Kultiviertheit des Umgangs« nennen. Die Distanz ist gewahrt, und man geht dem Nächsten weder durch eisige Kälte noch durch Überhitztheit auf die Nerven. Und dann kommt Musil auf besagte Volte zu sprechen, die die von Montaigne beschworene Wechselbeziehung der Eitelkeit näher ausleuchtet: »Im Sinne dieser Distanzgebote«, sagt Musil, »ist es aber nicht nur untersagt, sich selbst, sondern auch andere aufdringlich zu loben. Jemand ins Gesicht zu sagen, dass er ein Genie oder ein Heiliger sei, wäre fast ebenso ungeheuerlich, wie es von sich selbst zu behaupten.«

Ich glaube, erst von hier aus – »im Sinne der Distanzgebote« – kann man Nietzsches These von der Unverschämtheit des Lobens verstehen: »Hier ist Einer, dem du anmerkst, dass er dich loben will: du beissst die Lippen zusammen, das Herz wird geschnürt: ach, dass der Kelch vorüberginge! Aber er geht nicht, er kommt! Trinken wir also die süße Unverschämtheit des Lobredners, überwinden wir den Ekel und die tiefe Verachtung für den Kern seines Lobes, ziehen wir die Falten der dankbaren Freude über's Gesicht! — er hat uns ja wohltun wollen! Und jetzt, nachdem es geschehen, wissen wir, dass er sich sehr erhaben fühlt, er hat einen Sieg über uns errungen, — ja! und auch über sich selber, der Hund! — denn es wurde ihm nicht leicht, sich dies Lob abzuringen.«

Ich sollte es nicht sagen, weil es einen Konnex herstellt, den ich mir nicht leisten kann. Einerseits existiert diese Überlastung durch mein Geltungsstreben, andererseits gibt es diese einfache Wahrheit, dass ich Nietzsche, wie man sagt, alles verdanke, also auch das Geltungsstreben, das ich ohne Nietzsche in die hier ausgeweitete Richtung gar nicht haben könnte. Es fällt mir dazu ein, dass ich in früher Jugend, als ich schon Nietzsche las, einem Lehrer vorgestellt wurde, einem Professor der graphischen Lehranstalt, von dem es hieß, dass er das von meinesgleichen angestrebte Wissen nicht nur hatte, sondern auch verkörperte.

Ich versuchte, mit ihm in ein Gespräch über Nietzsche zu kommen, aber der Mann wehrte das ab und entwertete Nietzsche: Dieser sei ein geistig ständig Pubertierender gewesen und mit keinem Satz jemals erwachsen geworden. Das traf mich hart, und mit Mühe und Not konnte ich die eigene Verletzung, die dieser Professor mir mir nichts, dir nichts zugefügt hatte, durch Verachtung kompensieren. Mit Nietzsche hatte ich mich, ehrfürchtig, aber doch, identifiziert. Kritik an ihm, noch dazu eine dermaßen abfällige, nahm ich automatisch persönlich. Es ging gegen mich, wenn es gegen Nietzsche ging – eine gymnasiastenhafte Vermessenheit, die ich als alter Mensch in einer Umkehrung beibehalten habe: Nietzsche ist mir, wie man sagt, immer noch alles, aber ich glaube schon, dass jeder Personalchef heute ein Nietzscheaner ist: Auf alle Leute fällt ein Verdacht, ihr Edelsinn ist vorgeschoben, dahinter tobt sich Egoismus aus, jeder ist sich selbst der Nächste, Loben ist Gemeinheit, alles ist Wille zur Macht oder eh von vornherein gar nichts. Eine solche Abhängigkeit kann am besten nahtlos funktionieren (also so, dass ihre Widersprüchlichkeit nicht zum Vorschein kommt), wenn Macht im Spiel ist. Im Machtspiel entfaltet sich dann auch der komplementäre Partner der Eitelkeit: die Schmeichelei. Unter Zwang wird aus dem Loben Schmeichelei. In einer Redewendung heißt es: Die Schönheit der Frau schmeichelt dem Mann, womit ich bei dem Thema bin.

Ich vergleiche mich lieber mit einem Unerreichbaren als mit einem Kollegen. Aber die Unerreichbarkeit darf man nicht so zurechtstutzen, dass sie am Ende allein auf einen selbst zugeschnitten wirkt. Das mag das Aufreizende, das Verächtliche der Eitelkeit sein: Von einem, der sich selbst so hohen Wert beimisst, fühlt man sich leicht verachtet. Die Eitelkeit hat aber noch einen anderen, aufreibend widersprüchlichen Zug. Eitelkeit ist zwar ein Höhepunkt menschenmöglicher Selbstbezogenheit, dennoch bedarf man, damit ihr Zweck erfüllt wird, anderer Menschen: Der Alleinunterhalter unterhält sich ausschließlich mit sich allein, aber niemals könnte er sich gut unterhalten, wenn ihm keiner dabei zusähe; er benötigt ein Publikum, er ist vom Applaus abhängig. So ist die Eitelkeit als ein übertriebener Selbstbezug zugleich auch auf die Reverenzen anderer angewiesen.

Ich glaube, die »Komödie der Eitelkeit« kommt am besten auf Fotografien zum Ausdruck (oder beim Friseur, wenn man in den Spiegel schaut). Man muss den, und sei es nur auf Passbildern, gebannten Menschen in die Augen sehen. In ihren Augen steckt eine unvermutete Gier nach dem, was herauskommt, wenn man abgebildet, widergespiegelt wird. Alles eitel, denn diese Gier ist spontan, nicht zu kontrollieren, und auch der beste Charakter fällt ihr zum Opfer, wenn nur eine Kamera oder irgendetwas anderes Widerspiegelndes in der Nähe ist.

Die Eitelkeit ist der leere Blick auf sich selbst, der einem angenehme Gefühle bereitet. Der Blick ist leer, weil man sicherlich nicht sich, also nicht den, der man ist, sieht. Man sieht vielmehr sein eigenes forderndes Selbstgefühl, also im Grunde etwas Abstraktes und Unsichtbares. Der Mensch ist unter allen abbildbaren Wesen mit seiner Abbildbarkeit am glücklichsten: Der Mensch ist eitel, und das heißt: Ein jeder möchte Gott und die Welt zu seinem Spiegel machen. Was für eine Mühe – und wenn man stirbt, so erklärt uns außerdem eine pessimistische Theologie, wird es sich herausgestellt haben, dass alles eitel, alles vergeblich gewesen ist.

Stelle ich mir die Menschheit als denkendes Subjekt vor, dann gibt es einen Gedanken, bei dem ich mir nicht vorstellen kann, dass ihn dieses Subjekt nicht gefasst hätte. Es ist der Gedanke der Vanitas, der allumfassenden Nichtigkeit alles Tuns, alles Lassens und Leidens der Menschen. Es ist undenkbar, dass die Menschen in der Geschichte nicht darauf gekommen wären, dass das Einzige, das von ihnen bleibt, ihr Verschwinden und das Verschwinden des ihnen Wertvollen ist. Kein Wunder, dass die Menschen auf der Flucht vor ihrer Nichtigkeit damit beschäftigt sind, den Dingen und (Lebens-)Umständen Wichtigkeit beizumessen. Die Antwort auf die Frage, was der Menschen Leben sei, liegt auf der Hand. Andreas Gryphius beantwortete sie in seinem Gedicht »Vanitas! Vanitatum Vanitas!« mit der schönen Volte, das Leben der Menschen sei nichts »als eine Phantasie der Zeit«.

Aber zunächst noch zur Eitelkeit, wie sie einen für sich selber aussehen lässt:

Angesichts des Todes ...

Man muss vorsichtig sein: Das Reden über die Eitelkeit, falls es nicht überhaupt stumpfsinnig ist, ist zweischneidig. Man kann auch umgekehrt behaupten, dass gerade angesichts des Todes mein Leben gar nicht eitel, sondern tatsächlich bedeutsam ist. Bekannt sind die Menschen von wirklicher Bedeutung, über die so gerne gesagt wird, sie wären eitel, bloß weil sie sich realistisch, das heißt ihrer Bedeutung entsprechend verhalten.

Der Vorwurf der Eitelkeit blockt diesen Skandal ab; damit hält man sich – eitel – die fremde Überlegenheit vom Leib. Sollte das Vorurteil, Frauen wären eitel (an dem ganze Industrien beteiligt sind), nicht dafür da sein, Frauen in Schach zu halten, sie mit Äußerlichkeiten zu befassen, um sie an ihrer Entfaltung zu hindern?

Die Eitelkeit existiert in unzähligen schillernden Mischungen. Es gibt Momente, so wie bei meinem Alleinunterhalter, da tritt sie glücklich in Reinkultur hervor. Die Eitelkeit ist auch nicht immer unsympathisch: Ich habe einen Freund, der kokettiert auf das Schamloseste mit sich selbst. Er liebt sich so sehr, dass er unter Menschen diese einzige wahre Liebe seines Lebens nur selbstironisch darstellen kann, sonst wäre sie zu monströs. Zur Tarnung hat er einen sogenannten gewinnenden Witz entwickelt, und alle haben ihn lieb. Man sollte diese Grenze beachten zwischen der Eitelkeit, die manche Menschen bei anderen überhaupt nicht ertragen, und dem notwendigen und gerechtfertigten Selbstschutz, der darin besteht, dass man die eigene Bedeutung den anderen auch mitteilt. Ich glaube, dass der Vorwurf der Eitelkeit erstens selber – und das ist natürlich eine Retourkutsche – eitel ist und dass zweitens der Vorwurf meistens eines übersieht: Menschen, die sich präsentieren (müssen), die in einer Präsentationsmaschine stecken, erfahren, dass diese – ganz unabhängig von den Personen – die Eitelkeit hervorruft und zum Vorschein bringt, die nachher von genau dieser Maschine kritisiert wird. Eitelkeit ist von einer persönlichen Eigenschaft zum professionellen Automatismus geworden.

Die sogenannte Prominenz steckt in einem Dilemma: Um prominent zu sein, bedarf es der Auftritte. Bei jedem Auftritt aber verschleißt sich der prominente Mensch, bis er endlich in der Banalität verschwindet. Das kann manchmal ruinös sein: Ludwig Franz Hirtreiter, der als Rex Gildo Schlager sang und der sich für das Publikum eine Biographie zusammenlog (in der vor allem nicht vorkam, dass er schwul war), sprang aus dem Klofenster in den Tod. Sein letztes Konzert hatte eine Möbelkette gebucht: Fiesta Mexicana, hossa, hossa!

Im Fernsehen sehe ich mir gerne die Probeaufführungen und

auch die Abschlussprüfungen der Berufsschulen für Eitelkeit an, zum Beispiel die »NDR Talk Show«. Menschen erscheinen dort zum Austausch ihrer Erfolgsgeschichten. Sendungen dieser Art sollen die Gesellschaft so aussehen lassen, als bestünde sie aus hochbegabten Einzelnen, die in ihrer Freizeit locker den Ruhm für ihre beruflichen Leistungen einheimsen und zelebrieren dürfen. Für diesen Zweck ist keine Verschwörung nötig, er ergibt sich einfach durch Selektion und Dramaturgie. Zur Dramaturgie gehört, dass diese Shows sich selbst eitel feiern: »Best of NDR Talk Show 2018, 2019, 2020 ....«

Jede der eingeladenen Persönlichkeiten huldigt einer gepflegten Langeweile oder im besten Fall einer amüsierten Desinteressiertheit, wenn ein anderer dran ist. Ist man selbst am Wort, weicht das Desinteresse einer routinierten Faszination, die einem die eigene Eitelkeit verschafft. Im Talkshow-Rahmen kann sich aber niemand bescheiden geben, selbst die Bescheidenheit, der berufsmäßig Eremiten und Geistliche anhängen, nimmt sich eitel aus. Da sieht man wieder, was die Inszenierung ausmacht, aber ich muss unbedingt erwähnen, dass sich dennoch immer Personen herauskristallisieren, die tatsächlich Aufmerksamkeit erregen und für die Zeit ihrer Auftritte das Desinteresse sogar der Showkonkurrenten steigern: Robert Kreis zum Beispiel, ein holländischer Musikkabarettist, der sich den zwanziger Jahren bis in jedes Futzerl seiner Kleidung verschrieben hat. Wenn der Mann singt (zum Beispiel seinen »Lach Fox: Doedeloedoe, Doedeladoe«), werden die abgebrühten Talkmaster hellhörig. Ich vermute, das kommt ebenso von der Eitelkeit: Kreis als Kunstfigur auf der Bühne zivilisiert nicht die Eitelkeit, indem er sie anderen gegenüber höflich verbirgt, er kultiviert und radikalisiert sie durch Verfremdung bis zur Unangreifbarkeit: Die absolute Eitelkeit der Kunstfigur ist ein guter Spiegel, der die vordergründige Zähmung professioneller Durchschnittseitelkeit sichtbar macht. Der artistischen Übertreibung gegenüber zu erwähnen, sie wäre eitel, ist nicht nur lächerlich, sondern kunstfremd. Wenn man gut spielt, was man ist, nimmt man die Chance wahr, der Moral, die die Eitelkeit geißelt, zu entgehen.

Karl Kraus hat unter dem Titel »Selbstbespiegelung« eine Reflexion veröffentlicht, die unter dem Motto eines seiner Aphorismen steht: »Selbstbespiegelung ist erlaubt, wenn das Selbst schön ist. Sie erwächst zur Pflicht, wenn der Spiegel gut ist.« Schön und gut. In erster Linie kommt die Berechtigung, das eigene Spiegelbild zu reflektieren, aus der Ästhetik. Seine Schönheit will auch der Schöne sehen, und er darf es. In zweiter Linie muss er es. Falls nämlich der Spiegel gut ist, also die Schönheit perfekt zeigt, dann ist es die Pflicht, so ein Spiegelbild von sich selbst im Bewusstsein zu haben. In dem Aufsatz »Selbstbespiegelung« gibt es noch eine dritte Ebene, nämlich die der Sachlichkeit, deren leidenschaftliche Seiten die Gegner von Karl Kraus nicht erkennen können: »Sie können es nicht verstehen, dass, wer mit einer Sache verschmolzen ist, immer zur Sache spricht, und am meisten, wenn er von sich spricht. Sie können es nicht verstehen, dass, was sie Eitelkeit nennen, jene nie beruhigte Bescheidenheit ist, die sich am eigenen Maße misst, und das Maß an sich, jener demütige Wille zur Steigerung, der sich dem unerbittlichsten Urteil unterwirft, welches stets sein eigenes ist. Eitel ist die Zufriedenheit, die nie zum Werk zurückkehrt. Eitel ist die Frau, die nie in den Spiegel schaut. Bespiegelung ist der Schönheit unerlässlich und dem Geist.«

Im Ethischen kenne ich ein Problem, das einige verfluchte Kerle erfolgreich ausagieren: Solche Kerle polemisieren im ersten Schritt gegen andere, weisen nach, dass diese anderen moralisch minderwertige und intellektuell tiefstehende Wesen sind. Da haben sie meistens recht. Im zweiten Schritt aber beseitigen sie die

Risiken ihrer Urteilskraft, indem sie ebenso protzig hinzufügen, auch sie selbst wären ja moralisch und intellektuell sowieso nicht das Gelbe vom Ei. So verwerflich wie die Objekte ihrer Polemik sind sie schon lange!

Das hat etwas von einer feigen Art, möglicher Rache nicht zur Verfügung zu stehen, es ist eine »Immunisierungsstrategie«. Ethisch gesehen müsste man zur Herausgehobenheit stehen, die man sich durch die Kritik an anderen beimisst. Sich mit den der Verachtung Preisgegebenen am Ende gleichzuschalten (»meine Feinde sind inferior, auch ich bin nichts Besseres«), verträgt auch die Ausrede nicht, dass der sittliche Verfall schlechthin alles und alle umfasst. »Mich eben nicht!«, muss man mit Karl Kraus sagen, der wie kein anderer seine moralische und geistige Überlegenheit betonte. Damit geht er, wie die Formel dafür lautet, »volles Risiko ein«. Noch lange nach seinem Tod sind Feinde von ihm beleidigt. Sehr schön sagt einer über Kraus: »Liest man die überheblichen Angriffe, mit denen er Dichter von Rang bedachte, so drängt es einen, ein Krausches Wort auf ihn selbst anzuwenden, nämlich, dass dort, wo die Potenz fehlt, Ersatz in der Präpotenz gesucht werde.« So sprach Otto F. Beer, ein Journalist und Schriftsteller, der in meiner Jugendzeit zu denen gehörte, die in Österreich das Sagen hatten. Für sein zitiertes Anliegen ließ er nicht genügend Vorsicht walten, denn sonst hätte er die Invektive gegen Kraus nicht von Kraus selbst bezogen. Für so etwas sollte man schon eigene Einfälle aufbieten können.

Mit dem Vorwurf der Eitelkeit versuchten die Feinde von Kraus zu kompensieren, dass sie selbst nichts hatten, das ihnen seine Überlegenheit hätte erträglich machen können. Typisch ist die biedere Empörung darüber, dass einer sogar »Dichter von Rang« angreift. Ein Polemiker hat gar keine andere Pflicht, als das Zustandekommen des Rangs seinem Zweifel auszusetzen. Aber bei

Kraus ist es gar nicht Eitelkeit, zumindest nicht im pejorativen Sinn, die er in seiner Selbstbespiegelung demonstriert. Es ist, um es etwas spießig zu sagen, der berechtigte Stolz auf eine Lebensleistung. Nach der oben zitierten Passage, dass Bespiegelung der Schönheit und dem Geist unerlässlich sei (eine Unterscheidung, die Kraus schematisch gegendert hat, Schönheit gehöre zur Frau, der Geist zum Manne), fährt Kraus in diesem Sinne fort: »Die Welt aber hat nur eine psychologische Norm für zwei Geschlechter und verwechselt die Eitelkeit eines Kopfes, die sich im künstlerischen Schaffen erregt und befriedigt, mit der geckischen Sorgfalt, die an einer Frisur arbeitet.« Dann aber verlässt Kraus seine Mann-Frau-Dichotomie und zieht aus alledem den klassischen Schluss des unbestechlichen und widerständigen Individuums, der »Persönlichkeit«: »Die Welt will, dass man ihr verantwortlich sei, nicht sich. Der Welt ist es wichtiger, dass einer sein Werk nicht für groß halte, als dass es groß sei. Sie will die Bescheidenheit des Autors; die der Leistung würde sie übersehen.« Das hat Witz: Wenn der Autor nur bescheiden genug ist, dann würde »die kritische Öffentlichkeit« die Bescheidenheit seines Werkes übersehen. Das funktioniert auf grandiose Weise bis heute, da sich die bescheidenen Autoren massenhaft in den Rezensionswüsten der Zeitungen und vor den Kameras, zum Beispiel beim Bachmannpreis, tummeln. Ich nenne es »die Verkleinbürgerlichung der Literatur« und wünsche allen alles Gute. Allein schon aus Eitelkeit hätten sich bürgerliche Schriftsteller wie Robert Musil oder Thomas Mann solchen Ritualen nicht zur Verfügung gestellt, obwohl Musil sicher das Geld nötig gehabt hätte. Aber um den Preis, dass er dafür sein Einverständnis für die öffentliche Einschätzung durch Marcel Reich-Ranicki hätte vor Augen führen müssen, wäre das niemals in Frage gekommen.

Und dennoch gab Marcel Reich-Ranicki ein nicht zu überschätzendes Beispiel: Als Kritiker bestand er darauf, eitel zu sein. Nicht dass er eitel war, ist mein Thema, sondern dass er sich verbeten hatte, nicht eitel sein zu dürfen, uneitel sein zu müssen. Ich weiß nicht, ob ein Mensch Kritiker wird, weil er eitel ist, oder ob er eitel wird, weil er ein Kritiker ist. Die Kritiker des Bachmannpreises haben ein Beispiel geliefert, wie ihre Negation durch die mehr oder minder aufmerksame Resonanz sich in einen konstruktiven Beitrag verwandelt. Nicht zuletzt von den Kritikern lernte man, das Verfahren zu zivilisieren, und am Schluss kam eine lauwarme Intelligenzler-Veranstaltung heraus mit verantwortungsvollen Urteilen der Kritiker und vielen dicken Preisen für ihre Opfer. Aus war es mit den herrlichen Exzessen der Eitelkeit, die Marcel Reich-Ranicki, Joachim Kaiser und Walter Jens einander lieferten. Die herrliche Schamlosigkeit, mit der sie ihre Expertisen den Zuhörern einbläuten, wünsche ich mir heute – Gott sei Dank vergeblich – zurück.

Seit der »Komödie der Eitelkeit« von Elias Canetti kann jeder wissen, dass das Verbot der Eitelkeit, vor allem wenn es allgemein verbindlich – als Gesetz – durchgesetzt wurde, politisch zum Horror ausartet. Canetti zeichnet in dem Drama (vgl. Seite 47 ff. in diesem Band) die Grundzüge des Faschismus und Nationalsozialismus, also von Gesellschaften, die durch Verbot und durch die Treue gegenüber den Verbietern schein-aufrecht erhalten werden. Der Grundeinfall des Dramas ist das Spiegelverbot. Du sollst kein Bild von dir selbst haben, auch keines von jemand anderem – es könnte dich zum Selbstbild verleiten. Die Kundmachung ist plakatiert, und der Durchschnittsmensch hat Schwierigkeiten, das Kundgemachte der Reihe nach zu referieren: »Kundmachung. Erstens. Nein. Zweitens. Nein. Drittens. Nein. Viertens. Bitte. Sämtliche Kinotheater werden geschlossen. Sämtliche Filmstreifen, Originale wie Kopien, werden der Vernichtung zugeführt. Jegliche Erzeugung von Filmen ist einzustellen. Private Aufführungen in geschlossener Gesellschaft werden mit Zuchthaus von mindestens acht Jahren bestraft.«

Ein Prediger zieht in der »Komödie« durch die Szene mit der Botschaft: »Eine Sau ist die Eitelkeit, eine grobe, stinkende Sau.« Dass die katholische Religion vom Typus »Kaplan« sich an die Spitze des Feldzuges gegen die Eitelkeit zu setzen versucht, versteht sich von selbst: Der Papst in seinem weißen Kleide kann glaubwürdig so einen Kampf nicht aufnehmen. Bei Canetti ist der Prediger gegen die Eitelkeit eine Reminiszenz an den Austrofaschismus, an diese Verbrüderung von Politik und Religion im ständischen Ordnungsstaat. Der Prediger malt sich und seinem Publikum die Eitelkeit aus, er ist von ihr fasziniert, aber hat in seiner Kutte keine Chance, sie auszuleben. Auch deshalb ist ihm eine Zeit recht, in der die Eitelkeit unter schwerster Strafe steht.

Ich bin also bedingungslos gegen die Eitelkeit und bedingungslos für die Eitelkeit. Das gilt auch für meine eigene Eitelkeit, die ich ebenso befürworte, wie ich sie ablehne. Ich las einen Artikel über Männer aus der ehemaligen DDR. Das sollen, las ich, nicht bloß Menschen sein, die mit angepisster Jogging-Hose den Hitlergruß machen und sich obendrein dabei fotografieren lassen. Tja, in Canettis »Komödie« spricht der eitle Jüngling Föhn den perfekten Aphorismus: »Photographien sind ein Kompromiss zwischen der Eitelkeit des Photographen und der des Photographierten.« Die Autorin des Artikels über die DDR hat ihre Freundinnen gefragt, was sie denn an den »Ostmännern« mögen. Eine antwortete: »Ihre Uneitelkeit.« Also diese Frau muss ihren Beruf verfehlt haben, angeblich ist sie nämlich »Model-Casterin«. Eine Model-Casterin, die die Uneitelkeit ihrer Models schätzt, ist wie die Fleischerstochter im vegetarischen Saftladen, jedenfalls fehl am Platz.

Außer der Langeweile hat mich kein Thema so lange Zeit beherrscht wie die Eitelkeit. Ich war damit sogar erfolgreich, denn die Eitelkeit, ich meine das Thema, brachte mir vor Jahrzehnten den Abdruck eines Artikels darüber in einer sogenannten Frauenzeitschrift, in der *Brigitte,* ein. Darauf bin ich stolz, und ich darf festhalten, dass *Brigitte* ihre Autoren wenigstens damals so gut bezahlt hat, dass ich von einem solchen Honorar heute nur noch träumen kann. Als schreibender Mensch, dessen Schreiben all die Jahre doch etwas Privates anhaftet (weil es keine Öffentlichkeit gibt, die es restlos aufsaugen, geschweige denn gut bezahlen würde), habe ich das Verlagsgebäude in Hamburg in herausfordernder Erinnerung: Wie im Maschinenraum eines Schiffes standen im Gebäudezentrum viele Apple-Computer mit großen Bildschirmen. Hier wurde nicht nur die *Brigitte,* sondern eine große Anzahl anderer Zeitschriften gesetzt – ich war in einem Zentrum des industriellen Schreibens gelandet.

Der Artikel in der *Brigitte* wurde beinhart redigiert. Das hat meiner Eitelkeit nicht gutgetan. Wie er ursprünglich war, daran habe ich im vorliegenden Text angeknüpft. Warum also Eitelkeit? Die Beschäftigung mit der Langeweile war klar, sie war mir selbstverständlich. Unter Langeweile litt ich viele Jahre. Einen Denkschritt hinter der Langeweile steht das Alleinsein, und das ist es: Eitelkeit ist die Einsamkeit, mit der man anderen auf die Nerven geht. Seit meiner Jugend gehört Ronald D. Laing zu meinen Helden, und er hat die ganze Tragödie der Eitelkeit in einer seiner aufweckenden Formeln zusammengefasst: »Narziss verliebte sich in sein Bild, indem er es für einen anderen hielt.«

Immerhin haben nur wenige die Begabung, sich in ihr eigenes Spiegelbild zu verlieben. Es ist auch ein schwerer Job: Der Narziss schaut sich ununterbrochen an, und es kommt keine Liebe auf. Der Andere, der man im Spiegel ist, entzieht sich. So wie er mit seiner Eitelkeit anderen auf die Nerven geht, kann es auch sein, dass er sich selbst nicht wirklich liebt. Es soll sogar Menschen geben, die ihr eigenes Spiegelbild beschimpfen. Um sich endgültig zu lieben, benötigt ein Mensch noch dieses und dann jenes, sei es Materielles oder Geistiges, Ansichten zum Beispiel, Ansehen oder Einfälle. Es hört aber nie auf, er ist, was jede Art von Liebe betrifft, ein dauernder Notfall. In der Not bleibt Selbstbespiegelung sein Metier, seine Sucht. Wofür er sich auch begeistert, die Kunst, die Politik, es ist trotz aller Anstrengung immer nur er selbst gewesen, den er wirklich gesehen hat.

Aber der Arme findet stets Kritiker, die ausgerechnet ihm den Spiegel vorhalten, und darin sieht er so gar nicht liebenswert aus, sondern manchmal sogar wie die Kulturschande in Person. Eitel eben. Ich zitiere gerne den Aphorismus von Lichtenberg: »Wer nichts als Chemie versteht, versteht auch die nicht recht.« So ein Aphorismus ist das Gegenteil von eitel, nämlich sachlich begründet, und er lässt sich – leicht moralinsauer – auf die Selbstliebe ausdehnen: Wer nur sich selbst liebt, liebt auch sich selbst nicht. Was der Philosoph Robert Pfaller polemisch »selbstgefällige Verzweiflung« nennt, ist mir nicht fremd. Würde ich sagen, leider, dann würde ich ja diese Polemik bekräftigen, es gilt aber die ungetrübte Verzweiflung: »Lonely (so lonely) / I'm Mr. Lonely (Mr. Lonely) / I have nobody (I have nobody) / For my own (to call my own girl) ...«

Genau. Einsam, so einsam. Ach, hab ich Schmelz in der Stimme: »Lonely (so lonely).« Ich bin die Einsamkeit in Person. Niemand hab ich, niemand für mich allein, nicht ein Girl, der ich sag: Du gehörst mir ... Ich kenne einen Philosophen, der ist hier der Spaßverderber. Er erlaubt den Genuss des Leids an der Einsamkeit nicht. Sieht man das Problem aus seiner gut begründeten Sicht, dann muss man auch das Pädagogische daran akzeptieren: Das

Problem sei nämlich nicht die Einsamkeit, sondern »der Verlust der Einsamkeitsfähigkeit«, nämlich »die Schwächung der Kraft zum Alleinsein, der Schwund des Vermögens, Vereinzelung zu ertragen, das Siechtum der Lebenskunst, Einsamkeit zu ertragen« – also schon wieder ein Fehler, der die Unbestreitbarkeit meines Leides relativiert, weil ich den Mangel selber verschuldet habe.

Besagter Philosoph ist Odo Marquard, der in seinem Aufsatz »Plädoyer für die Einsamkeitsfähigkeit« ein ebensolches vorträgt. Ich sehe es ja ein, dass es für den Menschen unvermeidlich ist, »ein Einzelner« zu sein: »Der Einzelne«, sagt Marquard, »ist die Ernststätte: der, der die Dinge lebensweltlich auszubaden hat [...] nur wer gelernt hat, ein Einzelner zu sein, hat gelernt zu leben.« Das steht in Marquards »Vorlesungen zur Existenzphilosophie«, die er konsequent unter dem Titel »Der Einzelne« veröffentlicht hat. Aber die schönste Formulierung zur angestammten Vereinzelung stammt aus Marquards »Plädoyer«: »Und es gibt – unbezweifelbarerweise – für alle Menschen die unvermeidliche Einsamkeit. Es gibt sie, weil wir sterben. Wenn wir abtreten, lassen wir unsere Mitwelt allein, die dabei ihrerseits uns allein lassen muss: wir sterben als allein gelassene Alleinlasser.«

Was tun? Man kann in aller Einsamkeit in der Fernsehsendung »Liebesg'schichten und Heiratssachen« erscheinen. Das wäre in der Sprache Marquards eine der »symptomatischen Gegengeselligkeiten«. Sie zeichnen sich dadurch aus, dass sie »die Einsamkeit, statt sie zu überwinden, vielmehr bestätigen und bestärken. Es handelt sich dabei um [...] suchtartige Antieinsamkeitskommunikationen.« – »Liebesg'schichten und Heiratssachen« ist eine Kuppelshow, deren Titel von Nestroy geklaut ist und die hin und wieder auch ihre »Parship«-Erfolge vorzeigt.

Wenn ich die glücklichen Paare sehe, die für ihr Glück im Fernsehen auftreten dürfen, habe ich das Gefühl, sie sind noch viel einsamer denn je, aber zu betäubt, um es schon wahrzunehmen. Gekuppelt wird für Mann und Frau – und als Mann sehe ich in meine eigenen Abgründe, wenn wieder einmal ein hässlicher Trottel von einem Geschlechtsgenossen, obgleich von der Einsamkeit gedemütigt, auftrumpfend erklärt, wie die Frau sein soll. Auch deshalb muss man »als Mann« die Einsamkeit ertragen lernen, weil das Leid, das sie einem bereitet, bei der geringsten Chance, sie loszuwerden, einen dazu verführt, sich heillos zu überschätzen. Es gibt dieses entstellende Bedürfnis, mit dem man, während man sich vor der Kamera zur Zweisamkeit anbietet, seine Einsamkeit überkompensiert.

Es ist ein Gemeinplatz, dass der Mensch im Grunde einsam ist, zweisam wäre ihm lieber, falls er bei der Partnerwahl Glück gehabt hätte. Gottes Wort gilt: »Und Gott der HERR sprach: Es ist nicht gut, dass der Mensch allein sei; ich will ihm eine Gehilfin machen, die um ihn sei.« Das ist deutlich genug. Existiert also eine typisch männliche Eitelkeit? Wenn man annimmt, dass diese Gesellschaft nichts anderes als eine Periode im Patriarchat ist, dass also, wie das Wort Herrschaft es ja sagt, die Herren herrschen, dann ist es tautologisch klar, dass auch die Eitelkeit charakteristisch männlich-herrische Züge zeigt. Neben der »Torheit der Regierenden«, die Barbara Tuchman in »Von Troja bis Vietnam« beschrieben hat, wird auch deren Eitelkeit eine Ursache für die Menschheitsmisere sein. Wie oft haben diese Herrscher (nicht selten von ihren Damen unterstützt) Kriege geführt, weil sie nicht in der Lage waren, die Relativierung ihrer werten Persönlichkeiten auszuhalten?

Diese Eitelkeit ist historisch gewachsen. Sie kommt aus Gesellschaften, in denen Männer daran gewöhnt werden, das Wort und noch viel mehr zu führen. Die Frage nach der typisch männlichen Eitelkeit will jedoch darauf hinaus, ob so etwas wie der eitle Mann von Natur aus existiert. Abgesehen davon, dass es für Menschen die Natur in Reinkultur nicht gibt, ist es ein Problem, Eigenschaften an den biologischen Zufall, ein Mann oder eine Frau zu sein, zu binden. Aber es gibt einen merkwürdigen, sich oft wiederholenden Fall, in dem Männlichkeit und Eitelkeit im wahrsten Sinn des Wortes zuschlagen. Die Eitelkeit ist ein Panzer, der den, der ihn trägt, verletzlich macht. Das gehört zu ihren Widersprüchen, die sich in dem einen Fall auf das Primitivste, ins Kriminelle, vergröbern, nämlich im Fall des Mannes, dessen Potenz versagt und der den (befürchteten) Spott der Frau darüber nicht erträgt. Die männliche Impotenz duldet kein weibliches Publikum – falls schon die Potenz einem Spiegel zugedacht war. Solche Männer zerschlagen dann den »Spiegel«, und ihre Eitelkeit wird sicherlich keine allgemein menschliche, sondern eine männliche gewesen sein.

Der Machismo, das »übersteigerte Gefühl männlicher Überlegenheit und Vitalität«, ist mir nicht so wichtig, weil seine südländischen Eigenschaften ritualisiert sind und sofort ins Auge stechen. Der Machismo ist auch mit Risiken verbunden, die den Mann fast zu einem verantwortlichen Wesen, ja, zu einem Helden, jedenfalls zu einem Don Quijote machen können. Ich kenne dagegen eine Fernsehserie, die heißt »Das Geschäft mit der Liebe«, und die *scripted reality* lässt ein paar hoffnungslose Herren nach Thailand, auf die Philippinen, nach Rumänien oder in die Ukraine fahren. Ein Herr, der der stolze Besitzer eines Fachgeschäfts für Küchenzubehör ist, beklagt sich über die österreichischen Frauen, die immer Kopfweh vorschützen, anstatt mit ihm Sex zu haben. »Wenn eine Frau will, dann will sie!«, fasst er den Tatbestand in seinem Sinn zusammen.

Die Idee, es könnte an ihm liegen, dass die Frau nicht will, kommt ihm nicht. So reisen er und einige seiner Kumpane in ärmere Gegenden der Welt, um dort ihr Glück zu rekrutieren. Aber es klappt nicht, denn so arm kann man nirgendwo sein, um sich an derartige Ekel zu binden. Das Interessante an der Art, mit der der Sender sie vorführt, ist, dass diese Männer keinen Augenblick sich für etwas anderes halten als für ein Geschenk an die Frauen, unter denen sie geschmäcklerisch, ungustiös saftelnd ihre vergebliche Wahl treffen. Der Sender stellt diese Exemplare der Männlichkeit mit ironischen Untertönen aus, suggerierend, dass man nur Außenseiter sieht, und unterschlagend, dass viele von uns den extremen Exemplaren ähneln, ohne dass man es ihnen genauso leicht anmerken und nachweisen könnte.

Lutz Ellrich, Professor für Philosophie und Medientheorie, ein Freund, hat mir sein »Vortragsmanuskript für das Kasseler Komik-Kolloquium, 4. bis 6. März 2020)« geschickt. Kassel, ja, dort hat man jederzeit Verwendung für ein Vortragsmanuskript, aber dass man in Kassel ein Komik-Kolloquium führen könnte, entzieht sich meiner vorurteilsbeladenen und vorurteilsbeflügelten Einbildungskraft.

Ellrichs Vortrag galt dem Typus des »Sexakrobaten«, einer komischen Figur in der Liebespraxis, die die technischen Vorkenntnisse, die der Vollzug des Liebesaktes erfordert, absolut setzt. Es gibt einen Punkt, an dem etwas Selbstverständliches und zugleich höchst Merkwürdiges klar wird: Die sexuelle Vereinigung ist nicht komisch: »Komik und religiöse Zensur«, schreibt Ellrich, »wären beide Gift für einen Sex, der in vollen Zügen genossen werden kann und will.« Er bringt dafür ein Beispiel, das er selbst »im komik-affinen Macho-Jargon formuliert« sieht: »Ein junger Mann aus Hannover lernt in einem ICE der Bundesbahn in Richtung Süddeutschland eine attraktive Dame aus dem Reutlinger Raum kennen, die in der kurzen Flirt-Phase, die beide absolvieren, ehe sie zur Sache kommen, eifrig bemüht ist, Hochdeutsch zu sprechen. Man steigt schließlich in Stuttgart aus, nimmt ein Zimmer im erstbesten Hotel und landet umstandslos in einem französischen Bett. Alles läuft zur vollsten Zufriedenheit der beiden ab. Man kommt gemeinsam auf Touren. Da ruft die heißblütige Schwäbin: ›Feschte! Feschte!‹ – Das ist wahrlich zu viel für unseren Hannoveraner. Er kann nicht anders. Ein heftiges Lachen schüttelt ihn. Die prachtvolle Erektion bricht schlagartig zusammen. Und als die feurige Lady spürt, was ihre dialektgefärbte Evokation bewirkt hat, prustet auch sie los. Erheiterung und Ernüchterung auf der ganzen Linie.«

Daraus kann man nur eines schließen: »Der Einbruch des Komischen in das leidenschaftliche Spiel der Geschlechter verwandelt die Beteiligten unversehens in Beobachter.« Die Reflexion stört die Unmittelbarkeit des Genusses, nach der die Sehnsucht massenhaft besteht. Aber in dem zitierten Fall erfreut auch die Heiterkeit, sie entkräftet den heiligen Ernst, mit dem man zur Sache kommt. Die Umstände, die dazu führen, oder auch die, die danach eintreten, können ruhig komisch, belustigend und heiter sein. Beide, Mann und Frau im Stuttgarter Hotelzimmer, sind mit ihrer Komik zufrieden. Sie können wieder Ernst machen.

Nietzsches Beschwörung in seinem Gedicht »Alle Lust will Ewigkeit« ist gut und schön: »Lust – tiefer noch als Herzeleid: / Weh spricht: Vergeh! / Doch alle Lust will Ewigkeit –, / – will tiefe, tiefe Ewigkeit!« Es könnte sein, dass der Appell an die Ewigkeit nur eine Übersteigerung des heiligen Ernstes ist, mit dem man sonst zur Sache kommt, und erst recht des Ernstes, mit dem man nicht zur Sache gekommen ist. Es könnte sein, dass »der vom Geschlechtstrieb umnebelte männliche Intellekt«, den Schopenhauer konstatiert, solchen Ewigkeitsphantasien (die am Augenblick genug haben möchten) zugrunde liegt. Wer, der etwas so Schönes erleben kann, will es nicht für die Ewigkeit romantisieren?

FRAGMENTE DER EINSAMKEIT

1

Denke ich an Einsamkeit, dann nehme ich gleich Zuflucht bei der Philosophie. Ich denke nicht an die eigene Einsamkeit, an meine längst vergangene Jugend-Einsamkeit. Ich denke nicht an die Qual der sexuellen Not, die in der Gesellschaft abschätzig notgeil genannt wird, weil es jedem von uns Supermenschen an nichts zu fehlen hat. Einsamkeit, vor allem die sexuelle, wird als Stigma, als Merkmal eines lächerlichen Zukurzgekommenseins gehandelt. Und schon gar nicht denke ich an die grundsätzliche Einsamkeit der Menschen: Tja, jeder Mensch kommt allein auf die Welt, und Zwillinge kommen zu zweit jeweils allein auf die Welt. Gestorben wird auch allein. »O Herr«, dichtete Rilke, »gib jedem seinen eignen Tod.« Und weiter: »Das Sterben, das aus jenem Leben geht, darin er Liebe hatte, Sinn und Not.«

Das ist der eigentliche Skandal des Todes. Für einige ist er eine Erlösung, eine Erlösung von Liebe, Sinn und Not. Als Skandal wird er wegen der Hybris empfunden, die die meisten von uns Durchschnittsmenschen teilen: So unwichtig können wir doch nicht sein, dass auf einen Streich, mit einem Strich die im Lebenslauf zusammengesammelten Sinnressourcen und all die gelebten Gefühle bedeutungslos werden. Die Religion behauptet, dass jeder Einzelne vor Gottes Richterstuhl treten muss. Wer frei von Sünde ist, kommt gut weg. Aber auch der Rest hat etwas davon: Wenn schon ein Erdenleben bedeutungslos wird und sich seine Spuren allmählich verflüchtigen, dann darf man hier und jetzt hoffen, dass wenigstens die Schuldzuweisungen Gottes, sei es im Guten oder im Bösen, das Individuum von seiner Wichtigkeit überzeugt. Dass Rilke Gott ins Spiel bringt, einen Darüber-hinaus nach dem Tode, kommt von der Vision, dass am Ende immer noch wer da ist. Aber der Preis dafür ist nicht gering: Man muss es glauben.

2

Im Sterben und bei der Geburt sind die Menschen auf sich zurückgeworfen, auf ihre unvermeidliche Einsamkeitsposition. Es ist ein Punkt, an dem die Philosophie sich einmal grandios selbst korrigieren musste. Der Philosoph Max Stirner hatte 1844 ein Buch veröffentlicht, in dem diese grundsätzliche Einsamkeit der Menschen in einen Triumph verwandelt wurde. Sein Buch heißt sehr schön »Der Einzige und sein Eigentum«. Es ist umstritten, wenn nicht geächtet, weil man Stirner zum Beispiel mit dem Argument niedermachen kann, dass er nichts anders bejubelt als das von der Wirtschaftsordnung zurechtgeschliffene Individuum.

Wenn ich im Fernsehen einen dieser Trottel sehe, die ihrer selbst gewiss verlauten lassen, die Pandemie ginge sie nichts an und andere Menschen seien ihnen – auch virologisch gesehen – wurscht, dann kommt mir Stirner auch nicht gerade recht. Die Idioten haben die Macht. Wie gesagt: Einer genügt, um viele krank zu machen. Der ideologische Versuch, den einzelnen Idioten als unvernetztes, nicht mitspielendes, weil mit Eigensinn ausgestattetes Wesen zum Vorbild zu machen, kommt mir gescheitert vor. Die Philosophin Lisz Hirn (ein Name, der gut zu Stirner passt) hat auf den Doppelsinn des Fetisch-Wortes »Eigenverantwortung« hingewiesen. Eigenverantwortung heißt einerseits triumphierende

Einzelheit: Ich mache das, ich entscheide das! Nach mir die Sintflut! Andererseits wird Eigenverantwortung im Gegensinn verwendet: Ich übernehme persönlich die Verantwortung, als einer von vielen bin ich auch für viele zuständig.

Liest man Stirners Buch als Kritik an der Einsamkeitsvergessenheit, vor allem der idealistischen Philosophien, dann ist es okay. Ich zitiere daraus ein Hauptmotiv seines Protests gegen »entfremdende« Ideale: »Was«, ruft Stirner aus, »soll nicht alles Meine Sache sein! Vor allem die gute Sache, dann die Sache Gottes, die Sache der Menschheit, der Wahrheit, der Freiheit, der Humanität, der Gerechtigkeit; ferner die Sache Meines Volkes, Meines Fürsten, Meines Vaterlandes; endlich gar die Sache des Geistes und tausend andere Sachen. Nur Meine Sache soll niemals Meine Sache sein. ›Pfui‹ über den Egoisten, der nur an sich denkt!«

Ansichdenker gibt es heutzutage mehr als genug. Aber es gibt eine interessante Spaltung. Es hat sie immer schon gegeben, aber durch die Gewalt moderner Medien wirkt die Spaltung riesig und abgrundtief. Es ist eine Spaltung zwischen der beinharten, eigensüchtigen Lebensweise, die man zur Selbstbehauptung benötigt, und einer gutmütigen Rhetorik der Wahrheit, der Freiheit und der Gerechtigkeit. Die Spaltung entspricht dem allerwichtigsten Kitt jeder bisherigen Gesellschaft, nämlich der Heuchelei. Das nennt sich zum Beispiel »europäische Werte«, und die sind mittlerweile so verkommen, dass man glücklich darüber ist, wenn diese Werte wenigstens geheuchelt werden. Sonst würde kein Mensch sie noch kennen. Und es gibt diese wertvollen Paradoxien: In vollendetem Quacksprech erklärt man für den Fall, dass Taten nottäten, eigentlich wäre die Humanität inhuman und die Inhumanität wäre das eigentlich Humane.

Wenn ich in meinem Pflegeheim Meidling hinunter in den Keller gebracht werde, wo sich die Ambulanzen aller Krankheitssparten befinden, dann lese ich im Aufzug – von meinem Krankenbett aus – den plakatierten Satz eines fotografierten alten Mannes. Der Satz lautet: »Ich fühle mich wirklich einsam.« Ich kann dem Herrn nicht helfen. Da Geburt und Tod, egal wer einen dabei umsteht, von jedem allein absolviert wird, darf man vielleicht vermuten, dass man ausgerechnet für ein geglücktes Leben die Einsamkeit aushalten muss.

3

Ich glaube, dass die Verabsolutierung der Einsamkeit bei Geburt und Tod eine Ungerechtigkeit enthält. Man kann gewiss nur schwer verdrängen, dass diese grundlegenden Ereignisse allein absolviert werden müssen. Aber man sollte in seinem Urteil auch deshalb vorsichtig sein, weil alles, was man sein Leben lang über den Tod zu wissen glaubt, vom Tod der anderen gelernt wurde. Die anderen spielen also mit. Der eigene Tod, um den Rilke für jeden Menschen den Herrn bittet, liegt in einem Dunkel, in dem sich vieles zusammenbraut: Furcht, Verwunderung über das eigne Nicht-Sein, und wenn es im Leben sehr schlecht ging, dann ist der Todeswunsch eine Reaktion darauf. Die Frage der Sterbehilfe wage nicht zu diskutieren, aber wenn sie erfolgt, dann ist wieder jemand anderer dabei, der das Alleinsein (das Recht auf den eigenen Tod) zwar nicht grundlegend verändert, aber doch relativiert.

Von dem Gemeinplatz, dass Alleinsein nicht automatisch einsam sein bedeutet, kann man sich nicht verabschieden. Evidenzbasiert heißt es so schön. Sehr wahr ist das Klischee in den Fernsehserien, die einen Vater zeigen, der an die Tür des beleidigten Teenagers klopft, worauf dieser von innen herauskreischt: »Lass mich allein!« Und ein anderer Gemeinplatz tradiert, wie einsam man zu zweit sein kann. Das ist die Unheimlichkeit vieler Ehen.

Alleinsein ist also nicht unbedingt ein Mangel. Es macht die Menschen sogar zu ihrem Besten aus, dass sie allein (ohne dass ihnen wer dreinredet) das Licht der Welt erblicken und am Ende allein in der Finsternis verschwinden. Es gibt Minderheiten, die auch dieses Alleinsein nicht ertragen und die einen gemeinsamen Tod organisieren. Die Individuen werden überredet und überreden dann selbst, von der grundlegenden Einsamkeit zu lassen und sich einem gemeinsamen Sterben hinzugeben. Im Krieg sind es nicht mehr die Minderheiten, die den Tod organisieren, eine Mehrheit ist bereit, den anonymen Massentod als heldenhaft in Kauf zu nehmen und – siehe den Vietnam-Krieg – es ist eine Minderheit, die dagegen protestiert.

4

Die Einsamkeit hat es mit dem Schalwerden der Zeit zu tun, die nicht vergehen will. Es ist aber nicht unmöglich, dass sie auch – aufgrund der Isolation – Augenblicke des Alarmismus erzeugt. Das ist eine Weisheit der christlichen Religion: »Mein Gott, mein Gott, warum hast du mich verlassen«, sprach Jesus am Kreuz. Es ist anzunehmen, dass Gottes Sohn (der Mensch geworden ist) am Kreuz sowohl hochgradig erschöpft war als auch hellwach, weil ihm seine Lage, seine Isolation in der ganzen Tragweite zu Bewusstsein kam.

Das ist sozusagen der »Tod Gottes« in der ersten Fassung. Er dient auch dazu, die Auferstehung als Sieg über den Tod in alle Welt auszustrahlen. Aber Jesus, der sogar Jünger hatte, war am Kreuz allein. Ein solches unvermeidliches Alleinsein nenne ich

Einsamkeit. Der Einzelne wird überhaupt erst durch die Isolationserfahrungen zum wahrhaft Einzelnen. Viele lassen sich was einfallen, um sich das zu ersparen. Es ist ja auch schwer zu ertragen, schon die Geburt ist ein Schock und der Tod wird erst recht einer gewesen sein. Selbst wenn man im Sterben dahindämmert, bleibt die endgültige Nihilierung eines lebendigen Organismus nicht zuletzt für diesen schockierend.

Einsamkeit bedeutet, dass man diese grundlegenden Ereignisse mit niemandem existenziell teilen kann und dass niemand in der Lage ist, sie einem abzunehmen. Man kann sie höchstens durch Empathie nachempfinden. Allein, es macht einen Unterschied, ob man in einer Großfamilie stirbt oder in der kleinbürgerlichen Triade – Vater, Mutter Kind. Gar so lang ist es nicht her, dass manche durch Geburt eine soziale Besserstellung garantiert bekamen. Der Tod spielt immer mit: Auf der Tastatur zur Bedienung eines medizinischen Betts steht das Wort EXIT. Die Schwester drückt auf EXIT, die Luft geht raus, das Bett stellt sich auf und schmeißt den Verstorbenen hinaus. Der Nächste bitte!

EXIT, bei dem nach dem Patienten auch seinem Bett die Luft ausgeht, ist eine andere Todesart als zum Beispiel die, bei der die Klageweiber zu weinen und zu heulen nicht aufhören. Alle diese kaum miteinander zu vereinbarenden Rituale haben auch eine gesellschaftliche Ordnung im Hintergrund. So kann man sein Augenmerk auf die existenzielle Einsamkeit richten, fast ebenso gut kann man soziologisch die Unterschiede des Sterbens in jeweils anderen Gesellschaften dokumentieren.

5

Ich würde gern für den Begriff »Einsamkeitsfähigkeit«, den Odo Marquard, der mir so wertvolle Philosoph, geprägt hat – wertvoll, weil ich im Grunde immer anders denke als er und nichts mit ihm teilen muss, schon gar keine Meinung. Auch wenn ich es gerne würde, mache ich aber keine Reklame für seine »Einsamkeitsfähigkeit«. Am Leben quält mich nicht zuletzt, dass es einem Disziplin aufzwingt. »Gesund ernähren, Bewegung machen!«, sagt der Arzt ebenso banal wie unentwegt. Das stellt jeden Menschen vor die unlösbare Aufgabe, die Selbstdisziplinierung in ein Verhältnis zur Lebensfreude zu bringen. Die ideale Balance habe ich noch bei keinem wahrgenommen.

Ich breche auch deshalb keine Lanze für den Begriff »Einsamkeitsfähigkeit«, weil er sehr nahe dem eingebürgerten Versuch kommt, Disziplin und Lebensfreude miteinander zu identifizieren, um sie als deckungsgleich vorzuschreiben. Sportler sind ergriffen von ihrer Askese, es ist ihr Leben. Aber auch allen anderen wird mitgeteilt, die wahre Freude folge der Überwindung des sogenannten inneren Schweinehunds, wie die Nazis das gerne nannten. Modern kehrt diese Überwindung wieder als Ideologie der Selbstoptimierung, mit der die Individuen sich anfeuern. So wird schnell aus der Einsamkeit die Fähigkeit, sie auszuhalten. Vielleicht kann man die »Einsamkeitsfähigkeit« durch Training ausbilden, eine Insel wird sich finden.

Die Einsamkeit hat eine dialektische Schlagseite. Diese Idee kommt von einer Bezeichnung, die einen Sachverhalt aufspießt, ihn also definiert: »Masseneremit« ist ein Begriff von Günther Anders, der eine Mischform der Existenz bezeichnet, ein Amalgam, das wegen der Masse den Einzelnen nicht zulässt und wegen der Vereinzelung die Masse nicht zu ihrem Recht kommen lässt. Elias

Canetti, der Autor von »Masse und Macht«, hat oft beschrieben, wie schnell eine überspitzte Individualität, um sich von ihren Distanzlasten zu befreien, in die Masse umkippt. Nicht einmal diese Freiheit hat der Masseneremit. Er bleibt bei sich, ohne von seiner Individualität, geschweige denn von ihrem Verlust, etwas zu haben. Die anderen Eremiten meiden ihn, und sie werden selbst gemieden. Ein Eremit beschränkt seine Beziehungen auf das Allernötigste, und auch darauf möchte er verzichten, solange ihm nicht aus der Vereinsamung die Sehnsucht nach anderen Menschen erwächst. Auf einmal muss der Eremit, der am liebsten alle Beziehungen ausschlägt, erkennen, dass er eh keine hat, jedenfalls keine, die ihn ausfüllen könnten.

Es hilft nichts, die Einsamkeit ist paradoxerweise auch ein soziales Phänomen. Vor einigen Jahren habe ich in einer Zeitung von einem Mann gelesen, der als Leiche an einem Ledersofa klebte, während der Fernseher noch lief. Man hatte den Menschen einfach vergessen. Eine Baufirma hat die Wohnhausanlage umgebaut, und es dauerte lange Zeit, bis die Arbeiter zur Wohnung des Einsamen vordrangen. Wenigstens hatte ihn der Tod vor dem notwendigen Erwerb der »Einsamkeitsfähigkeit« bewahrt.

6

Ich hörte einen Mann sagen, man hätte ihm dringend geraten, »aus sich herauszugehen«. »Gehen Sie aus sich heraus!«, zitierte der Mann seine Ratgeber. »Aber«, fügte er hinzu, »was mach ich dort? Ich kenn dort niemand.« Auf die Lehre, die dieses Beispiel gibt, werde ich zurückkommen. Sie entspricht einer Denkweise, die aus der Hochkultur, aus der philosophischen Tradition stammt. Zunächst aber eine Erinnerung an die Trivialkultur: Die Generation, die in den sechziger Jahren mit dem Versuch anfing, erwachsen zu werden, vor allem ihr männlicher Teil, wurde von der Unterhaltungsindustrie mit einem Typus von Helden konfrontiert, der »einsamer Wolf« genannt wird.

Es waren Rachephantasien, mit der die verletzten Seelen versorgt wurden: Charles Bronson in »Spiel mir das Lied vom Tod«, »Der eiskalte Engel« mit Alain Delon oder gar ein Film, in der die beiden Großmeister zusammenwirkten, »Adieu, l'ami« (Du kannst anfangen zu beten). Jean-Paul Belmondo in »Der Körper meines Feindes«, ein Film, der in den siebziger Jahren erschien, den ich aber für einen der Höhepunkte und zugleich für einen Endpunkt dieser Rachephantasien halte. Belmondo hatte sich glänzend viele Jahre davor in so einen Film eingearbeitet: Tabula rasa wird gemacht, endlich, mit unseren Feinden, die triumphierend geglaubt hatten, sie hätten uns ein für alle Mal drangekriegt. Meine Männerliebe galt Lino Ventura – Ventura, ein Mann aus Stahl, und der Stahl kam direkt aus dem Feuer der Leidenschaft.

Da saß ich im Erika-Kino, Kaiserstraße 44–46, versunken in die Mythen von einsamen Wölfen. Der harte Kitsch war eine Erleichterung im Vergleich mit dem weichen, mit dem die österreichische Gesellschaft (die genau das wollte) über sich und die Welt belogen wurde. Meine Kinomythen beurteilte ich anders: Sie waren Lügen, knapp an der Wahrheit vorbei, und Wahrheiten, ganz nahe an den Lügen. Die Strategien der Verfremdung erlauben solche überdeutlichen Unklarheiten, siehe die berühmte Anfangspassage von »Spiel mir das Lied vom Tod«. Niemand glaubt, dass man so etwas in der wirklichen Wirklichkeit wahrnehmen kann, und doch ...

Die von den Spektakeln modellierten Männerseelen haben keine Tendenz zu einem Harvey Weinstein, aber mehr als eine Gift-Prise Frauenfeindlichkeit gehört zu den Ingredienzien des einsamen Wolfes. Das liegt auch am Konzept des Helden: Die Frauen müssen das männliche Heldentum ertragen und dann abfeiern. Wer sonst sollte das tun? Die Helden haben den höchsten moralischen Anspruch, den sie allerdings nicht selten jenseits des Rechtsstaates durchsetzen. Gleichheit, auch die vor dem Gesetz oder von Mann und Frau, ist nicht ihre Sache. Frauen werden sie hin und wieder ritterlich beschützen.

Aber Frauen sind in diesen Filmen Menschen zweiter Klasse, die gewiss glamourös agieren können, um den Glanz in die Hütte des Einsamen zu bringen. Die Liebesaktivitäten des Helden wirken umso intensiver, als seine Umarmungen spürbar eine heroische Grundeinsamkeit verraten. Wenn die Kulturindustrie schlau genug ist, arbeitet sie in das Problem die Lösung ein: Danny Reagan zum Beispiel aus einer amerikanischen Fernsehserie, aus »Blue Bloods«, ist ein beinharter Detektiv. Er durchpflügt mit seiner Faust oder mit der Dienstwaffe ganz New York, gerade noch entlang legaler Grenzen. Obwohl seine Schwester Staatsanwältin ist, hält er nichts von juristischen Spitzfindigkeiten. Seine Frau, die unvergessliche Linda (sie schied aus der Serie aus), ist komplementär zum einsamen Wolf von Beruf Krankenschwester. Der einsame Wolf zeigt sich zugleich als fundamentalistischer Familienmensch, eine Persönlichkeitsspaltung, die die Dramaturgie recht und schlecht bewältigt. Aber es muss so sein, denn »Blue Bloods« ist im Kern Propaganda für die sogenannten konservativen Werte oder, wenn man es genau nimmt, für die Republikaner, bevor diese durch ihre Selbstboulevardisierung die zivilisierten Wege verlassen haben.

7

Nicht jeder, die oder der Philosophie studiert hat, ist ein(e) Philosoph(in). Die Philosophie gehört in dieser rationalisierten Welt zu den letzten Disziplinen, die man nur sachgerecht ausüben kann, wenn man sie, auf welche Weise auch immer, in der eigenen Existenz verankert. Aber wer Philosophie studiert hat oder gar ein Philosoph ist, der zitiert über die Einsamkeit sicher Nietzsche: »In der Einsamkeit frisst sich der Einsame selbst auf, in der Vielsamkeit fressen ihn die Vielen. Nun wähle.«

»Die Vielen« sind für Nietzsche der Horror, für mich, wenn ich ehrlich bin, auch. Das gehört in den Bereich von »Menschliches, Allzumenschliches. Ein Buch für freie Geister«, aus dem das Zitat auch stammt. Ich vermute, Nietzsche hat das von Schopenhauer abgekupfert. In »Parerga und Paralipomena« erzählt Schopenhauer die allzu erhellende Parabel von den Stachelschweinen, die frieren und die daher zusammenrücken, worauf sie einander schmerzhaft stechen. Wir wissen, es gilt, den richtigen Abstand zu halten!

Seltsam ist, dass Nietzsche, der die Dialektik sonst mit Skepsis behandelt, auf sie hereinfällt. Der simple Gegensatz aus dem Einsamen und den Vielen unterschlägt die Grauzonen, in denen sich »das wirkliche Leben« vollzieht. Die Geistesaristokraten des 19. Jahrhunderts mussten die allmähliche Selbstüberschätzung der Vielen an Leib und Seele erleben. Die Vielen hatten so entsetzliche Ideen wie zum Beispiel den Sozialismus oder die Demokratie. Solche Ideen erzwangen geradezu die Hybris der Einzelnen, die ihre Vereinzelung zu fetischisieren begannen. Die Einsamkeit, die schließlich wirklich bestand, ist zum Teil durch ausgefuchste Praktiken der Autosuggestion entstanden. Denker wie Nietzsche mögen ihre Isolation auch als Disziplinierung verstanden haben, durch die sie zur einsamen Größe wurden: die Größe der Einsamkeit und die Einsamkeit der Größe.

Aber vielleicht hatten diese Denker nur Schwierigkeiten mit der Lebenskunst, die sie so souverän lehrten: Das andere Geschlecht, der Alltag – darüber simulierten sie eine Überlegenheit, die in der modernen Welt niemand haben kann. Die Synthese aus Einsam- und Vielsamkeit steht zu ihren Lebzeiten noch aus. Es wird der Faschismus und der Nationalsozialismus sein, der eine »Volk« genannte Menge von Menschen mit den Epitheta der heroischen Einsamkeit ausstattet. Die andere welthistorische Ideologie nivelliert rhetorisch durch eine mythische, absolut gesetzte Gleichheit die Differenz von Einzelnen und den Vielen. Es ist das Kollektiv, das keinen einsamen Weg mehr zulässt. Von dieser gewalttätigen Lüge bleibt nur die Schullektüre. In Orwells »Farm der Tiere« proklamieren die Schweine: »Alle Tiere sind gleich, aber einige sind gleicher als andere.«

8

Ich habe bei der Interpretation der Einsamkeit oft an ein Wort gedacht, nämlich an das Wort Hagestolz. Ich stelle mir den Hagestolz als männliches Wesen vor, das hager und unbeugsam, andere abweisend durch die Fährnisse des Lebens surft. Das ist leider eine fast total falsche Herleitung – der Stolz ist keiner, und wieder einmal fährt mir der Duden in die Parade: Der vermeintliche Stolz meint im Althochdeutschen »hagustalt«, ein Wort, das einen Besitz anzeigt. Der Hagbesitzer besitzt ein umfriedetes Nebengut, »dessen Kleinheit einen Hausstand nicht erlaubt«.

Nach der mir liebsten Definition ist der Hagestolz ein beim Erben übergangener Bruder. Der Hagestolz ist also ein armer Hund.

Das hindert aber den Sprachgebrauch nicht am Etikettenmanagement, und schon wird der Hagestolz in meiner Phantasie zu einem die Konventionen und Ansprüche der Vielen abweisenden Einzelnen. Ganz so falsch sind meine Projektionen nicht: »Der Hagestolz« aus der gleichnamigen Erzählung von Stifter hat Ansätze, die in eine Richtung nicht weit von meinen Irrtümern weisen. Gleich am Anfang der Erzählung fällt Stifter mit der Tür ins Haus: Da legt sich ein junger Mann, herumalbernd mit seinesgleichen, im Ernst fest, dass er niemals zu heiraten gedenke. Die Jünglinge gehen so dahin »in dem Brausen und Schäumen ihres jungen, kaum erst beginnenden Lebens«, und da sagt einer glatt: »Es ist nun für alle Ewigkeit ganz gewiss, dass ich niemals heiraten werde.«

Stifters Buch schätze ich sehr (ja, ich liebe es), auch weil es von einer betulichen Sittlichkeit ist, die man im schönen Verdacht haben kann, dass der Autor mit seinem moralischen Zartgefühl die grässlichen Abgründe seiner Seele wettmacht. Er war ein Fresssack, wie ich einer bin, und die große Gemeinde der von Adipositas gezeichneten Menschen sollte über die Jahrhunderte hinweg zusammenhalten. Aber das tut nichts zur Sache der Erzählung. Ihr Titel lässt auf eine andere Bedeutung von »Hagestolz« schließen: auf den kauzigen Junggesellen. »Der Hagestolz« ist die Geschichte von einem Neffen, den der Oheim bekehrt. Die Rhetorik der Bekehrung führt überzeugend vor Augen, wie ein friedliches, das heißt in seiner Aggression gehemmtes Bürgertum einen Weg sucht, der weder vom Kollektivismus noch von der geistesaristokratischen Einsamkeit beherrscht wird.

Also spricht der Oheim: »Das Leben ist unermesslich lange, so lange man noch jung ist [...] das Alter ist ein Dämmerungsfalter, der recht unheimlich um unsere Ohren weht.« Was tun? Sich der eigenen Jugend durch Nachkommen versichern. »Darum musst du heiraten. Alles zerfällt in Augenblicke, wenn man nicht ein Dasein erschafft, das über dem Sarge noch fortdauert.« Es ist eine enttheologisierte Religion, die über das kleine Glück der ehelichen Zweisamkeit eine Art »ewiges Leben« im Fortdauern der Gattung garantiert: Wer »Söhne, Enkel und Urenkel« hat, heißt es bei Adalbert Stifter, »der wird oft tausend Jahre alt ...«

REMBRANDT IM SELBSTBILDNIS

Unter den vielen Kirchen in Wien gibt es eine, die steht auf einem Hügel, im Frühling ist es ein grüner Hügel, im Winter, wenn man Glück hat, liegt Schnee. Es ist eine seltsame Kirche, eine Kirche, die, ja, man würde sie vergleichen mit einer Burg, und zwar ex negativo, weil sie *keine* Burg ist, also nichts und niemanden abhält, nicht die Mächte abhält, die da kommen würden, und weil sie auch nicht eine Kirche in dem Sinne ist, in dem der Stephansdom eine Kirche ist, in dem Sinn ist sie auch keine Kirche, denn der Stephansdom ist erhaben und weist in den Himmel hinauf, dies ist eine irdische Kirche, sie hat auch einen irdischen Namen, nämlich den Eigennamen eines Bildhauers, es ist die Wotrubakirche. Und was ist an dieser Kirche bemerkenswert? Mag sein, vieles, die Kargheit ist bemerkenswert, die beabsichtigte Kargheit, das Innere der Kirche ist besonders karg. Das Heilige ist nicht barock ausgestaltet, es hat eher – wenn man es in ästhetisch großzügigen Maßstäben misst –, eher etwas Köhlerhaftes. Köhler, das sind die, die im Wald nach Kohle gegraben haben und die bittere Armut mit ihrer Arbeit, mit ihrem Beruf verbinden müssen.

Aber das ist es nicht, worum es im Folgenden gehen soll, sondern es ist das Äußere der Kirche. Das Äußere nennt man Fassade, die Fassade der Kirche, und die Fassade der Wotrubakirche ist gebrochen, es sind große, halbwegs geometrische Steinformationen, die einander halten und tragen. Diese Kirche steht in dieser ihrer Brüchigkeit da, sie existiert fundamental – nicht wegzudenken auf dem Hügel, aber man muss auch sagen: In diesen großen Brocken, die da zusammengeheftet sind, initiiert sie im Betrachter eine merkwürdige Dialektik, ein Pendeln der Kirche zwischen Selbstmächtigkeit und Verletzlichkeit, diese Fassade in ihrer Gebrochenheit ist extrem verletzlich und dennoch selbstbewusst. Und darüber könnte man sagen, diese Kirche hat – wenn man es darauf angelegt hat, eine solche Metapher zu verwenden –, diese Kirche hat ein Gesicht. Und das Gesicht der Kirche entspricht, na, ich sag einmal großzügig, es entspricht der Wahrheit unserer Gesichter, denn auch wir haben diese Fragwürdigkeit des Innen und des Außen. Die bürgerliche Gesichtsformation, von ihr weiß die Operette zu singen:»Immer nur lächeln und immer vergnügt, / Immer zufrieden, wie's immer sich fügt. / Lächeln trotz Weh und tausend Schmerzen [...] / Doch wie's da drin aussieht, geht niemand etwas an.«

Drinnen kann es ganz anders ausschauen, als man es einem von außen ansieht. Diesen Gemeinplatz will ich aus der Operette »Land des Lächelns« ins Kunsthistorische Museum verlegen. In der Operette »Land des Lächelns« hängt man bürgerliche Gesichtskultur den Chinesen an. Das ist »der Chinese«, der sozusagen für den europäischen Rassismus immer zu lächeln scheint. Und dieses Lächeln ist natürlich Ausdruck der Kunst, es sich nicht anmerken zu lassen, also das Innere sorgsam vom Äußeren getrennt zu haben – trotz Weh und tausend Schmerzen. Immer nur lächeln ist ein Verhaltensideal, das die Fassade hochhält und das dem eintrainierten Umgang entspricht, woran ja auch etwas Gutes ist, weil mit der miesen Laune die Leute zu verfolgen und sie als Schutzmantel dafür zu verwenden, dass man sich auf nichts einlässt, was ihnen wichtig ist ... Das abweisende Gesicht machen, um zu signalisieren, dass man ohne Wohlwollen ist, dass man nichts zu tun haben will mit dem, was da so läuft, weil einem der Grant auffrisst – da ist das Immer-nur-Lächeln, also die Heuchelei, die aus gesellschaftlichen Gründen praktiziert wird, doch noch sympathischer.

Aber, verdammt, Menschen haben nun einmal ein Gesicht, das in der Außenwelt leibt und lebt. Und was bedeutet es, was sagt das? Wir wissen es im Grunde nicht, wir können es im Grunde genommen nicht sagen, aber wir wissen, was die großen Maler, man muss hinzufügen, auch die großen Fotografen und Filmemacher, aus unserer Unwissenheit gemacht haben: Sie können uns die Gesichter zeigen, und ein Maler wie Rembrandt kann in Selbstermächtigung das eigene Gesicht malen, und zwar so, dass es unvergesslich bleibt. Der kriegt es irgendwie hin (und das Irgendwie – wie genau, weiß niemand – ist seine Kunst), auf seinem Bild das Innere und das Äußere zu verbinden, das heißt, die Fassade in einer Wahrhaftigkeit zu zeigen, die Fassaden gewöhnlich verdecken.

Die Wahrhaftigkeit der Fassade ist immer auch gebrochen, das sind Bruchstücke, wenn ein alter, lebenserfahrener Mann sich sieht, und er sieht sich nicht im Spiegel, sondern er ist der Spiegel selbst, denn mit seiner Hände Arbeit produziert er sich noch einmal, als Schein und nicht als Sein, nämlich als Bild. Nicht als der Echte, der wahrlich Wirkliche, nicht als der in seinem Leben Atmende, sondern als Bild kehrt Rembrandt »unsterblich« wieder. Das Selbstporträt ist nur ein Bild, das allerdings für den Menschen Rembrandt steht, für ihn einsteht und das seinen Tod überdauert. Aber zugleich ist dieses Bild – ab einer Zeit, ab einer gewissen Lebenszeit, die dafür nötig ist, um berühmt zu werden, um auf der Welt bekannt zu sein: Das ist Rembrandt! –, zugleich ist dieses Bild für alle Menschen auch ihr Bild, ein Bild des Alterns, der Lebenserfahrung, der brüchigen Fassaden, die aber halten, auch wenn sie Züge des Zerbrechens enthalten. Siehe Rembrandt, durch sein Selbstporträt, in die Augen: Das sind sehr erfahrene Augen, aber es sind zugleich müde Augen, die bei aller Müdigkeit nicht aufgegeben haben, scharf hinzusehen. Wieder ein Gemeinplatz: Denn dass Rembrandt scharf hingesehen hat, ist ungefähr von der gleichen Güte wie die Sentenz, Beethoven ist ein großer Musiker. Aber, okay, es ist gesagt worden, und nun ist es da: Rembrandt hält die Augen offen!

Und dieses Gesicht, ja, es ist kein schönes Gesicht, und da tritt ein Spiel in Gang, das man von der Operette her nicht kennt, das die Operette mit ihrem Glanz überspielt. Es ist das Spiel von Schönheit und Wahrheit, und da gibt's tatsächlich eine Art von Überbrückung, dass die Wahrheit (oder besser die Wahrhaftigkeit) der Schönheit aushilft. Das wahre Gesicht ist so gut wie das schöne Gesicht – so sieht's aus, lautet eine umgangssprachliche Wendung. Man behauptet dieses und jenes und fügt dann hinzu: So sieht's aus. Und die Wahrheit eines Gesichtes, über die kann man sagen: So sieht's aus – das Gesicht und das Gewicht der Welt. So sieht's eben aus, und wenn das Gesicht nicht schön ist, nach irgendwelchen Maßstäben, die überliefert sind oder die neu hinzugekommen sind, dann besteht immer noch eine Chance, durch die Wahrheit so etwas wie eine Erinnerung an das Schöne zu ermöglichen. Die Wahrhaftigkeit ist ein Ersatz für das Schöne, über das man nicht verfügt. Das könnte davon kommen, oder es besteht diese Möglichkeit deshalb, weil umgekehrt viel Schönes bloßer Schein ist und einfach nicht wahr. Daher ist umgekehrt das wahre Gesicht ein Versprechen auf Schönheit, wobei Schönheit eben nicht eine ästhetische Harmonie, sondern diese Brüche bedeutet – diese Brüche, die bei einem Selbstporträt immer den doppelten Charakter haben, nämlich einerseits muss das Selbstporträt ganz, ganz der besondere Mensch sein, nicht der Mensch im Allgemeinen, der als solcher ja gar nicht existieren kann.

Andererseits erinnert jedes vollkommene Selbstporträt an eine

Allgemeinmenschlichkeit: Alle können sich – zumindest der Möglichkeit nach – im Bild wiedererkennen, jeder findet zumindest etwas von sich darin und fühlt sich angesprochen. Sonst wäre ein Selbstporträt privatistisch, was ja auch sein darf, warum nicht, man nennt das privatistische Selbstporträt in der Sprache der Idioten, die wir derzeit sind, Selfie – es ist kein Selfie, sondern, was immer man damit treibt, wohin man es immer hinhängt, es ist eine mühsame Rekonstruktion von einem selbst, mit der äußerlichen Fassade und dem inneren Sinn – und mit der der Innerlichkeit eingeprägten Gefährdung, die äußerliche Merkmale zeitigt. Man muss sagen: Hier sieht man keinen Helden, das ist kein Held, kein Mensch, der Macht hat, aber es ist einer, von dem man glauben möchte, dass er mit der Macht auskommt, ohne von ihr zerrieben zu werden und ohne seine Kunst der Macht auszuliefern. Wenn Aristoteles in der »Poetik« sagt, in der Tragödie muss es eben ein außergewöhnlicher Mensch sein, der interessant vor Publikum handelt, also jemand, der nicht so durchschnittlich hässlich sein darf wie Rembrandt auf seinem Selbstporträt. Ironisch wird man dann vielleicht hinzufügen: Überdurchschnittlich hässlich darf er schon sein, aber durchschnittlich darf er nicht sein, auch nicht durchschnittlich hässlich, denn dann ist er sofort ein Opfer, nicht mehr der Tragödie, sondern dann ist er Opfer der Komödie, deren Programm das Hässliche ist, das aber nicht wehtut, weil es einem wurscht ist. Aber hier im Selbstporträt ist der Nichtheld jemand, der absolut Selbstbewusstsein hat. Ja, das ist ein Mann, der auch die Früchte der Resignation kennt und gewiss genossen hat, der aber nicht resigniert hat, sondern der im Wissen der resignativen Gründe, der Gründe zur Resignation, der im Wissen von der Schwäche auch nicht wie ein Militär weitermacht. *Weitermachen,* heißt es beim Militär, *weitermachen,* wenn die Leute in der Stube gerade Gewehr putzen, und ein Offizier kommt und stört und gibt dann den Befehl aus: *weitermachen*, bevor er verschwindet.

Nein, ein Nichtheld wie der auf Rembrandts Selbstporträt macht weiter, aber aus Selbstbewusstheit, weil er weiß, wenn er weitermacht, geht es auch weiter. Das glaubt man zu wissen, selbst wenn man nicht weiß, dass es Rembrandt ist, den man hier sieht, und das ist eine unglaubliche Zumutung oder Anmutung, nicht zu wissen, dass es Rembrandt ist. Das kann man doch so schwer vergessen, weil es ja überall steht und vielleicht auch schon in den »Tausend Meisterwerken« war. Aber wer außer irgendwer könnte es dann sein, wenn es nicht Rembrandt wäre? Wir dürfen uns die Gesichter von keinem Lächeln zudecken lassen, aber auch nicht vom Ruhm, weil der Ruhm hat auf seine perverse, seltsame, selbst den Berühmtesten noch fremde, nicht ganz vertraute Art etwas Auslöschendes, alles Individuelle Vernichtendes.

DER TOD DES VATERS

Ich habe einen Vater,
könnte ich stolz sagen,
der an seinem Starrsinn
zu Grunde ging, nicht
an einer der blöden Krankheiten,
die jeder haben kann,
nicht an einem Unfall,
der einem jeden passieren kann.
Nein, mein Vater
starb an seinem Glauben,
dass für ihn extra
nur *eine* Todeskrankheit existiert:
der Herztod, wenn auch nicht
der plötzliche,
sondern der lange vorbereitete,
der lange vermiedene,
den ein Schrittmacher
unaufhörlich
ins Ziel zu begleiten hat.
Die Blutdrucktabletten,
der Schatz des Vaters,
lagen in einem Regal
über dem Bett.
Sein Credo war damals,
der Mensch wird nicht

durch einen Schrittmacher
am Leben gehalten,
sondern am Leben hält
der Mensch den Schrittmacher.
Mein Vater erlitt einen frühen Tod,
ein paar Wochen vor der Schrittmacher-
 kontrolle im AKH,
auf die er fest hingelebt hatte.
 Künstlerpech
nennt man das in der Lebenskunst.
Als er eines Tages ins Spital kam,
der starrsinnige Alte,
mein Vater, mit einer Bronchitis
verließ er es, sobald er nur stehen
 konnte.
Er wähnte sich unverletzlich
auf dem Gebiet einer solchen Krankheit,
standfest gegenüber der Bronchitis.
Man stirbt nur den Herztod,
und ein paar Monate,
nachdem er das Spital auf eigene
 Rechnung
verlassen hatte, starb er an einer
 Lungenentzündung. Das Wasser
war aus Vaters Lunge nicht mehr
 herauszukriegen,
es schwemmte wohl auch seinen
 Schrittmacher
aus der Funktion. Tod ist Tod,
sage ich heute, da darf man nicht
wählerisch sein.

VERSUCH ÜBER
EINEN PUBLIKUMSLIEBLING

Grieß eich die Madln, servas die Buam!
Erinnerungen an Radio Days mit Heinz Conrads

1

Einst wurde der Schauspieler Will Quadflieg gefragt, was denn von seiner Kunst bleiben würde. Er antwortete: In erster Linie die Erinnerung und dann die Erinnerung an die Erinnerung, und am Ende wäre alles verwässert und nichts würde mehr stimmen. Das ist eine Variante der berühmten Wendung vom Mimen, dem die Nachwelt keine Kränze flicht. Gerade für Heinz Conrads gilt, wie sehr von der Erinnerung nur mehr die Erinnerung an die Erinnerung bleibt, und das ist deshalb erstaunlich, weil zu seinen Lebzeiten kaum ein Künstler in Österreich mehr Präsenz hatte als Heinz Conrads. Es ist keine Übertreibung, wenn nicht wenige der heute Sechzigjährigen sagen, sie seien »mit Heinz Conrads aufgewachsen«. Es gibt Künstler, mit denen man aufwächst, Künstler, die zur Zeit gehören, die einem selber geschenkt wird. Sie helfen dabei mit, dass einem die eigene Zeit vertraut ist, auch wenn die Zeiten, von denen Heinz Conrads im typischen Idiom sang, längst schon vergangen waren. »Das hat schon der alte Nowotny gesagt«, war eines seiner Lieder, die zu singen er anscheinend nie müde wurde. Ich habe keine Ahnung mehr, was der alte Nowotny gesagt hat, aber das schmalzige Böhmakeln, in dem sich die Klage über eine verlorene Zeit und das Einverleiben des Böhmischen durch das Wienerische intonierten, habe ich durch all die Jahre nicht vergessen. So spreche ich manchmal mit Leuten, die die unsagbare, überwältigende Präsenz des Heinz Conrads nicht nur vom Hörensagen kennen. Ein Freund sagte mir, jeden Sonntag um neun Uhr, als Conrads mit seiner Radiosendung begann, habe er ein Bad genommen: Baden um neun Uhr und Conrads, ein Ritual! Das glaube ich nicht, erwiderte ich hart. Aber, so der Freund, warum denn nicht? Conrads, und ich war mir sicher, hat um acht begonnen! Wir stritten herum, und am Schluss dachte ich, vielleicht habe ich doch Unrecht. Aber anderntags las ich in der Zeitung die kulturgeschichtlich wertvolle Äußerung einer prominenten Wiener Persönlichkeit. Auf die Frage, wie er denn die bestandene Matura gefeiert hatte, antwortete der ehemalige Kulturstadtrat von Wien, Andreas Mailath-Pokorny: »Wir hatten eine ganz tolle Nacht-Partie. Dann haben wir nicht mehr gewusst, wo wir hingehen sollen, es war nix mehr offen. Aber der Heinz Conrads hat schon seine Sendung begonnen im Funkhaus um acht Uhr. Und dort gibt's bekanntlich angenehme breite Fauteuils, und dort haben wir uns hingesetzt und sind eingeschlafen um acht in der Früh.« Ja, das hat der alte Mailath-Pokorny gesagt! Heinz Conrads war also auch ein Orientierungspunkt für vom Feiern benebelte Maturanten. Ich rief meinen Freund an und las ihm die Geschichte vor. Er revidierte seine Zeitangabe, ja, ja, acht Uhr, und das sei eben ein Zeichen dafür, dass in seiner Familie sonntags bereits um acht ein Bad genommen wurde.

2

Radio Wien, auf Welle 228,6 MHz und 506 MHz sowie auf Kurzwelle 25-, 30-, 41- und 48-Meterband – das sind die archaischen Ziffern, die seinerzeit angaben, wo man einschalten musste, um Heinz Conrads zu hören. Seinerzeit – das meint vor allem Ende Februar 1946, als zum ersten Mal eine dieser spezifischen, unverwechselbaren Talkshows übertragen wurde. Damals trug Conrads' Sendung noch den umständlichen, aber durchaus poetischen Titel »Was machen wir am Sonntag, wenn es schön ist?« Vierzig Jahre war es am Sonntag schön, wenn Heinz Conrads seine Sendung fürs Radio machte. Später kam dann seine Fernsehsendung dazu, sie war eine Übersetzung des Radioformats ins modernere Medium. Unzählige Hörer, und man kann behaupten, viele, die's gar nicht hören wollten, hatten die Auf- und Abtrittsmelodien von Conrads' Radiosendungen im Ohr. Die Sendung hieß schließlich »Was gibt es Neues?«, und sie stand von vornherein unter dem Paradox einer Neuigkeitsnostalgie: Alles, was passiert, wird gleich ins Vergängliche eingemeindet. Dem Flüchtigen der Eindrücke entsprach ein Plauderton, der zugleich eindringlich und unverbindlich war. Einer allein, der Moderator, hatte das Wort, diskutiert wurde nicht, Musiknummern, auf dem Klavier geklimpert zum Beispiel vom großartigen Gustl Zelibor (seines Zeichens eines Tages auch Professor), unterbrachen die Rede, die nicht zu unterbrechen und daher unaufhörlich schien. Das klang im schlimmsten Fall als Originalton aus dem Jahr 1954 so: »Na endlich! Meine Damen, man trägt jetzt wieder mollig. Mit anderen Worten: ›Die kluge Frau baut vor – das dicke Ende kommt von selber nach.‹ [...] In Deutschland scheint sich die mollige Linie aber noch nicht durchgesprochen zu haben. Ich traf eine deutsche Dame, und sie sah aus wie eine der sieben biblischen Plagen: ›die große Dürre.‹

Von rückwärts ging es ja, aber von vorne war sie doch ein wenig – platt. Eine Plattdeutsche!«

3

Es ist eine schwierige Frage, was denn das Außergewöhnliche der Kunst des Heinz Conrads gewesen sein soll. Sicherlich das keinesfalls überall beliebte Wienerische oder besser: diese allmählich verschwindende Tradition der Wiener Volksschauspieler mit ihrem derben, aber auch lyrischen Zungenschlag. Diese Tradition verfügt über einen Figurenreichtum und über einen Reichtum an Sprachmasken, der freilich dazu neigt, leicht zum Klischee zu missraten. Die wienerischen Grundtexte, zumindest für Komiker, hat Johann Nestroy verfasst. Nestroys Skepsis, die ihm dazu verhilft, gerade aus der Verzweiflung Spaß zu machen, ist ein wienerisches Lebensgestaltungsmittel. An gar nix braucht man glauben, weil eh alles Schimäre is, und die Hauptsach is, wir unterhalten uns dabei. »Es ist alles Schimäre«, hat der Schauspieler Conrads gesungen, und wer's gehört hat, der weiß, er hat einen großen Nestroy-Schauspieler gehört.

Die sentimentaleren Töne des Wienerischen, wenn man sie nicht schon aus dem Nestroyschen Zynismus heraushört, hat der Künstler Heinz Conrads besonders gepflegt. Als er seine Sendung im Radio begann, soll ihm ein erfahrener Programmmacher geraten haben: »Nur keine Bitterkeit in den Texten aufkommen lassen!« Und an diesen Rat hat sich Conrads sein Medienleben lang gehalten. Ein Beispiel für diese Haltung, für das gleichsam nicht Bittere in den Texten, selbst in den traurigsten, waren Conrads' Rezitationen aus der – wie soll ich es sonst sagen? – zutiefst wienerischen Lyrik Georg Strnadts. Ein Beispiel ist »Die Ballade vom Frisör«. Strnadt war ein Lyriker in der Nachfolge Josef Weinhebers, nicht ohne epigonale Züge, aber weit entfernt von dem, was sich in der *Kronen-Zeitung* »Reimejournalist« nannte. In der »Ballade vom Frisör« erzählt ein Mann, dem sein alter Frisör verstorben ist, vom neuen Frisiersalon, in dem alles anders ist: »modern«. The Times They Are A-Changin'...

4

Das Sentimental-Resignative, das verbittert Süße – ist das nicht eine typische einheimische Gefühlsstimmung, die nach professionellen Darstellern geradezu lechzt? Diese österreichische Kunstfertigkeit, Niederlagen durch Sentimentalisierung extra fein auszukosten, ist auch nichts Schlechtes, vor allem wenn einem eh nichts anderes übrig bleibt, und seltsam: Sogar in Heinz Conrads' persönlicher Erfolgsgeschichte gibt es nennenswerte Missgeschicke, ja wie es scheint, sogar einen durchgehenden Grund zum Traurigsein, zur Verletzlichkeit. Wer versucht, sich deutlicher an ihn zu erinnern, der wird wohl darüber erstaunt sein, dass ausgerechnet er mit seiner Identität als Schauspieler Schwierigkeiten, ja Schmerzen hatte. Es liegt tatsächlich in seinem künstlerischen Leben etwas Unentschiedenes: Er war ein großer Volksschauspieler, der aber als berühmter Entertainer, schlimmer noch, als Moderator arbeitete. Das hatte nicht zuletzt mit einer heute ganz und gar verstaubten Theaterkatastrophe zu tun: mit »Charleys Tante«, inszeniert von Otto Schenk; eine Inszenierung, die Heinz Conrads als Klamaukidioten exhibitionierte, wenngleich alle, die guten Willens sind und die es seinerzeit gesehen haben, es nicht für so schlecht befinden können wie die damals entscheidenden Kritiker. Ich hab's als Kind gesehen, und es hat mir Spaß gemacht. Jedenfalls hatte Heinz Conrads – nach einer verheerenden Kritik von Hans Weigel – genug von der Bühne, und es scheint auch, als wären nicht zuletzt die Regisseure auf das Image dieses Künstlers hineingefallen, ohne dass sie gesehen hätten, über was für eine naive und unverdorbene Kraft er verfügte. Davon sang er in dem Lied »Der Wurschtl«, den angeblich keiner erschlagen kann, und mir scheint, der hypochondrisch Verletzliche sang sich damit auch Mut zu.

5

Gesichertes Überleben als Wurschtl – das ist hierzulande vielleicht nicht sehr originell. Heinz Conrads' große Selbstgefährdung, die einheimische Banalität mit der eigenen Überzeugungskraft infizieren zu können, ist ein Schauspiel, das zu Recht nur wenige hatten missen wollen. In dem Zusammenhang möchte ich nicht auf eine gewagte Assoziation verzichten: Heinz Conrads war eine Verkörperung einer hier real existierenden, im Alltagsleben sehr einflussreichen Mentalität, und seltsam, dieser Heinz Conrads hat sein Leben lang, seit den Abenteuern seiner Modelltischlerlehre, an Kurzatmigkeit gelitten: Es hat ihn damals wirklich krank, nämlich lungenkrank gemacht, und es war auch die Lunge, die seinen endgültigen Zusammenbruch besiegelte. Und da gab es noch einen anderen, der zeit seines Lebens in Österreich nach Luft rang, bis er schließlich keine mehr bekam. Der andere, das war ein Dichter, in dessen Texten all die Bitterkeit Platz fand, die sonst öffentlich ausgeschlossen war. Ja, so will es mir scheinen: Heinz Conrads, der militant Un-Bittere, hatte schon zu seiner Zeit sein Gegenbild, eine andere Erscheinung des österreichischen Wesens gefunden, die ebenfalls mit Atemnot verstorben ist. Hatte sich

Conrads öffentlich zur absoluten Versöhnlichkeit mit allen Dingen und Menschen des österreichischen Lebens durchgerungen, so war sein Gegenbild am Schluss die Verkörperung der absoluten öffentlichen Unversöhnlichkeit. Heinz Conrads und Thomas Bernhard, sein Gegenbild – man könnte sagen, die beiden symbolisieren den gefräßigen Doppeladler im Geistesleben der Zweiten Republik.

6

Seinerzeit, zum siebzigsten Geburtstag von Heinz Conrads, fand fürs Fernsehen eine Geburtstagsfeier statt. Die Feier hatte den Charakter eines geheimen, wenngleich öffentlichen Staatsaktes. Am 9. April 1986 starb Heinz Conrads, und was von den Begräbnisfeierlichkeiten in den Zeitungen stand, erweckte in mir den Eindruck, der Tod ihres Kaisers hätte die Massen nicht mehr ergriffen! Ich spreche von »Conradsismus« wie von einer der großen geistigen Schulen Österreichs. Conradsismus, das war ein staatstragender Versöhnlichkeitskult auf der Grundlage darstellerischer Virtuosität: Alles wird gut, die Menschen teilen sich in die Buam und in die Madln, in die Alten und in die Kranken, alles hat seine Ordnung, und wir wünschen allen alles Gute. Das Wesentliche am Conradsismus war die extreme Passivität ohne den leisesten Gedanken an Verzicht. Ganz ohne Anstrengung sollte zur Verfügung stehen, was guttat und was anderswo nur als Ernte von Taten einzubringen war. Dahinter stand die propagierte Abschlaffung: ein medial inszenierter politischer Wille, radikal zu vergessen, was einmal in Österreich wichtig war: 1927, 1934, 1938, 1945 … Und es ging bergauf: »Wer sich vor zehn Jahren«, schrieb Conrads 1959, »ein Schmalzbrot gewünscht, leistet sich heute ein Henderl. Was früher eine Netzkarte war, ist heute ein Goggomobil geworden. Ein Urlaub am Gänsehäufl wurde zum verdienten Aufenthalt in Jesolo und Mallorca. – Es geht uns gut.« Aber seltsam, ganz behaglich will man sich in dieser Gegenwart nicht einrichten. Irgendeine Mahnung will man doch aussprechen, und so führt Conrads weiter aus: »Vielleicht haben wir viel zu schnell vergessen, wie's war, und vielleicht finden wir's manchmal zu selbstverständlich, dass es uns gut geht. Vielleicht beachten wir nur mehr Sensationen und nicht mehr die kleinen Neuigkeiten unseres Alltags. Doch immer wieder gab es diese kleinen Neuigkeiten, die dann, wenn man stehen bleibt und zurückschaut, unser Leben sind.« Der Kurzschluss von Alltag und Großereignis zugunsten des Alltags, als ob nicht die »Sensationen« diesen Alltag von unterst zu oberst kehren können; die Einladung, sich zu erinnern, als Aufforderung zum Vergessen; vor allem aber das Vertiefen ins Kleine, neben dem nichts Größeres Bestand hat – das sind wichtige Elemente des Conradsismus.

7

Ohne Zweifel ist Heinz Conrads ein Austriazismus – zugleich aber ein medialer Typus, ein supranationales Medienprodukt. In Claude Chabrols Film »Masken« (1987) analysiert Philippe Noiret diesen Typus, indem er den charmanten Christian Legagneur spielt, der mit seiner Senioren-Fernsehshow »Glück für alle« ein Quoten-König ist. Vor laufender Kamera kümmert sich der berühmte und scheinbar einfühlsame Showmaster geradezu rührend um seine älteren Kandidaten – in Wahrheit sind sie ihm ekelhaft. Der von Charme nur so triefende Mensch ist privat ein Finsterling, und ich denke, die menschliche Seele erlaubt es gar nicht, so viel Herz medial zu inszenieren und es gleichzeitig zu haben. Chabrols Satire bekämpft das Fernsehen, wohl auch aus dem Grund, damit keiner auf die Idee kommt, es hätte mit Film zu tun. Aber überhaupt simuliert ein großer Teil der Medien, dass der Mensch nicht allein ist. Die Simulanten können ihren erwärmenden Job ruhig eiskalt ausüben, es kommt darauf an, dass sie den Eindruck erwecken, sich zu kümmern, für die Menschen da zu sein, und dass sie keine Einsamkeit aufkommen lassen. Das ist eine Funktion des Mediensystems und nicht das Herzensanliegen liebenswürdiger Einzelner. Aber zum System gehört, dass seine nüchternen Abläufe hinter charmanten, strahlenden Personen, also hinter Schauspielern aller Art, am besten funktionieren. Ist der Glanz verschwunden, reagiert das System mit Härte: Conrads, ein Mann, der von einer freundlichen, ja beinahe schon therapeutischen Omnipräsenz in Österreich war – dreißig Jahre lang hat er eine Fernsehsendung, vierzig Jahre eine Radiosendung, nein, nicht moderiert, sondern wirklich gestaltet, ihr seine Gestalt gegeben, sie verkörpert –, dieser Heinz Conrads ist heute nahezu von der Bildfläche verschwunden. Der Conradsismus hat überlebt, aber er ist unpersönlich geworden, ein Produkt redaktioneller Teams, die es schwer haben, weil sich die Medien längst nicht mehr (wie es damals im Übermaß der Fall war) am Geschmack älterer Konsumenten orientieren. Der Versuch, im Fernsehen Personen einzusetzen, auf die man glatt von Conrads hätte übergehen können, ist jämmerlich gescheitert. Das Wort unvergesslich haftet dem Künstler gerade noch an, und aus den Zeitungen tönt manchmal auch der Klagelaut: Warum haben wir denn heute keinen von seinesgleichen? Die Frage ist leicht zu beantworten: Die Zeiten sind andere geworden, die Sozialpartnerschaft, dieser politisch verankerte Inbegriff des Versöhnlichen, ist einer Konfliktstrategie von oben gewichen. Die goldenen Zeiten, »als Böhmen noch bei

Österreich war«, von denen Heinz Conrads sang, hat keiner mehr in Erinnerung, und egal, was »der alte Nowotny gesagt hat«, die Tschechen bilden eine selbstbewusste Nation, die kein böhmakelnder österreichischer Schauspieler mehr verniedlichen kann. Hat Conrads gewusst, was der Preis der Versöhnung um jeden Preis war? Ach, da gibt es ein Gedicht von Georg Strnadt, ein »Resignation« genanntes Virtuosenstück der Depression, ein Gedicht, das die andere Seite pflichtgemäßer Heiterkeit verständlich zu machen scheint: »I waß net, wos i hob / i bin so miad ...« Das lyrische Ich fragt sich, ob es am Alter liegt oder »am miesen Fraß«. Alles falsch gemacht, ist die Botschaft, und der Schluss daraus: Am besten, man täte gar nichts mehr. Man wüsste schon, was man noch gern hätte, aber man traut sich nicht, es zu sagen. Man ist zu alt und geniert sich für seine Wünsche. Was bleibt, ist der Wein, also einschenken! Der Volksschauspieler, der Moderator wurde, trifft in seinem Vortrag den Grundton der Depression so perfekt, dass man glauben könnte, er weiß genau, wovon er redet. Aber bei Schauspielern kann man sich täuschen, und man soll es ja auch: Es ist der Zweck ihrer Übung.

»DAS ÖSTERREICHISCHE ANTLITZ ERSCHEINT.«
ZU HELMUT QUALTINGERS BEDEUTUNG

Qualtinger – das ist ein Phänomen. Damit soll gesagt sein: Der Name Qualtinger steht nicht bloß für den Menschen, der 1928 geboren und 1986 gestorben ist und von dem man weiß, dass er in Film, Funk, Fernsehen und auf der Bühne tätig war. Das Wort Phänomen heißt Erscheinung, und ein Phänomen wird man nur dadurch, dass man etwas Wesentliches verkörpert, etwas Wesentliches zur Erscheinung bringt.

Und was war nun das Wesentliche an Helmut Qualtinger, was ist es, das ihm bis heute Bedeutung gibt? Auf diese Frage wird es verschiedene Antworten geben. Die Antwort, die Sie hier lesen werden, gründet auf zwei, einander ergänzende Thesen. Die erste These lautet: Helmut Qualtinger war bisher der letzte Österreicher, der Österreich – dem Land, der Nation, dem Volk – ein Gesicht hatte geben können. Man hat mir vorgehalten, ich würde Qualtinger auf »das Österreichische« beschränken und ihn so seiner Weltgeltung berauben. Da denke ich anders: Wer seine Weltprovinz, aus der er stammt, bis auf den Grund geistig und expressiv durchdringt, ist für seine Zeit auf einem globalen Stand der Einsicht. Mehr kann man in dieser brüchigen Welt kaum noch erreichen, zumal ja das sehnsüchtige Pochen auf Internationalität und Weltgeltung auch ein Stigma der Beschränkung durch eine kleingeistige Herkunft sein kann.

Die Verkörperung aller Österreicher durch *einen* ist natürlich nur durch akzeptiert optische Täuschungen, durch gewollt verzerrende Blickwinkel möglich. Solche Blickwinkel erzeugen den Volksschauspieler, wer so angesehen wird, ist einer. Aber Qualtinger fiel auch als Volksschauspieler aus der Rolle: Während gewöhnlich Volksschauspieler dem Volke, ihrem Publikum, schmeicheln, schmeichelte Qualtinger nicht. Aber andererseits war er auch keineswegs ein extremer Österreichkritiker – was ja auch nichts Schlechtes gewesen wäre.

Es sind jedoch solche Typisierungen wie zum Beispiel die der Travnicek-Figur ambivalent angelegt; im Rahmen seines Spießertums ist dieser Travnicek nicht weit entfernt von der ewig gültigen Weisheit des Nörglers: Das Nicht-einverstanden-Sein ist immerhin ein Beweis für den Gebrauch der Freiheit, wenngleich dieser Gebrauch im Fall des Travnicek schnell auf Grenzen (auf ideelle und auf materielle) stößt, sodass sich seine Freiheit in eine verraunzte Idiotie verwandelt, die aber wiederum fast mit Originalität zu verwechseln ist.

In Qualtingers Kunst steckt eine seltene Ausgeglichenheit österreich-kritischer und österreich-affirmativer Momente. Ausgeglichen heißt eben nicht versöhnlerisch oder beschönigend, sondern Qualtingers Kritik, die künstlerisch keine Rücksicht nimmt, hat schon allein deshalb patriotische Züge, weil sie zur Selbstreflexion des Nationalcharakters provoziert.

Das kommt aber weniger daher, dass das in irgendeiner ideologischen Absicht, in irgendeiner vorgefassten Meinung läge; es liegt an Qualtingers schauspielerischer Methode. Diese ist strikt mimetisch, das heißt einfühlend und nachahmend, und gerade in den Karikaturen bewahrt Qualtinger sehr viel von den Eigenheiten, mit denen die ursprünglichen Vorbilder seiner Darstellungskunst geschlagen waren. Daher kann man sagen: Qualtingers Österreichkritik kam nicht von außen, sondern – mehr als die der anderen Kritiker – von innen heraus; wenn er aus vollem Herzen Peter Hammerschlags »Krüppellied« sang (»Krippel haben so was Riehrendes«), diese Ballade von der Attraktivität behinderter Menschen für den volksgesunden Österreicher, dann brachte er die nationale Bosheit auf den Punkt, nämlich dahin, dass sie einerseits denunziert wurde, anderseits aber auch mobilisiert, denn verlockte nicht das Lied im selben Maße zum sadistischen Genuss, in dem es den einheimischen Sadismus der Verachtung preisgab?

Aber dass einem Helmut Qualtinger mit Recht als Volksschauspieler, als Gesamtkunstwerk der Nation erschien, ist noch aus einem offensichtlichen Grund erstaunlich. Wenn er überhaupt für etwas typisch war, dann für die Ostösterreicher, näher für die Wiener. Einen für ganz Österreich generalisierbaren Wiener, den österreichtypischen Wiener, den kann es nicht geben!

Wieso konnte aber bei Qualtinger dennoch der Eindruck entstehen: In seinem Gesicht, in seiner Stimme, in seinem Gestus ist Österreich? Als Antwort darauf eine riskante These: Es kommt vom Unbewussten, und Qualtinger hat mit vielen seiner Figuren, mit vielen seiner Redeweisen auf ein kollektives Unbewusstes angespielt, welches sich nicht durch neun Bundesländer teilen lässt. Das nämlich hatten die meisten, auf jeweils andere Art, miteinander gemeinsam, und sie drückten es mit einem jeweils anderen österreichischen Akzent aus: diese seltsame Mischung aus Sentimentalität und Brutalität, aus Ich-Schwäche und Rücksichtslosigkeit, aus Schuld ohne Sühne: »I hab nur an Judn g'führt«, sagt der Herr Karl, »I war ein Opfer. Andere san reich worden. Was war i scho? NSV ... nationalsozialistische Volkswohlfahrt. Da hat si kaner was denkt, wenn er dazua gangen is. Heut is ma ja aa überall ... bei der Gewerkschaft und so.«

Die These ist also: Helmut Qualtinger als Darsteller und die beiden Autoren des »Herrn Karl«, Helmut Qualtinger und Carl

Merz, bearbeiteten ein historische Fundament, eine geschichtliche Grundlage der Zweiten Republik. Diese Grundlage war die Herkunft dieser Republik Österreich aus dem Dritten Reich, war die Tatsache, dass nicht wenige der Zeitgenossen Parteigenossen, also überlebende Kollaborateure eines Systems waren, das Millionen Menschen umgebracht hatte. Für die Darstellung dieser Kollaborateure war es wurscht, ob die Hauptfigur, an der man das Problem demonstrierte, ein Wiener war oder nicht. Hier stand einer, und sei es ein Wiener, für alle Mitläufer und alle standen für den einen, und es war für diesen Einstand auch wurscht, ob es ein proletaroider Kleinbürger wie der Herr Karl war: Die Was-war-i-scho-Rhetorik und das »Da hat si kaner was denkt« hat in Österreich nicht zuletzt die höchsten Kreise erfasst.

Das den Österreichern gemeinsame Problem war also die Schuld und die (Un-)Logik der Entschuldigung, die sich in jener merkwürdig verwurschtelten Sprache ausdrückte, durch die man alles zugab und zugleich leugnete. Für die anderen, die entweder Opfer waren oder die nichts entschuldigen wollten, lautete die Frage: Kann so etwas wieder an die Macht kommen, ist die Herrschaft des Herrn Karl ungebrochen?

Es ist klar, dass der »Herr Karl« nur eine, wenngleich die endgültige Figur war, die Qualtinger auf der Suche nach den österreichischen Erben der Hitler-Zeit fand, und ebenso klar (und von innerer Logik) ist, dass Qualtinger eines Tages wohl versuchen musste, auch Hitler selbst zu so einer, zu seiner Figur zu machen. Qualtinger las vor Publikum aus »Mein Kampf« und versuchte, aus dem Text alle Höhen einer spießigen, auf Weltgeschichte abzielenden Niedertracht herauszuholen. Dass Hitler gerade mit der Verengung seines Blicks seinen Herrschaftsbereich erweiterte, das ließ sich durch Rezitation eines Textes kaum klarlegen. Damit konnte man nach meiner Meinung nicht mehr als die Lacher auf seine Seite kriegen. Der Herr Karl war ein Subjekt, war Untertan, und er hatte – neben den Vorteilen, die er sich gemein erschlichen hatte und neben dem, was er der Chefin im Feinkostladen stahl – nichts, nämlich nichts außer seiner Sprache, mit der er sich selbst gut zureden konnte.

So ein Subjekt war an seiner Sprache vorzuführen, aber Hitler war kein Subjekt, sondern er war eine der Verkörperungen des Weltgeists – als pervertierte, verhöhnende Fassung der Originale stand Hitler in einer Reihe mit den Großmächtigen, mit Alexander dem Großen, mit Napoleon und wie sie alle hießen. Auf der Ebene, auf der der »Führer« schrieb, war dieser Führer nur ein Schatten von dem, was er mit sprachloser Macht anrichtete. Qualtingers Lesungen aus »Mein Kampf« sind daher aus meiner Sicht die symptomatische Überforderung einer Methode gewesen, die sich anderswo im Kleinen so gut bewährt hatte.

Dennoch spricht etwas für diese Methode: In Deutschland gab es zum Beispiel einen Hitler-Biographen, der, wenn auch in der für den Konservativen typischen Ambivalenz, der Faszination hitlerscher Rhetorik noch nachträglich sein Ohr lieh. Qualtinger dagegen arbeitete bei seinen Lesungen im Sinne einer Tradition, die ein Text von Anton Kuh aus der Emigration vortrefflich belegt. Kuhs Text »Ein zweiter Napoleon?« erschien in der New Yorker Zeitschrift *Der Aufbau* und war eine Polemik gegen die These, mit Hitler wäre der Welt ein zweiter Napoleon erstanden. »Wie groß auch Hitlers Fortschritte in der Weltherrschaft sind«, schrieb Kuh, »in der Sprache und Aussprache ist er, trotz aller Mühen seiner Sprech- und Deklamationslehrer, der alte: ein Österreicher, der den Akzent ... verleugnet.«

Bereits 1940 – »trotz aller vorzeitiger welthistorischer Approbierung Hitlers« – hielt Kuh es für eine Tatsache, dass Hitler »ein Außenseiter ist – ein Außenseiter der Sprache und ein Außenseiter der Weltgeschichte«. Aber was war Hitler dann, wenn schon kein »zweiter Napoleon«? Nach Kuh war er alles in allem »ein Unterbeamter, der alle verwickelten Phrasen des österreichischen Amtsstils geschluckt hat, bevor er in der Wiege das erste Mal ›Mama‹ rief«; und genau diesen Ton des Unterbeamten, den Ton der machtgeilen Subalternität eines Menschen, der noch vor einer primären menschlichen Beziehung von einem administrativen Jargon geprägt ist, genau diesen Ton hatte Qualtinger bei seinen Lesungen aus Hitler wohl im Ohr.

Die erste These als Antwort auf die Frage, worin denn Helmut Qualtingers Bedeutung bis heute besteht, lautete also: Helmut Qualtinger war bisher der letzte Österreicher, der Österreich – dem Land, der Nation, dem Volk – ein Gesicht hatte geben können. Das war nicht zuletzt deshalb möglich, weil es anders als heute seinerzeit zumindest ein Thema gab, über das nicht gerne gesprochen wurde, von dem aber alle wussten. Heute spricht man allgemein darüber, und vieles vom ursprünglichen Mut, den es kostete, Zeitgenossen zur Rede zu stellen, ist in den Zeiten des Fernsehantifaschismus eine risikolose politische Korrektheit geworden. Anderseits blitzt immer wieder die alte Rhetorik auf. Einmal wurde ein Psychiater, der im Dritten Reich an einer Euthanasieklinik in Wien seine Karriere begann, interviewt. Eine Frage lautete, wie er sich denn gefühlt hatte, als er mit behinderten Menschen arbeitete und dabei wusste, dass sie getötet wurden. Der Arzt antwortete: »Das war normal, man konnte es nicht sehen, ich habe nichts gedacht.«

Die zweite These zur Bedeutung Helmut Qualtingers ist aufs Erste überraschend, sie lautet nämlich: Qualtinger war ein Erzieher. Wie soll man das verstehen: Qualtinger als Erzieher?

Als Beleg für diese These kann man sich in eine charakteristische Lebensgeschichte einblenden. Der Erzähler dieser Geschichte ist zwei Jahre nach dem Krieg geboren, als Jugendlicher war er im Gymnasium immun gegen die überkommene Pädagogik, aber deshalb brauchte er nicht blöd zu sterben. Es ist Willi Resetarits, der lange unter dem Künstlernamen Ostbahn-Kurti arbeitete und der von den Anfängen seiner intellektuellen und künstlerischen Biographie erzählte. Er sprach von Sachen, die man in der Kinderzeit »auswendig hat können müssen, wenn man im Klassen- und Fußballmannschaftsgefüge vorn sein hat wollen«. Zu diesen Sachen gehörten merkwürdige Schlager wie »Mamatschi, schenk mir ein Pferdchen«, aber dann kam auch etwas anderes dazu. Ich zitiere Willi Resetarits im transkribierten Originalton, gleichsam im Sinne einer Oral History, und weil sich seine kulturelle Sozialisation so sehr mit der meinen deckt, stehe ich nicht an zu behaupten, dass sie, wenngleich nicht unbedingt etwas Allgemeingültiges, so doch etwas Typisches haben muss: »Und dann, schön langsam, sind die Qualtinger/Bronner-Chansons gekommen. Das war für mich und für viele Wiener Kinder und dann Jugendliche eine gerade Entwicklung: von ›Der Papa wird's scho richten‹, vom ›Gschupften Ferdl‹ zu 1961, also zum ›Herrn Karl‹. Ich habe den ›Herrn Karl‹ passagenweise herzitieren können. Das hat so weit geführt, dass man dann, als der Qualtinger schon unser Idol war und als er ›Die Letzten Tage der Menschheit‹ gelesen hat, dass man auch dieses Werk sich reingezogen und auswendig herzitieren hat können. So hat uns diese populäre Schlagermusik über den Umweg dieser Chansons vom Kabarett, vom ›Brettl‹ zu Karl Kraus geführt; entlang von Qualtinger sind wir auch zu Nestroy gekommen. Da hat es im Fernsehen eine Serie von Nestroy-Inszenierungen gegeben. Nestroy hat uns, die wir gern Dialekt gesprochen haben, sprachlich viel gebracht. Das war in der Mittelschulzeit, vierte bis sechste Klasse.«

In diesem Sinne war also Qualtinger ein Erzieher: Seine Darstellungskunst gründete in einer österreichischen Tradition, die mit den Namen Nestroy und Karl Kraus gekennzeichnet ist. Qualtingers Erziehungsberechtigung wirkte umso mehr, als er einer der wenigen war, die die E- und die U-Kultur in einer Person vereinigten. Das machte alles, was er machte, im Großen und Ganzen rezipierbar. Man konnte die Texte zum Teil auswendig, den »Herrn Karl«, aber auch »Die letzten Tage der Menschheit«, und dieses freiwillige Auswendigkönnen ist der klassische Beweis für eine lebendige Kultur. Lebendig daran war nicht nur die zweckfreie Freude an den Texten; diese Freude hatte, so Ostbahn-Kurti, auch ihren politischen Sinn: »Wir Kinder haben nach dem Krieg ein sehr reaktionäres Österreich erlebt, wo man das Gefühl hatte, in kulturellen und in Erziehungsfragen hat sich der Geist der nationalsozialistischen Zeit nahtlos herübergerettet. Da waren eben Figuren wie der Qualtinger sehr gute Vermittler, um uns Sachen zu zeigen, um uns zu bestärken in unserer Kritik an dem, was uns auf Seiten der Lehrer, der Eltern, der Kirche, der Autoritäten begegnet. Und dann haben wir gesehen: So grausliche Figuren hat es im Ersten Weltkrieg auch gegeben, schon vorm Zweiten Weltkrieg, im Zweiten Weltkrieg und, siehe den ›Herrn Karl‹, auch nach dem Zweiten Weltkrieg. Da hat man eine Ahnung von Kontinuität bekommen, von der Kontinuität der österreichischen Seele. Das österreichische Antlitz, wie es in den ›Letzten Tagen der Menschheit‹ (IV. Akt / 3. Szene) erscheint: ›Wird kane Koaten ausgeben! Wird kane Koaten ausgeben!‹ Das hat mich schon sehr beeindruckt.«

Qualtinger hat die österreichische Tradition der Satire für viele Menschen lebendig gemacht; er war – man muss es so sagen – ein Erzieher der Jugend, vor allem jener, die aus der Unterschicht kam und deren Teilnahme am kulturellen Leben keinesfalls selbstverständlich ist. Im Zuge dieser Erziehungstätigkeit hatte Qualtinger auch den Dialekt vom Vorurteil befreit, unkultiviert zu sein, weshalb man ihn zu unterdrücken habe. Dabei stand er nicht allein, der Dialektkünstler seiner Zeit war H. C. Artmann, und es gibt einen schlagenden Beweis ihrer Zusammenarbeit. 1964 wurde eine Schallplatte produziert, die die Poesiefähigkeit von allem Niedrigen, die Schönheit von Suff und Puff und von körperlichem Behagen zu Gehör brachte. Artmann hatte die Gedichte François Villons ins Wienerische übersetzt: Villon, geboren 1431 und 1463 in Paris zum Tod am Galgen verurteilt, danach begnadigt und schließlich verschollen; Villon war ein Totschläger und Häfenbruder und nicht zuletzt ein großer französischer Dichter. Artmanns Übersetzung wurde von Helmut Qualtinger gelesen, die Musik stammte von Ernst Kölz, es spielte Fatty George, und das Ganze war ein Fest auf Platte. Ich erinnere mich noch heute an den Eindruck des ersten Hörens: Dass es so viel erlesene Gemeinheit, so viel Schmäh und Sinnlichkeit, so viel Artistik der Sprache und eine solche Verwandlungsfähigkeit gab, erzeugte eine Neugier aufs Dasein, eine Neugier, die in jenen Jahren der öffentlichen und der privaten Schwererziehung dazu angehalten war, möglichst schnell durch Anpassung abzustumpfen.

Helmut Qualtinger war die meiste Zeit seines Künstlerlebens eine österreichische Institution, das heißt, er gehörte zu den umschmeichelten Lieblingen, zu den sogenannten Originalen. Bis in die Gegenwart wollen ihn nicht wenige Leute auf dem Niveau der Nostalgie von Kumpanen halten. Mit Recht hat vor allem Peter Turrini darauf hingewiesen, dass die Art, wie man Helmut Qualtinger hierzulande eingemeindete, auf Kosten einer Auseinandersetzung mit seiner wirklichen künstlerischen Bedeutung ging: Qualtinger wurde geliebt und umarmt, wohl auch deshalb, damit man ihn nicht allzu ernst nehmen musste. Dieses Problems war sich Qualtinger selbst bewusst. Seinen Rückzug aus dem Kabarett im Jahr 1960 begründete er später mit den Worten, »dass diese

Form der politischen Kritik oder der Satire eigentlich effektlos war. Sie hat nichts Wesentliches verändert. Im Gegenteil, sie wurde anerkannt, es entstand eine Art Vernichtung durch Anerkennung [...]«

Von Qualtinger könnte zum Schluss auch das bleiben, was noch gar nicht anerkannt ist: Der Schriftsteller Qualtinger zum Beispiel, dessen gesammelte Werke vor Jahren erschienen sind, ediert und kommentiert zunächst von Traugott Krischke und dann von Ilse Walter. Aus Qualtingers Schriften geht besonders deutlich hervor, dass er nicht einer der Vorreiter der heutigen Spaßkultur, also des auf sich selbst beschränkten Witzelns und der von allem Ernst abgespaltenen Lächerlichkeiten, gewesen ist. In Qualtingers Witz spiegelten sich die Konflikte wider, die die Menschen tatsächlich hatten. Dieser Witz war nicht ohne Bitterkeit, und er ließ vor allem die Repräsentanten der beginnenden sogenannten Wohlstandsgesellschaft schlecht aussehen, nämlich: innen hohl, sich nach Erfüllung sehnend und nach außen hin gemein, Verrat oft nicht nur an den anderen, sondern auch an sich selbst begehend.

Helmut Qualtingers Wirkung ging jedenfalls tiefer, als er es selbst hatte wissen können: Er war einer derjenigen, die das kulturelle Leben Österreichs liberalisiert, freier gemacht haben und ohne die vieles, das man heute ganz selbstverständlich durchschaut, noch gar kein sofort erkennbares Gesicht hätte.

DER HERR KARL UND ANDERE HERREN

In der Nacht sah ich es: »König Claus. Peymanns Leben fürs Theater«, einen Fernsehfilm, der das Verblassen einer Größe zum eigenen Anachronismus vor Augen führte. Ein großer Mann zweifellos, der auch geschickt mit der Möglichkeit spielt, dass er im Grunde vielleicht bloß lächerlich ist wie der Rest der Welt. Das glaubt er natürlich nicht, auch wenn er darauf anspielt. Wie er da im Sessel sitzt und strahlend mitteilt: »Ich habe immer in der Oberliga gespielt.« Und wie er dabei gleichzeitig durchscheinen lässt, dass er halt eine große Klappe hat, das macht ihm schnell einer nach. Es ist ja keine Kunst. Wenn man sich von seiner Virtuosität nicht täuschen lässt, ist diese Aufführung sehr ähnlich dem Sketch von Helmut Qualtinger »In Linz beginnt's«, bei dem zwei ausgebootete Schauspieler einander übertrumpfen. Sie spielen – wunderbare Schmiere – Konkurrenten, obwohl sie längst konkurrenzlos sind. So etwas wie mich, sagt Peymann im Film, wird es nicht mehr geben.

Peymann wundert sich gerne, dass es Menschen gibt, die manches, was ihm von Herzen kommt, für eine Provokation, für einen Reklametrick halten. Die etablierten Intellektuellen und die Künstler, das wissen wir vom Soziologen Pierre Bourdieu, sind der ohnmächtige Teil der herrschenden Klasse. Sie spielen ausschließlich in der Oberliga und haben miteinander verwandte Machtstrategien – die Künstler, dem Höheren geweiht, zelebrieren sie allerdings am liebsten in aller Unschuld. Peymanns Auftritt als letzter Mohikaner und zugleich als Vorbote eines Humanismus durch

Kunst, den es in der Politik nie gegeben hat und den es deshalb endlich geben muss, gefällt mir. Allein mir fehlt der Glaube. Ich glaube aber, dass im Werk von Thomas Bernhard mehr steckt, als die Gründer der Thomas-Bernhard-Kirche zu erkennen erlauben. Sie erlauben nur Anbetung, auch um sich in den sakralen Veranstaltungen als diejenigen zu zeigen, die mit Thomas Bernhard recht haben.

Mit der Uraufführung von »Heldenplatz« hatten beide mehr als recht. Sie hatten ein welthistorisches Momentum. Mehr kann es in der Branche nicht geben, es ist ein Verdienst auf ewig. Während ich den »Herrn Karl« von Carl Merz und Helmut Qualtinger wieder las, liefen im Fernsehen auch die Bilder von der »Heldenplatz«-Premiere. Man sah nicht zuletzt gegen Bernhard und Peymann brüllende Rechtsradikale, die Fäuste in den Plafond gehoben. Sie waren zugleich außer sich und in ihrem Element. Einer von ihnen sollte später Vizekanzler der Republik Österreich werden.

Man muss sich das vorstellen: Ich komme aus einer Zeit, da hat es zuerst den »Herrn Karl« nicht gegeben, dann war er da, die Bühnenfigur. Er war aber keine Überraschung. Ich war bei der Theaterpremiere – die Premieren waren ja terminlich verschieden angesetzt. Ich war bei der Theaterpremiere, ursprünglich fand das Stück ja im Fernsehen statt, und meine Premiere war eine spätere, nämlich die in den Kammerspielen, am 28. Februar 1962.

Den Herrn Karl kannte ich aus der außerliterarischen Wirklichkeit. Erstens von der Sprache her: Es ist – »Servas!« – mein Dialekt, den er spricht. Qualtinger hat mich dazu verdammt, meinen Dialekt immer so oder so ähnlich zu sprechen wie er. In meinem Grundton schwingt ein personifizierbares Original mit. Den Herrn Karl kannte ich aber nicht nur in eigener Sache, ich kannte ihn auch aus der Literatur: Vinzenz Chramosta aus den »Letzten Tagen der Menschheit« zum Beispiel. Ein Kriegsgewinnler, nämlich der Greißler, der Hungernde bestiehlt und der die Preise streng nach Angebot und Nachfrage hinaufschnalzen lässt, nicht wie ein Verkäufer, sondern wie ein Erpresser. In Chramosta steckt eine Herzlosigkeit, die er gut und gerne dem Herrn Karl vererben konnte.

Traugott Krischke hat im Nachwort der Qualtinger-Werkausgabe für den »Herrn Karl« eine Tradition skizziert, in der Karl Kraus nicht genannt wird, dafür Eduard Pötzl, Vinzenz Chiavacci, Friedrich Torberg und andere: eine alte Wiener Tradition. Aber der Herr Karl hat etwas, mit dem er ganz fest in der Tradition des Karl Kraus steht. Karl ist nämlich, was Elias Canetti in ebendieser Tradition der (von ihren Feinden sogenannten) Tierstimmenimitatoren eine »akustische Maske« nennt – siehe in diesem Band »Unser Wien«. Und genau über diese Maske, über diese alte, archaische Stütze des Theatralischen entsteht der realistische Eindruck: Man erkennt durch die scharfe akustische Abgrenzung sofort den Gemeinten.

Der Diskurs, das Diskurieren des Karl mit sich selbst, schwenkt vom Politischen ins Private. Man kann regelrecht dabei zuhören, wie sogenannte Werte, bürgerliche Werte entstehen, zum Beispiel eine Heirat, die für die Existenzsicherung in Dienst genommen wird. Die akustische Maske definiert einen Menschen unverkennbar einem Fingerabdruck gleich oder – das habe ich einmal gelesen – wie das Knie eines Menschen. Das Knie, es soll das am meisten Unverwechselbare am Menschen sein. Ich weiß nicht, ob es wahr ist, aber die Idee gefällt mir. Auch weil man dann sagen könnte: Knien bedeutet, seine Identität zu verstellen. Wer kniet, lügt, entweder lügt er sich selbst an oder er belügt – in der Demutshaltung – die anderen.

Der Herr Karl hat nicht bloß eine Identität. Er ist nicht bloß er selbst. Er ist auch ein Typus. Und wiederum Canetti. Von ihm stammt die Einsicht, dass eine Figur weder das Individuum ist noch der Typus, sondern das Fließende zwischen beiden. »Sterben haaßt aa nix mehr«, sagt der Herr Karl. Das hätte man in inhaltlicher Übereinstimmung, aber mit einem völlig anderen Akzent mit Rilke sagen können. Ein Jahrhundertphänomen: die Entwertung des Todes. Darüber steht eine der Schlüsselstellen des zwanzigsten Jahrhunderts in Joseph Roths Roman »Radetzkymarsch«: »Damals vor dem großen Kriege [...] war es noch nicht gleichgültig, ob ein Mensch lebte oder starb. Wenn einer aus der Schar der Irdischen ausgelöscht wurde, trat nicht sofort ein anderer an seine Stelle, um den Toten vergessen zu machen, sondern eine Lücke blieb, wo er fehlte, und die nahen wie die fernen Zeugen des Untergangs verstummten, sooft sie diese Lücke sahen.«

Ich glaube dieser rückwärtsgewandten Verheißung nicht, aber dass sie glaubhaft wenigstens erscheinen konnte, reicht aus, um ihr nicht ganz Unrecht geben zu müssen. Im »Herrn Karl« schließlich hat sich der Erste Weltkrieg zur Phrase verdichtet, die den welthistorischen Gestus mit der Wurstigkeit verbindet: »Österreich«, erklärt der Herr Karl, »hat sich erst langsam aus die Wunden, die ihm der Erste Weltkrieg geschlagen hat ... hat sich erst langsam von die Wunden erholt.«

Die Entwertung des Todes spielt sich auch im Inneren des Herrn Karl ab. Im äußeren Leben pflastern Leichen sowieso seinen Weg – »der Poldl is gstuabn« –, aber nicht nur seinen Weg im Privatleben. Der Diskurs, das Diskurieren des unpolitischen Herrn Karl erklimmt die Höhen der Weltpolitik. Karl blickt von der Kleinkriminalität auf in die große Kriminalität: »Und dann is eh der Hitler kommen ... a Persönlichkeit war er ... vielleicht ein Dämon ... aber man hat die Größe gespürt ... I maan, er war net groß. I bin vor ihm g'standen ... Er hat mi ang'schaut ... mit seine blauen Augen ...

i hab eahm ang'schaut ... hat er g'sagt: ›Jaja.‹ Da hab i alles g'wußt. Wir haben uns verstanden.«

Die Banalisierung des Todes wird im Monolog des Herrn Karl zur Banalisierung des Tötens, des In-Todesgefahr-Bringens. Das schöne Wort »Jemanden auf dem Gewissen haben« sagt dem Herrn Karl gar nichts. Ich glaube aber, dass er selbst so viel sagt, dass er selbst so viel redet, dass seine Redelust bei aller Nichtbetroffenheit mit einem unterschwelligen Drang zur Exkulpation zu tun hat, mit einem Geständniszwang. Diese monologische Rhetorik des Entschuldigens ermöglicht dem Herrn Karl, sich einerseits als Opfer darzustellen, andererseits aber auch als gelungenes Beispiel einer triumphierenden Selbstbehauptung.

Das führt zusätzlich zu einer anderen Ungereimtheit, die der Herr Karl ausführlich zelebriert. Er redet immer von schweren Zeiten und bringt dann selbst ans Licht, dass es für ihn eigentlich nie sehr schwer war. Und dennoch gibt es ein Drittes, das ihn definiert: den Negativismus. Die Verachtung der Chancen, die eine Gegenwart nicht allen, aber doch seinesgleichen bietet. Was soll man auch machen, wenn sogar, wie er angeekelt feststellt, das Sterben nix mehr is und eine Chefin von heute früher niemals eine hätte sein können ...

Der destruktive Charakter. Auf seine Art erinnert mich der Herr Karl an ihn. Walter Benjamins Glaubensexperiment über den destruktiven Charakter ist ein seltsamer, buchstäblich zweischneidiger Versuch. Einerseits ist das Experiment ein Lob dieses Charakters, ja, in der Hauptsache ist von Benjamin dieses Lob gemeint. Ein destruktiver Charakter lässt sich durch optimistische Verlockungen nichts vormachen. Er wird sich keinerlei Aufbau widmen.

In meinen Augen gelingt es aber selbst dem höchsten Lob nicht, das simpel Destruktive, das Primitive des Negativismus aus dem Weg zu schaffen. Der destruktive Charakter ist nolens volens nicht nur ein Heroe der Aussichtslosigkeit, er neigt auch zum Parasitentum am Unternehmergeist derer, denen er demonstrativ nicht Laune machen, sondern die Laune nehmen will. Sein Pessimismus (den er natürlich abstreiten würde) lebt vom Optimismus der anderen. Ich kann mit dem Lob des destruktiven Charakters übereinstimmen, wenn es gegen den vorgeschriebenen Optimismus geht. »Der destruktive Charakter«, heißt es bei Benjamin, »tut seine Arbeit, vermeidet nur schöpferische.« So wollen wir es auch halten. Die Pointe, mit der Benjamin sein Gedankenexperiment beendet, räumt in einer genialen Formulierung dem undialektisch Zerstörerischen eine Hauptrolle ein, die der Herr Karl zum Schein und als Selbstschutz (um kein Risiko einzugehen) virtuos spielt: »Der destruktive Charakter lebt nicht aus dem Gefühl, dass das Leben lebenswert sei, sondern dass der Selbstmord die Mühe nicht lohnt.«

Die Abwertung aller Chancen, die geradezu elitäre Diskriminierung des gemeinhin Lebenswerten, das der Herr Karl – wie der Fuchs die Trauben – nicht erreichen kann, ermöglicht ihm das falsche, das verlogene Über-den-Dingen-Stehen. Es ist zugleich ein Schutzmantel für den Umstand, dass er eh nichts machen will und eh nichts vermag: Nichts auf der Welt ist der einzigen Ausnahme, nämlich der eigenen Größe angemessen. Der Herr Karl legt Wert darauf, dass er der Herr Karl ist: »Ich bin immer der Herr Karl gewesen. Ich war in Ihrem Alter schon der Herr Karl.«

Für mich war der Herr Karl, wie gesagt, keine Überraschung. Den Typ kannte ich schon. Von Vinzenz Chramosta (der Figur, die Qualtinger mit sadistischer Verve gelesen hat) unterscheidet den Herrn Karl etwas Entscheidendes. Sie mögen miteinander die Herzlosigkeit gepachtet haben, wissenschaftlich: die Empathielosigkeit. Chramosta ist aber ein Herr Karl *in action*: Er agiert, der

Herr Karl »dischkuriert«. Dem Herrn Karl selbst, abgesehen davon, dass er sich unrechtmäßig Genussmittel aneignet, sieht man nur beim Räsonieren zu, aber Chramosta, und das macht den Unterschied, agiert nicht nur, er ist Eigentümer. »Das Geschäft bin ich«, könnte er von sich sagen.

Der Herr Karl dagegen ist Angestellter. Am Ende durch den Sozialstaat total abgesichert. Sein Lebenskampf ist von Staats wegen vorbei. Zur Not wartet das Schmerzmittel in der Schublade, alles gut! Der Mann ist für Euthanasie, für seinen guten Tod. Man kann der Figur, die aus der Subalternität im scheinbar kleinen Rahmen heraus großmächtig agiert hat, man kann dem Kunststück von Merz und Qualtinger vorwerfen, hier hängt man wieder einmal dem kleinen Mann die Übel der Weltgeschichte um und lässt die Großen ungeschoren. Aber es hilft nichts. Das Bündnis vom kleinen und großen Mann, die einander auf Augenhöhe begegnen, die einander ins Auge schauen und wissen, was los ist, bleibt. Dieses feste Bündnis existiert in der Weise, dass man die einen von den anderen nicht mehr trennen kann. In jedem von ihnen steckt der jeweils andere. Maggie Thatcher regiert mit einem Bündnis aus der Oberschicht und einer Masse von deklassierten Kleinbürgern, und heute haben die AfD in Deutschland (und auf kleinerer Flamme in Österreich die Identitären) großzügige Spender, die zwar ihren Namen nicht genannt haben wollen, wenn sie auch der »guten Sache« dienen. Lange Zeit konnte man den Herrn Karl in Wien treffen. Elizabeth T. Spira, die legendäre Fernsehmacherin, hat für ihre »Alltagsgeschichte« über den Schrebergarten einen Mann in einem solchen Schrebergarten aufgetrieben und ihn gefragt, wo er denn während der Jahrzehnte sich politisch positioniert hätte. Politisch, so der Mann, sei er stets »eben« gewesen. »Eben«, wenn ich es recht verstanden habe, im Sinne von flach, neutral, also unpolitisch. Aus seinen Lebenskämpfen heraus erklärte er sich sowohl als Besitzer eines ÖVP- als auch eines SPÖ-Parteibuchs, und das begründete er vor der Kamera damit, dass das österreichische System so ein Verhalten nahelegt. Arbeit gibt es in diesem System nur, wenn man bei den einen ist oder bei den anderen. Warum also nicht gleich bei beiden sein – um der Arbeit willen?

Spira fragte ihn, ob es neben der ÖVP und SPÖ nicht noch etwas anderes gegeben hätte. Er dachte nach, dann fiel es ihm ein: »Ach, ja, die Nazis.« »Na, und?«, fragt ihn Spira. »Da war ich Mitglied.« Wo denn? »Bei der SA-Reiterstandarte.«

Der Film von Spira stammt – es ist lange her – aus dem Jahr 1992. Ich behaupte, dass der Herr Karl in der Gestalt, in der wir ihn kennen, ausstirbt. Unser Bekannter, der Herr Karl, ist sehr stark von den Zeiten modelliert, die er zwar überlebt hat, die er aber nicht ewig überleben muss, denn auch seine Zeiten verblassen. Ein anderer Typus schwingt sich heute zur Herrschaft über Menschen und Dinge auf, und wenn heute auch Damaliges in unvermuteter Aktualität wiederkehrt, so ist die Lage im Großen und Ganzen dermaßen anders, dass man bloß mit hilfloser Nostalgie die Zeiten gleichsetzen könnte. Dass allerdings das mentale Erbgut des Herrn Karl eine Mutation erfahren wird und er in anderen Gestalten, auch in noch unbekannten, weitermachen wird, daran kann man kaum zweifeln. Gleich den Menschenrechten auf der einen Seite hat der Herr Karl seinerseits etwas Universelles. Auch deshalb sollte man sich ihm nicht allzu überlegen fühlen. Im Lebenskampf bekommt man schnell einen Charakter wie er, schneller, als man denkt. Wegen seiner letzten Worte, die er im Stück sagt, kann man ihm sogar einmal entgegenkommen. Diese letzten Worte lauten nämlich: »Gehn ma ...«

DA KORL

Da Korl hat se umbrocht.
I waß net,
warum. Gestern no
hob i eam gsegn.
Mit seim Fuaß
wars besser wurn.

Da Korl
hat se umbrocht.
Ma waß ja nie, warum.

De an sogn: Einsamkeit.
De ondern sogn: Ja,
es muaß eam wos
im Kopf umagongen sei.

Im Kopf umagongen sei,
im Kopf umagongen sei ...

SCHMÄHFÜHREN.

ÜBER LUKAS RESETARITS

1

Ich habe eine Vorliebe fürs Tingeltangel. Tingeltangel ist ein meist abwertend gebrauchtes Wort für ein Varieté, billiges Tanzlokal oder eine wandernde Kleinkunstdarbietung. Im Tingeltangel sind die niedersten Künste zuhause, die ich für die höchsten halte. Höchste Kunst ist auch diese eine lexikalische Erklärung für die Herkunft des Wortes. Danach könnten die Tingeltangel benannt sein nach dem Gesangskomiker Tange, »der im Triangelbau sein lange populär gebliebenes Triangellied zum Besten gab«. Das ist super trianguliert.

Wie es aber schon in der allerhöchsten Kunst, also bei Shakespeare heißt: »Was ist ein Name? Was uns Rose heißt, wie es auch hieße, würde lieblich duften.« Na ja, lieblich duftet es im Tingeltangel eben nicht, und anders als die Rose, die eine Züchtung, das heißt ein Stück kultivierter Natur ist, existiert das Tingeltangel – als absolutes Gegenteil von Wiesen und Wäldern – gegen alle Natur, mit Ausnahme der menschlichen Natur, die mit Varietés, Tanzlokalen und Kleinkunstdarbietungen unbedingt versorgt werden muss.

Man kann aber nicht leugnen, dass dieses Theater seine Gegner, ja ausgesprochene Feinde hat. Ein Idealtypus dieser Feindschaft stammt aus den dreißiger Jahren. Anton Kuh schrieb unter dem Titel »Unfug des Kabaretts« eine heute noch brauchbare Genealogie kabarettistischer Verwerflichkeit: »Ein paar Menschen machten aus ihren Überschüssen, Genie-Rudimenten, talentierten Defekten und defekten Talentiertheiten, die alle in sich bereits den Gegensatz zur bürgerlichen Welt enthielten, ein fröhliches Theater, in das der Zuschauer als geduldeter und zahlender Feind geladen wurde. Duldete er's, war's gut, missbilligte er's, war's noch besser. Da konnte aus dem Darbieten und Entgegenkommen am Schluss allerdings eine Art Kameraderie hervorgehen, getreu der Devise: Mitgehangen, mitgefangen! Als aber jene bürgerliche Welt das Gegengift bereits als neuen Wert in sich gesaugt hatte und nicht mehr zu frotzeln, nur noch umzubringen war, hatte auch das frohe Theater sein Ende. Man hätte es jetzt zusperren sollen. Inzwischen hatte sich aber ein eigener Industriezweig daraus entwickelt. Infolgedessen trat der gelernte Kabarettier, der Pointen-Witzbold, an die Stelle des genialen Bohemiens. Es blüht jetzt der Ladenschwengel der Negation, der Routinier der extemporierten Befangenheit, der Konfektionär der Geistesgegenwart. Und gerade weil er Fertigware anbot, sich also nicht erst an lustigen oder feindseligen Kontakten entzündete, wollte er noch mehr den Anschein erregen, als ob er sich vom Publikum abhängig mache, und bat doppelt um jene ›Stimmung‹, die sein Vorgänger ja mehr gegen sich als für sich gewünscht hatte.«

Das ist eine geniale Volte. Von ihr getroffen, fällt es mir schwer, den klassischen Defekt zu übersehen. Kuh beschreibt etwas, das seiner eigenen Rolle sehr ähnlich sieht. Es könnte sein, dass er, ohne sich in den Spiegel zu schauen, sein eigenes Spiegelbild ausstellt. Will sagen: Der merkt vielleicht gar nicht, dass er ein Stück Autobiographie zum Besten gibt. Sollte das der Fall sein, dann liegt es weniger an dem klugen und witzigen Mann, sondern viel mehr an den Zurichtungen der talentierten Individuen durch die Medienwirtschaft, in der die Abweichung vom Eingebürgerten zwar hektisch gesucht ist, aber stets zurechtgeschliffen wird. Zum Beispiel die Chefredakteure, sie dulden – außer der eigenen – keine »Selbstverwirklichung«. Erheiternd ist auch etwas anderes. Kuhs Intervention bezeugt den Einfluss Nietzsches auf das Wiener Feuilleton. Nietzsches Ressentiment-Kritik und sein ewiges Durchschauen impotenter Möchtegerns samt ihrer vergeblichen Kompensationsstrategien ist bis heute banalisiertes Allgemeingut der Neunmalklugen. Aber schon damals nannte Tucholsky die Wiener Feuilletonisten »Nietzscherln«.

Ich hege Vorurteile gegen die Virtuosenkultur, für die man Tag und Nacht trainieren muss, um beim Publikum im Opernhaus Eindruck zu schinden. Training ziemt sich höchstens beim Sport, die hohe Kunst ist so wichtig nicht, dass man alle Lebenskräfte in sie investieren müsste.

Ich weiß, es geht nicht anders, aber mein Herz schlägt für abgewrackte Kunstformen, für das Unvorbereitete, für den Stegreif, nicht zuletzt für das Kabarett, in dem der Kabarettist plötzlich vom eigenen Witz überrascht werden kann. Ich wiederhole einen Appell an mich selbst, der es (ich weiß es ja nicht, er könnte aus dem Unbewussten kommen) mit schlechtem Gewissen zu tun hat, wie das Menschen haben, die sich an einer Sache abarbeiten und zugleich wissen, das alles verlorene Liebesmüh ist: Leider bin ich jemand, den vor allem die echten Komödianten gar nicht mögen. Ich bin nämlich Humortheoretiker. Da wirst du von Menschen, die du hoch achtest und die im Tingeltangel an der Front stehen, diskriminiert, verachtet, hingestellt als Erscheinung der Hirnblödheit. Ich versteh's ja: Alle Theorie hat was Distanziertes, und in der Distanz hat man es gemütlich im Vergleich zur Rampensau, die sich vor Publikum abstrampelt und die jedem, der Eintritt bezahlt hat, die Lacher wie Würmer aus der Nase ziehen muss. Außerdem haben Theorien etwas Bevormundendes – der Theoretiker legt fest, was komisch ist ... Das kostet dem Produzenten nur einen Lacher.

Ich bin eh kleinlaut und halte meine humortheoretischen Übungen flach. Derzeit suche ich, von Kuhs Diktum inspiriert, bloß den schlechtesten Witz, und ich fand ihn in einer Fernsehsendung, in der mein liebster Comedian, Michael Mittermeier, auftrat. Den Witz, so kommt es mir vor, haben die Feinde der Branche ihm hinterlistig zugeschrieben. So unglaublich ist der Witz, den kann doch ein Mittermaier niemals in seinem Job gemacht haben: »Zwei Birnen fliegen vorbei. Sagt die eine: Birnen können ja gar nicht fliegen. Sagt die andere: Ich schon – ich bin die Birne Maja.« Daraus ziehe ich den humortheoretischen Trost, dass wir Humortheoretiker vielleicht doch ganz gut zu den Humoristen passen.

2

Seit vielen Jahren liegt mir die Kunst von Lukas Resetarits am Herzen. Als er mit dem Goldenen Ehrenzeichen für Verdienste um das Land Wien ausgezeichnet wurde, wurde ich damit ausgezeichnet, für ihn die Lobrede zu halten. Seitdem beschäftigt mich die Frage auch akademisch, was das eigentlich für eine Kunst ist, die man im Rathaus würdigt, und was hat die Stadt dem Künstler und was hat der Künstler dieser Stadt gegeben. Eine Lobrede, die kein Versuch der urbanen Selbstvergewisserung wäre, wäre wenig lobenswert, aber Selbstvergewisserung braucht Zeit und Platz, und erst dann, nachdem man beide genützt hat, zeigt sich, ob es sich auch lohnte.

Als der 1947 geborene Erich Lukas Resetarits 1951 aus dem burgenländischen Stinatz nach Wien-Favoriten übersiedelte, hat er –

zumindest in seiner Erinnerung – auf die erste Begegnung mit uns Wienern, die wir schon da waren, mit der fragenden Sentenz reagiert: »San die deppert oder bin i deppert?« Das ist eine Frage von großer Weisheit – potentiell auch eine selbstkritische Frage, denn sie hat ja einen offenen Horizont. Alle kommen als Depperte in Frage, und ja, es ist ein Kampf um den offenen Horizont, um das Fragwürdige ebenso wie um die Gewissheiten, und in dieser Stadt ist man eingesperrt genug. Man sieht sich hier schwer raus und die, die von Amts wegen oder aus eigener Vollkommenheit den Überblick haben, will man ohnedies vergessen. Die Stadt ist ja wie alle großen Städte und wie alle kleinen Städte an nicht wenigen Stellen der reine Wahnsinn, und mit Freuden höre ich, dass jetzt die Karlsplatz-Passage endlich in eine Kulturmeile, »in eine Kulturmeile«, umgewandelt wird. Das ist das gute alte Wien – dort, wo das Leben in seiner Unerträglichkeit pulst, kommt Kultur drauf, um nicht nur die Unerträglichkeit zu ersticken.

In einem seiner Programme bespricht Resetarits das Wort »Wirtschaft«, und er stellt fest: Wenn einer in Bayern sagt, er geht in die Wirtschaft, heißt das: Er geht ins Wirtshaus. Sagt einer hier, er geht in die Wirtschaft, so heißt das: Er war ein Politiker und geht jetzt in die Wirtschaft. Das ist hochaktuell, denkt man an einen Floridsdorfer, an Hannes Androsch, der in die Wirtschaft gegangen ist, und der – damals gerade siebzig Jahre alt geworden – zu seinem Geburtstag unter Beihilfe bereitstehender Medienmenschen sich das Geschenk machte, seine Deutung signifikanter Konflikte als die allein seligmachende und einzig wahre durchzusetzen: Der Prozess gegen ihn ein politischer Prozess, die Justiz hat sich »voll« einspannen lassen, die Minister Salcher, Vranitzky und Lacina haben als Chefs der Finanzbehörde »mitgemacht«, um den Wunsch ihres Herrn und Meisters, nämlich Kreiskys, zu erfüllen.

So viel fürs Erste zu Kultur und Politik. Ich hab's ja nur zitiert, weil ich mir damit klarmachen kann, was die Bühnenprogramme des Resetarits all die Jahre waren; sie waren Inseln der Gegenöffentlichkeit. Das Gegen ist heikel, weil die anerkannte und geehrte Gegnerschaft zugleich aufgehobene Gegnerschaft ist, von der man glauben mag, kein Aufhebens mehr davon machen zu müssen. Das Gegen des Lukas Resetarits pendelt aus meiner Sicht in eine Mitte, die etwas ganz anderes ist als ein Mittelmaß; das Gegen ist nicht so radikal, wenn man will, nicht so extrem, wie es sich angekündigt hat oder besser, wie es angekündigt wurde, und wie es auch zu Anfang war, und wie es vielleicht heute manchmal propagiert wird. Es ist jedoch bei weitem nicht so angepasst, wie der Konformismus der Nonkonformisten es sich herrichten möchte, damit der eingefleischte Nonkonformist im Chor mitfeixen kann, wenn zum Beispiel nur der Name gewisser Politiker fällt. Aber was ist es dann?

Es ist die alte stadtbürgerliche Tugend, durch Geist und Witz in die Abläufe, in das »Seinesgleichen geschieht«, kommentierend einzugreifen, und, wenn es sein muss oder wenn es geht, Geist und Witz auch als solche, also frei von Eingriffen und Abläufen zu präsentieren, damit sie auch autonom, als Selbstzweck passieren können. Im Wienerischen gibt es ein Wort für Geist und Witz, für spezifischen Geist und Witz – es heißt Schmäh (vgl. in diesem Buch Seite 29 ff.), und bevor man darauf stolz ist, dass man einen hat, sollte man wissen, was das überhaupt ist. Das Kämpferische ist in dem Wiener Wort »Schmäh« fast auf diskrete Weise enthalten, wegen der Schmähung, die man gelegentlich benötigt, um sich durchzusetzen (wenn möglich nicht ohne sogenannten Charme), und weil das Wort, falls der Schmäh gelingt, auch auf die Freude darüber anspielt, dass man sich durchgesetzt hat: Ein gelungener Schmäh lebt, wenn ich es noch einmal sagen darf, davon, dass wenigstens einer drauf reinfällt. Schmäh ist aber nicht, wie Ottfried Fischer aus Erfahrung einst vermutete, dass man zum Beispiel ein Gegner von Jörg Haider ist und die *Kronen-Zeitung* stellt einen so in die Auslage, als wäre man dessen Anhänger. Das wäre zu plump. Aus einem Interview mit Lukas Resetarits habe ich eine Passage transkribiert, die die eigentümlichen Verschränkungen, einschließlich der beruflichen, erklärt, aus denen der Schmäh am Ende hervorgeht. Es ist die Leitidee meiner Humortheorie, die ich im Folgenden von Neuem interpretieren möchte.

»Für mich«, so Resetarits, »ist Schmäh erst dann Schmäh, erst dann diese verbale Herangehensweise ans Leben, wenn man sich selber nicht herausnimmt aus dem Schmäh, das heißt: Die Grundvoraussetzung für den Schmäh, wie ich ihn mag und dessen ich mich befleißige, ist, dass man zuerst einmal auch selber Opfer ist, eigenes Versagen quasi über a Gschichtl darbringt, weil man damit die anderen auch öffnet und eine gewisse Gleichberechtigung gegenüber den Opfern, die man sonst aufs Korn nimmt, von vornherein herstellt; es ist nicht von vornherein unflätig, wenn ich mir selber zwei Watschen heruntergehaut hab, bevor ich die dritte jemanden anderen gebe.«

Dass Schmäh eine verbale Herangehensweise ist, bedeutet, dass der Schmähführer und erst recht der Künstler, der mit dem Schmäh arbeitet, einen Akzent auf das Sprachliche setzt; er muss mit Worten Umgang pflegen, mit ihnen umgehen, und zwar zugleich allgemeingültig-korrekt und eigensinnig-anarchisch. Worte sind sein Element, modern: sein Medium, er muss aus den Floskeln die Sprache hervorbringen können, und zwar zumeist gegen die Sprecher, also nicht in trauter Übereinstimmung mit ihnen, sondern in kritischer Distanz. Die Idiotie der sprachlichen Knoten auflösen, »die eh einfach gestrickt sind« – so benannte Resetarits einen wesentlichen Teil seiner Arbeit an der Politikersprache. Eine solche Position ist aber fragwürdig, weil sie leicht ins Besserwisserische verfällt, in ein Von-oben-herab, und das ist demokratiepolitisch problematisch – wie sollte auch einer, der Demokratie propagiert, mit einem elitären Verfahren auftreten, um ausgerechnet damit Eindruck zu machen? Aber alles Von-oben-herab ist auch schlechter Geschmack. Deshalb die Herstellung der Gleichberechtigung – man ist auf der Bühne sozusagen selber deppert, bevor man was Kluges vorspielt und andere darunter leiden lässt. Das ist in meinen Augen ein klassisches Verfahren, nämlich: das der Ironie, und lustiger-, listigerweise ist dieses Verfahren schon so alt, dass es, auf Sokrates gemünzt, bereits in der »Nikomachischen Ethik« des Aristoteles vorkommt: »Die Ironischen, die sich in der Rede kleiner machen, geben sich als Leute von feinerer Sitte. Denn sie scheinen sich nicht aus Gewinnsucht solcher Rede zu bedienen, sondern um alle Aufgeblasenheit zu vermeiden. Am liebsten verleugnen sie, was ihnen große Ehre macht, wie auch Sokrates zu tun pflegte.«

Die Wendung »von feinerer Sitte« ist keineswegs ironisch gemeint, sondern der antike Philosoph weiß, was er an den Ironikern hat, nämlich selbst nicht aufgeblasene Gegner der Aufgeblasenheit. Aber ein darstellender Künstler unterscheidet sich grundsätzlich vom Philosophen. Genau das, womit der Philosoph seine Schwierigkeiten hat, ist das Element des Bühnenkünstlers: Der Philosoph, der als Hüter der Wahrhaftigkeit auftritt, hat seine Schwierigkeiten mit der Verstellung, die ja auch dann passiert, wenn sich der Philosoph ironischerweise kleinmacht. Für den Künstler hingegen ist diese Seite der Ironie, mit der er auf der Bühne sein eigenes Versagen darbringt, nicht zuletzt ein Instrument, eine Technik, sein Publikum dazu zu bringen, sich zu öffnen, und empfänglich für seinen Witz werden zu lassen. Die brachiale Definition der Ironie, ihre Beschreibung durch das Körperliche, durch die zwei Watschen, die man sich selber runterhaut, bevor man die dritte einem anderen gibt – diese Definition durch Watschen versetzt der Ironie einen förderlichen plebejischen Einschlag, was der gesamten Prozedur nur guttun kann, weil sie doch sehr stark von Vorsicht getragen ist: Bevor man austeilt, kassiert man erst selbst zwei von den Watschen, also um eine mehr, als der andere bekommt.

»Dazu kommt für mich noch«, fährt Resetarits fort, »ich bin kroatisch aufgewachsen bis zu meinem vierten Lebensjahr – vom Südburgenland nach Wien, also: diese Zweisprachigkeit, auch diese Diskriminierung, die ich erfahren habe als Kroate in einem Wiener Arbeiterbezirk, dieses von zwei Seiten her, immer noch von zwei Sprachen her denken –, obwohl ich heute kein Programm mehr auf Kroatisch spielen könnte. Also kommt auch diese Denkweise dazu – wie die sich in uns fortgesetzt hat, weiß ich jetzt nicht –; nicht unbedingt genetisch, aber durch Tradition.«

Die zweite Sprache ist einerseits eine Sprache der Minderheit, und in dieser Hinsicht enthält die Erinnerung an das Kroatische ein dramatisches Moment: das Moment der Diskriminierung, der abweisenden Definitionen, durch die man als Nicht-Einheimischer, als Fremder fixiert, festgelegt werden soll. Die Diskriminierung, die ein Skandal ist, enthält aber auch eine klassische Chance. Dass man nämlich erobern muss, was den anderen in den Schoß fällt, räumt die Möglichkeit einer tiefer gehenden Aneignung ein. Die Fremdheit, die – in Wiener Arbeiterbezirken – durch den Schmerz über die Diskriminierung intensiv wird, ist ein guter Ausgangspunkt, ein Beobachtungsstandort, von dem aus die soziale Wirklichkeit sich bestens erschließt. Die Sprache der Minderheit, die mindere Sprache, durchdringt schließlich die Sprache der Mehrheit, dringt durch sie durch und lernt sie von innen aus kennen. Was für den Einsprachigen selbstverständlich ist, wird für den, der an zwei Sprachen hängt, durch die zweite Sprache (selbst wenn er in ihr kein Programm mehr spielen könnte) immer relativiert. Diese Relativierung begünstigt das Sprachspiel, das in Wien bekannte und erst recht ironische Wurzeln hat: »Dann der Wiener Schmäh, der eine sehr starke jüdische und dialektische Komponente hat: das Gegenteil von dem, was man gerade sagt, immer mitdenken oder etwas übers Gegenteil zu definieren, um dann auf irgendetwas zu kommen, was man meint – das sind so Suchversuche, die auch die Mitarbeit des Publikums hervorrufen. Grundsätzlich besteht der Schmäh darin, dass man die Geschichte nicht gerade, nicht 2 × 2 = 4 angeht, sondern a bissl das Ganze umgehend, von hinten aufzäumend, bildlich arbeitend, mit Beispielen, mit skurrilen oder überhöhten Beispielen und sich so an den Kern heranarbeitend. Die Kernaussage trifft man dann aber gar nicht, sondern die schwebt dann in der Luft oder sie wird getroffen von jedem Einzelnen, der sich das anhört oder der zuschaut. Der kann halt nicht zurückreden, wenn ich auf der Bühne stehe und rede, aber im Grunde hat es etwas Dialogisches auch, diese Denkweise.«

Es ist für mich wichtig, dass Resetarits vom Schmäh als einer Denkweise spricht, denn die Denkweise ermöglicht mir, mein Gedankenspiel, also die Interpretation, die Sie hier lesen, aufzunehmen. Aber Denkweise, auf Philosophisch auch »Methode«, bedeutet noch etwas anderes; sie kennzeichnet nämlich die besagten Inseln der Gegenöffentlichkeit – dass man dort besser keine Meinungen abholt, sondern dass man dort dabei zuhören kann, wie man Meinungen behandelt, wie man sie auflöst, relativiert, wie man ihre Zumutungen abwehrt, wie man gegen sie polemisiert, aber auch, wie manche Meinungen oder Auffassungen im Sinne einer *minima moralia* unabweisbar erscheinen. So ein Konzept funktioniert, wenn überhaupt, im Grunde nur dialogisch, und dass man als Publikum auf die Performance achten muss und sie nicht stören soll, erfordert eine Disziplin, die dem Dialog nicht unbedingt schadet. Ruhig sitzen und zuhören ist auch eine Entlastung, die man in seine Dialogfähigkeit investieren kann.

Das Dialogische knüpft beim Wiener Schmäh an traditionelle Formen an – wenn's hoch kommt, an eine jüdische Überlieferung, die man wahrscheinlich aus der Bibel verstehen muss, nämlich daraus, dass man im Judentum das Buch der Bücher studiert, welches sehr, sehr viele Geschichten enthält, sehr viele literarische Formen, Ausdrucksweisen und Variationen von Verwandlungen, und immer wieder enthält die Bibel diesen Konflikt des endlichen Menschen mit Gott, und der Mensch muss lernen, sich in alledem, sich mit alledem selbst zu behaupten; der Mensch ergreift nicht zuletzt zu diesem Zweck das Wort, und das Wort wird nicht einfach sein, nicht einfach so dahingesagt, sondern komplex, vieles auf vielen Ebenen berücksichtigend. Dagegen ist das Dialektische, also die Ironie, etwas durch sein Gegenteil zu sagen (oder das Gegenteil mitzudenken), ein relativ einfaches Verfahren. Wenn jedoch das Publikum nicht mitgeht, also die Ironie nicht versteht, sondern das Dargebotene schlicht für wahr nimmt, ist das Spiel aus. Das Risiko für Ironiker, undialektisch ernst genommen zu werden, besteht seit eh und je (wird es immer größer?): Leute, die keinen Schmäh haben, halten einem im Ernst vor, was man ironisch meinte.

Was auf der Bühne etwas darstellt, ist im realen Leben der Wiener oft eine Qual: keine Kernaussage, nichts Prägnantes, das, worum es geht, schwebt in der Luft, wer holt es herunter? Und es gibt nicht wenige Leute, denen gerade dieses einheimische Mentalitätspartikel verhasst ist. Jetzt, weil es überhaupt ja sein muss, kann ich den Kottan erwähnen, eine Figur, an der Resetarits nicht zuletzt überspielte und zum Lachen umfunktionierte, was an einem Wiener, in dem Fall an einem Wiener Beamten, unerträglich ist.

Ich habe die fixe Idee, im Kottan nicht zuletzt eine Figur von zweifelhafter, ungreifbarer und daher – ihrer Flüchtigkeit wegen – auch unangreifbarer Identität zu sehen, schon deshalb, weil er von mehreren Schauspielern dargestellt wurde, die in ihrem Spiel jeweils so taten, als wären sie eh er, nämlich der Kottan als ein und derselbe, obwohl man genau sieht, dass es jeweils ein anderer ist. Das ist das Identitätsproblem – auch Konrad Bayers goldenberg aus dem »sechsten sinn«, einem Wien-Roman par excellence (dessen kunstvolle Eigenart weit über die Stadtmauern hinaus wirkt), ist ja viele Personen auf einmal (oder eine Person auf viele verteilt), und in dieser Vielfalt ist goldenberg unter anderem auch gar keine Person, er ist nämlich eigenschaftslos, also der moderne Mensch schlechthin. Kottan, dessen Unheimlichkeit – wie so vieles, wenn nicht alles, im Fernsehen – vor aller Augen verborgen wird, erlebt dann im Lauf der Folgen immer stärker die eigene Auflösung – allmählich scheint die Kottan-Figur in Helmut Zenkers »Tohuwabohu« hinüberzuwachsen, nicht nur in die gleichnamige Sendung, sondern in den biblischen Wortsinn von Tohuwabohu, nämlich in die größtmögliche Unordnung, die der ordnenden Hand bedarf.

Wir sprechen hier über den letzten Kottan-Darsteller – Lukas Resetarits hat die Figur ins Tohuwabohu, aus dem sie an der Hand von Peter Vogel und Franz Buchrieser kam, beinahe wiederum zurückgeführt. Davor aber haben die Fernsehgewaltigen ihr den Garaus gemacht – es ist das Einzige, für das sie berühmt bleiben werden. Für Resetarits selbst ist jedoch die Vielfalt der Figuren, die er auf die Bühne gestellt hat, das Maßgebliche. In dem Radio-Feature »›Es ist, bitte, folgendes‹ – Von der Philosophie des Schmähführens«, das Silvia Lahner zum sechzigsten Geburtstag des Künstlers geschrieben und produziert hat, erinnert dieser an eine andere der von ihm fortgesetzten Traditionen, an die »Roten Spieler«, an ein sozialistisches Kabarett der Zwischenkriegszeit, dem wir die Figuren Magerl und Bladerl verdanken. Magerl ist der asketische Sozialist, ein Mann mit beschränkten Mitteln, der naiv bei der Sache bleibt, und Bladerl ist derjenige, der es mit dem Sozialismus zu etwas gebracht hat und der sich ebenso naiv weit weg von der Sache hat treiben lassen. In der zitierten Radiosendung definiert der Künstler die Ambivalenz politischer Interventionen auf der Bühne: Einerseits ist man empört, ganz ehrlich empört, und muss etwas zur Politik sagen, gerade dort, wo sie einen sprachlos macht, anderseits macht's einem Spaß, und so sagte Resetarits: »Ich bin einer, der gerne empört ist.«

Ja, man muss lieben, was man macht, sonst kommt man über den Magerl nicht hinaus. Mich erfreut zum Beispiel die Fremdenführerfigur aus einem der früheren Programme von Resetarits: Dieser Fremdenführer kann kein Englisch, nicht einmal Denglisch – er erfindet eine Privatsprache, die in seinen Ohren wie Englisch klingt. Diesen Klang versetzt er mit deutschen Wörtern, von denen er sicher ist, dass sie auf der ganzen Welt jeder versteht, weil sie ja so geläufig sind ... Der Typ hat nicht einmal Sehenswürdigkeiten zu bieten, ich glaube, er führt seine Partie durch die verdächtigen Müllverarbeitungsanlagen der Gemeinde Wien. Aber er verliert die Contenance nicht; er behauptet seinen Unsinn und sich selbst, und ist dabei gar nicht dumm, sondern schlau genug und auch ziemlich aggressiv, um nicht allzu arm dran zu sein. Es ist der Nestroysche Fundus, der in manchen von uns Wienern noch zu finden ist, durch den wir solche Figuren und manchmal sogar uns selbst so richtig lieben können.

Jedenfalls suchen wir Wiener – wie der Fremdenführer – nach Worten, Deutsch ist ja unsere erste Fremdsprache, und wenn wir

Worte finden, die es machen, dass wir nicht so unerträglich erscheinen, wie wir tatsächlich sind, dann haben wir schon etwas erreicht. Dass uns Lukas Resetarits dabei geholfen hat, Worte zu finden, die zu unserem Selbstverständnis beitragen könnten, ist eine phantastische Leistung seines Kabaretts. Er und ich – wir sind Kinder der Arbeiterklasse, aus einer Zeit, als sie noch nicht verkleinbürgerlicht war. Meine Zugehörigkeit beruhte nur auf der soziologischen Überlegung, geborgen fühlte ich mich nie, aber ich ergreife mit meinem kleinbürgerlichen Zwang zum Dissens stets Partei für meine Herkunftsklasse, für meine klasse Herkunft.

Resetarits und ich – wir sind auch Kinder der siebziger Jahre, in denen viele Motive am Horizont auftauchten, derer man sich ohne Nostalgie erinnern sollte, auch weil der Rechtsruck in Gestalt einer Regierungspartei, die von einer Mitte-Rechts-Politik schwärmt, Gegner nötig hat. Sonst gewinnt sie kampflos. Das unterschwellige Ideal ist natürlich durchaus demokratisch, es ist nämlich der von einer Mehrheit gewählte Diktator. »70er – leben lassen« heißt ein Programm von Resetarits, das die erstaunliche Qualität einer sanften, aber unnachgiebigen Satire hat. Dabei bedeutete die Ziffer 70 gleichzeitig einen Zeitraum und den Siebziger, nämlich unsereinen, den man zu seinem Geburtstag leben, vielleicht sogar hochleben lässt. Das haben wir nun auch hinter uns, wir beide sind 1947 geboren, und dass wir nicht zuletzt von einer Jugendkultur herkommen, mentalitätsmäßig, macht die Altersschübe nicht leichter. Gerade haben wir (auch geistig) Klimmzüge gemacht, und schon sind wir beim Seniorenturnen abgeschrieben. Resetarits hat im besagten Programm die unendliche Komik des Alters, bevor sie in die Tragödie kippt, ansatzweise ausgespielt.

Eines noch haben wir auf unterschiedliche Weise gemeinsam. Wir sind beide zu einer beglückenden Kreativität verdammt. Wir müssen beide von Einfällen leben, und solange wir welche haben, dürfen wir es auch. Und hier tut sich ein Abgrund auf: Ich bin ganz und gar ein Kind der Stadt – ohne den geringsten burgenländischen Migrationshintergrund, aus dem sich laut Resetarits die Urgeschichte seiner Kreativität erzählen lässt. Es ist die typische Geschichte über einen Motivationshorizont, innerhalb dessen man zum produktiven Bühnenmenschen wird. Resetarits war fünf Jahre alt und erlitt ein Verlassenheitstrauma. Er fuhr in Begleitung der Nachbarstochter nach Stinatz, ins heimatliche Burgenland. Das war eine Weltreise, zuerst mit dem Zug nach Friedberg und Oberwart und schließlich mit dem Bus nach Ollersdorf. In Ollersdorf, erzählt Resetarits auf der Bühne, war es dunkel, stockfinster wie »im Teufel sein Oasch«.

Alle stiegen aus. Der Bus fuhr davon, eine »stinkende Rauchwolke« hinterlassend. Es gab keine Straßenbeleuchtung, und in der Finsternis verflüchtigten sich die Schritte der Mitfahrer. Auch seine Begleiterin war verschwunden, ich glaube, sie ging erotische Wege, für die die Finsternis ja ideal sein kann. Aber das Kind stand jetzt allein da. Plötzlich hörte es die Stimme eines Mannes, der auf Kroatisch fragte: »Kleiner, wem g'hearst denn du?« Der Mann war unsichtbar und er hatte, wie sich gleich zeigte, ein unsichtbares Fahrrad bei sich. Der Unsichtbare setzte das Kind auf den unsichtbaren Lenker und radelte die dreieinhalb Kilometer nach Stinatz. »Und ich war so dankbar«, erzählt Resetarits, »dass er mich gerettet hat, dass ich ihm meine ganze Lebensgeschichte erzählt hab. Die war nach hundert Meter aus, ich war ja nur fünf Jahre alt. Dann erzählte ich die Lebensgeschichte meiner Eltern und die der Tanten, alle Geheimnisse, auch die PIN-Codes für die Bankomatkarten. Irgendwie is ma des bliem, i hob um mei Leben gredt in meine Programme. I red und erzähl um mei Leben. Und no wos is ma bliem von damals: Es muss dunkel sein. Sunst kann i net.«

ÜBER PHILOSOPHIE UND SCHAUSPIELKUNST

Die Philosophie ist einerseits eine altehrwürdige Disziplin, derer sich andererseits, wie undiszipliniert auch immer, kaum ein Mensch enthalten kann. Das heißt: Alle philosophieren gelegentlich, und das hängt wahrscheinlich mit dem zusammen, was man Endlichkeit oder Kontingenz nennen könnte. Kontingenz: Das ist diese Zufälligkeit, der man sich auch dann ausgesetzt fühlt, wenn man an den Zufall gar nicht glauben will, sondern an Gott oder ans Schicksal. Diesen Glauben hegt man, ob zu Recht oder zu Unrecht, ob erfolgreich oder erfolglos, um mit der Endlichkeit oder mit dem Zufall zurechtzukommen. Man will sie ausschalten oder relativieren und an ihre Stelle Gott oder das Schicksal setzen, also eine Ordnung.

Auch daraus könnte man wagemutig folgern, dass alle Menschen auch schauspielen, sofern sie halbwegs gesund sind und bei Laune, ja sogar launenhaft. Ein kranker Mensch, falls er von seinem Schmerz beherrscht wird, hat weniger zum Spielen, er ist in seiner traurigen Lage authentisch, ganz echt, und diese Authentizität wollen wir doch nicht den anderen, den halbwegs Gesunden, auch noch auf den Hals wünschen. Was die Krankheit neben den Symptomen und dem Schmerz mit sich bringt, ist die Partikularisierung, die Vereinzelung – während die anderen in den vielfältigen sozialen Rollen erscheinen, die sie nicht etwa selber nur spielen, von denen sie auch gespielt werden: Das ist der Lebens ernst.

Der nicht vereinzelte Mensch bezieht sich auf die anderen, und aus dem Zurechtkommen folgt die Schauspielerei, und zwar in einem geradlinigen Sinn: Es genügt einem kaum, bloß zurechtzukommen, denn um zurechtzukommen, muss man sich selbst auch den anderen darstellen. Man muss sich selbst als jemanden darstellen, der zurechtkommt (oder eben nicht zurechtkommt). Der Soziologe Erving Goffman hat den riesigen Darstellungsbetrieb, in den diese Gesellschaft jeden Menschen unweigerlich hineinzieht, analysiert und systematisiert – auf Deutsch heißt eines seiner Bücher »Wir alle spielen Theater«, auf Englisch »The Presentation of Self in Everyday Life« – Selbstdarstellungen im Alltag.

Ich will im buchstäblichen Sinn (und jenseits von Goffman) aus der Schule plaudern: Wenn ich – auf der Universität für Angewandte Kunst – Vorlesungen halte, dann geht nicht selten, während ich meine Rede bereits schwinge, die Tür auf. Zuspätgekommene treten ein, die einen geduckt und still, andere gleichmütig – es ist ihnen wurscht, die Dritten grinsen verlegen, also stupide. Man kann genau beobachten, dass sie jeweils ihre eigene Rollenauffassung mitteilen wollen, und das gilt auch für die, die in so einer Situation am liebsten verschwinden würden.

Solche Aufführungen finden im Alltag statt, und der Alltag ist wohl eine entscheidende Kategorie in einem durchkomponierten sozialen Leben. Entscheidend deshalb, weil alle Festlichkeiten, die den Alltag konterkarieren, die vom Alltag entlasten, mehr oder weniger schnell in den Alltag zurückführen. Sie münden in ihrem Ausgangspunkt. Man sagt ja, der Alltag holt uns immer ein (und wenn er es nicht tut, wird's zumeist gefährlich), und weil das eine Wahrheit, zumindest eine überprüfbare These ist, habe ich zwar Verständnis für den Vorwurf, aber ich finde ihn auch ungerecht, den Vorwurf nämlich, dass die Leute nach der Premiere gleich ans Nachtmahl denken.

Im durchkomponierten sozialen Leben hat man eine elaborierte Kultur, die im Wesentlichen nicht vorhält – ihre grandiosen Leistungen verschwinden mit der Zeit. Sie bleiben im Gedächtnis, in der Tradition, von wo sie abrufbar sind, aber ihre Aktualisierung am Theaterabend befreit niemanden vom Alltag, der dann wieder übernimmt. Kein Wunder, dass in so einer Szenerie der Gedanke vom Gesamtkunstwerk auftaucht – eine Utopie, die will, dass man keinen Menschen mehr in den Alltag, in die Banalität entlässt. Sein gesamtes Wesen und Sein, nicht nur das festliche, wird bespielt, im wahrsten Sinne des Wortes beeindruckt, damit so ein bespielter Mensch glauben kann, die Kunst sei das wahre Leben.

Zwischen dem großartigen Richard Wagner und dem, was man im Alltag darstellt – denn man soll ja was darstellen! –, liegt der Prozess der Spezialisierung, der professionellen Ausbildung, der Beherrschung zum Beispiel des Schauspielens als einer Kunst und als Handwerk. Auf diesem Gebiet gilt der seltsame Zwiespalt, mit dem man seit alters her die Kunst philosophisch in ihre Ungewissheiten, aber auch in ihre Freiheiten entlässt: Kunst ist weder eine Technik, also weder ein allgemeines Regelwerk (wie die Theorie des Architekten, der weiß, wie's geht, ohne selbst hämmern oder mauern zu müssen), noch ist sie ein Handwerk, das sich am einzelnen Werk beweist – sie ist was dazwischen.

Aber ich will noch eine Lanze brechen für das außerkünstlerische Schauspielen, das, wenn es nicht auf einer Bühne oder vor einer Kamera erfolgt, nützlich sein kann. Wofür ich da die Lanze breche, hat – anders als die zitierten Alltagsbeispiele – mit der Schauspielkunst etwas gemeinsam: Beides produziert Schein, der für wahr genommen werden muss, um seinen Zweck zu erfüllen. Während der ästhetische Zweck aber komplex, vielseitig ist, ist der Zweck des Schauspielens im jetzt von mir zitierten Fall ganz eindeutig; es ist ein pädagogischer Zweck.

Erstaunt las ich vor ein paar Jahren zum ersten Mal, dass es – vor allem im angelsächsischen Raum (aber heutzutage auch hierzulande) – so etwas gibt: Schauspieler, die nicht auf der Bühne oder vor der Kamera stehen. Dennoch arbeiten sie in ihrem Beruf analog zur Schauspielkunst. Sie sind in der Medizinerausbildung tätig. Sie werden zu Ausbildungszwecken über die Krankheiten informiert, »gebrieft«, die sie dann vor studentischem Publikum »haben«, also darstellen sollen. Diese Darsteller sind Anschauungsmaterial für Medizinstudenten, die an ihnen lernen, wie man fragt, um eine Krankheit herauszubekommen.

Das Thema, also diese seltsame Erweiterung der Anthropologie des Schauspielers, hat es bis in die Literatur gebracht. Eine Geschichte von Alan Bennett heißt »Mrs. Donaldson erblüht«. Nun, das Erblühen von Mrs. Donaldson, einer Dame mittleren Alters nach dem Tode ihres Gatten, hat einen Grund in einer Fertigkeit, die sie fast konkurrenzlos beherrscht: Als Schauspielkünstlerin täuscht sie virtuos Medizinstudenten Krankheiten vor.

Übrigens auch in diesem ärztlichen Milieu, in dem eine Urteilskraft herausgebildet werden soll, bei der es anders als bei der ästhetischen um Leben und Tod gehen kann – auch in diesem Milieu findet eine Spezialisierung statt: Ein Darsteller spezialisiert sich auf Nierenkrankheiten, ein anderer ist nicht so gut mit dem Herzen, und über solche Differenzen hinaus hält sie die Eitelkeit zusammen, die sie voneinander trennt. Die Darsteller konkurrieren und kooperieren miteinander, und auf ihrem überschaubaren Markt gibt es gesuchte und weniger gesuchte Scheinpatienten.

So wenig diese Vorgänge es mit einer beifallsgesättigten Kunst zu tun haben, so sehr bringen sie bereits zum Ausdruck, was nach meiner Ansicht Philosophie und Schauspielkunst miteinander gemeinsam haben: dass Menschen manches erst begreifen, wenn man es ihnen vorspielt. Manches begreift man auch erst selbst, wenn man es sich vorspielt. Das liegt, behaupte ich, an einer Gegebenheit unseres Verstehens, die der Philosoph Kant in die Formel gefasst hat, »daß weder Begriffe, ohne ihnen auf einige Art korrespondierende Anschauung, noch Anschauung ohne Begriffe ein Erkenntnis abgeben können«. Und dann eben bei Kant das lakonische Urteil: »Gedanken ohne Inhalt sind leer, Anschauungen ohne Begriffe sind blind.«

Die Vereinigung von Gedanken und Anschauungen ist keine Utopie. Es ist die Art, wie wir die Welt auffassen. In einer Kunst, behaupte ich, die nicht so einfach gegeben ist, sondern die hervorgebracht werden muss, muss man die Übereinstimmung von Anschauung und Begriff erst hervorbringen, also inszenieren. Von einem Schauspiel sollte man begreifen, was man sieht, und sehen, was man begreift. Während uns die Welt auf diese Art, in der Vereinigung von Anschauung und Begriff, gegeben sein mag, muss man eine Welt erst so auf die Bühne stellen, dass sie einen Eindruck von dieser Einheit erweckt (also den Eindruck erweckt, dass auf der Bühne eine Welt ist). Ich habe einen Schauspieler sagen hören, wie er, ich glaube im Berlin der Nachkriegszeit, als dort die Welt kaputt war, nachts nicht ohne Schaudern die leere Bühne besichtigte. Er antizipierte, dass dort jeden Abend, wenn der Vorhang aufging, eine Welt entstand (eine Welt, die jetzt im nächtlichen Moment überhaupt noch nicht da war). Es ist dies das demiurgische, auch das »schöpferisch« genannte Prinzip einer Kunst, die vielleicht, wenn sie gelingen soll, sich auch ihre Unheimlichkeit bewahren müsste.

Die Philosophie hat es mit Kritik zu tun, wenn man unter Kritik ein Unterscheidungsvermögen versteht, und was bisher in diesem Text geschah, hat mit Unterschieden zu tun, die unkritisch vorausgesetzt, aber wenigstens nicht geleugnet wurden. Es ist ein Unterschied, ob ein Mensch gelegentlich philosophiert oder ob er vom

Philosophieren so geprägt wird, dass man sagen muss, sie oder er – das sind ja Philosophen. Dass Menschen »schauspielern« – zum Beispiel aus dem schnöden Grund, dass sie einander was vormachen, macht sie nicht zu Schauspielern –, aber dass sowohl das Philosophieren als auch die Selbstdarstellung im Alltag verankerte Strategien sind, ist ein Teil der Plausibilität, der Überzeugungskraft, die diese Strategien haben, wenn sie als von Spezialisten ausgeführte Kunstformen erscheinen.

Und was nun für die Kunstform den entscheidenden Unterschied macht, ist eine Differenz, die man traditionell mit dem Schema Sein und Schein auf dem Begriff bringt. In Rüdiger Safranskis Buch über Goethe kann man nachlesen, wie Goethe und Schiller für ihre Theaterreform die »Naturwahrheit« durch »Kunstwahrheit« ablösen wollten. Naturwahrheit, na ja, man kann relativ leicht – durch Nachahmung – den Eindruck erwecken, das ist natürlich, was man sieht: Ein Trinker hat rote Backen, wirres Haar und kein Benehmen. Aber Kunst wird eigentlich erst daraus, wenn die identifizierbare Pseudoauthentizität gesteigert wird, und sei es, wie es lange nach Goethe und Schiller hieß, durch Verfremdung, sodass alle in den Einsatz gelangten Zeichen sich gemäß der Bühnenwirklichkeit und wie komponiert aufeinander beziehen.

Schauspieler, so meine, also die Vorstellung eines Laien, der sogar schon Laienschauspieler war, leben in einer verkehrten Welt; wie übrigens klassische Denker auch, die ja die Welt nicht unmittelbar hinnehmen, sondern die die Welt im Kopf nachkonstruieren, um sie danach zu beschreiben. Die Resultate der Philosophen (Hegel zum Beispiel über Elektrizität ist lustig) bringen nicht selten Spott ein, aber zwischen Weltfremdheit und Welterkenntnis gibt es einen, wie immer auch irrtumsanfälligen, Zusammenhang. Die verkehrte Welt des Schauspielers kommt von den Ansprüchen einer Kunstwahrheit: Auf einer Bühne, in einem Stück, wird man nicht natürlich trinken, nicht so wie meinereins einsam auf der Parkbank aus der Wodkaflasche säuft, sondern es ist umgekehrt: Der Eindruck von Natürlichkeit entsteht im Kunstwerk erst durch Abstimmung aller Einzelhandlungen mit der Handlung, nicht durch simple Nachmache, sondern erst dadurch, wenn alles, und auch die Brüche, mit der hervorgebrachten künstlichen Wirklichkeit zusammenspielt.

Ich erwähne dies (im Wissen, dass es ganz andere Ästhetiken gibt) nur deshalb, um zu behaupten, dass erstens im Schema von Sein und Schein es nicht der Schein ist, der den Kürzeren zieht, aber dass zweitens die Scheinhaftigkeit ein Problem der Theatralität bleibt. Ist das nicht eine Obszönität der Zeichen, dass ein Mensch überzeugend den Schuster spielt, ohne dass er nur einen Schuh machen kann?

In der Kunsterziehung geht es um die Fähigkeit, den Schein ernst zu nehmen und ihn nicht gleich der Illusion zuzurechnen. Das ist aber nur möglich, weil Sein und Schein – nein, nicht gegeneinander, sondern so miteinander ausgespielt werden können, dass dabei eben eine Erkenntnis herausschaut und keine Täuschung. Bei den zitierten Krankheitsdarstellern besteht der Witz nicht zuletzt darin, dass sie das Gleiche tun wie eine einst bei der Obrigkeit verhasste Menschengruppe – sie tun das Gleiche wie die, die man einst Simulanten genannt hat, aber sie tun das Gleiche in einem ganz anderen Sinn; sie täuschen, um eine Erkenntnis hervorzurufen.

Von den Unterschieden, die hier eine Rolle spielen, ist dieser besonders berühmt: der Unterschied von Sich-Verstellen und Sich-Verwandeln. Das Wort Verwandlung ist in unserer Kultur ein mythisches Wort, schlicht weil ein römischer Dichter, Ovid, unter dem Titel »Metamorphoseon Libri« Mythen gesammelt und renoviert hat, die von Verwandlungen erzählen: »Von Gestalten zu künden, die in neue Körper verwandelt wurden, treibt mich der Geist«, und derselbe Geist hat Ovid auch veranlasst, das Repertoire der Verwandlungsmythen an die Entstehungsgeschichte der Welt und des Menschen zu koppeln. Am Anfang war so eine Art vorerst leerer Bühne, genannt Chaos, also »eine rohe ungeordnete Masse ...«, und »im Widerstreit befindliche Samen von Dingen, ohne rechten Zusammenhang«.

Das Wort Verwandlung hat ebenfalls einen Sinn, den jeder erfahren kann. Ein Anderer werden als der, der man ist, das spielt sich regelmäßig ab. Erziehung, Bildung, Erfahrung und biologisch das Altern lassen keinen bleiben, was er einmal war. Das Werden relativiert nicht nur den Schein, sondern auch jedes Sein, verwandelt es, auch wenn man am Schluss wiederum nur ist, was man wurde. Es kommt also im Leben darauf an, wie man wird, was man ist – eine Vorstellung, die von einer hohen Wertschätzung, ja von der Hybris des Selbstseins herkommt. Die Formel »wie man wird, was man ist«, sie stammt von Nietzsche, fasst Sein und Werden in einem Atemzug zusammen, hebt deren Diskrepanz auf und enthält zugleich einen elitären Spott auf die Entfremdung: also auf alle die, die in der modernen Welt genau nicht wurden, was sie sind. Ist nicht Becketts »Das letzte Band«, in dem sich einer vorspielt, wer er ist, beziehungsweise wer er war, auch der Versuch, die Verwandlung eines Menschen von einst in den heutigen Nach-Hörer darzustellen, und zwar so, dass man glauben muss, es ist hier und jetzt zwar alles anders, aber das Werden hat es nicht gebracht, es ist, wie es ist, und so war es immer schon oder »ich« – ich war schon immer so ... Aus dieser Sicht ist Verwandlung bloß fromme Hoffnung. Das mag im Leben so sein, in der Kunst aber ist das Verwandeln täglich Brot: auch für den Schauspieler, der »Das letzte Band« spielt. Das Leben hat man nicht im Griff, und auch wenn die Kunst dem Künstler über den Kopf wachsen kann, muss er, sagt man, seine Kunst beherrschen. Vom Künstler wird erwartet (und er selbst besteht darauf und nährt diese Erwartung), dass er schöpferisch ist, also originär in seinen Hervorbringungen. Deshalb heißt der Künstler in der Literatur »Autor«, Urheber. Die besagte Übersetzung von Naturwahrheit in Kunstwahrheit kann man als Verwandlung, als einen Prozess des Verwandelns bezeichnen. Als Friederike Mayröcker gefragt wurde, ob sie denn mit Erinnerungen arbeite, antwortete sie mit Hinweis auf einen Prozess – also auf einen Vorgang, durch den etwas wird, etwas hervorgebracht wird: »Der Prozess«, so Mayröcker, »ist zum Beispiel so, dass ich eine Erinnerung habe. Das kann eine ganz kleine Sache sein, die irgendwo ganz fest in mir sitzt und an die ich mich erinnere. Diese kleine Sache muss verwandelt werden. Ich kann die Erinnerung nicht nackt hergeben, das will ich nicht. Sie muss verwandelt werden in das Tollste und Härteste und Intensivste der Sprache, und darum geht es, glaube ich, um diese Verwandlung.«

Das Zitat zeigt eine Übereinstimmung, die geistig arbeitende Menschen haben können, selbst wenn sie über ganz andere Domänen verfügen. In seiner Rede »Der Beruf des Dichters« hat Elias Canetti gesagt, der Dichter sei »Hüter der Verwandlungen«, und dabei hat er sich auf Ovid berufen, aber auch darauf, was er in »Masse und Macht« ausgeführt hat, nämlich dass vormoderne Menschen Verwandlungsfähigkeiten hatten, die das moderne, auf Produktion und auf Vernichtung der eigenen Ressourcen eingestellte Leben nicht mehr zulässt. Die archaische Logik ist aber, folgt man Canetti, nicht ganz verloren gegangen – diese Logik, mit der man die Angst vor dem Tiger bannt, vor dem Raubtier, indem man sich ins Tigerfell einkleidet und in diesem Kostüm einen Tanz aufführt.

Man erkennt daran, wie der Schein, ein anderer zu sein, zwar eine Illusion bleibt, aber unter Umständen doch ein Überlebensmittel ist – ein Mittel, ein Medium, ohne das man in seiner Not nicht sein könnte. Dass die Menschen sich in der Moderne von kultischen Nötigungen befreit haben, ist nicht nur ein Nachteil. Die Zwangsvorstellungen werden nicht gespielt, ich meine die Vorstellungen Karl Valentins, der die Einführung des Theaterzwangs propagierte: »Schon bei den Kindern könnte man beginnen mit dem Theaterzwang ... Wieviel Schauspielern wäre hier Arbeitsgelegenheit geboten! Der Theaterzwang, bezirksweise eingeführt, würde das ganze Wirtschaftsleben neu beleben.«

Ich glaube, dass Canetti, auch wenn er nicht explizit davon spricht, in seinem Verwandlungspathos wenigstens unterschwellig noch einen anderen Paten hat, nämlich Robert Musils Roman »Der Mann ohne Eigenschaften«. Es ist bezeichnend, dass die Eigenschaftslosigkeit gewöhnlich als Synonym für Charakterlosigkeit dient. Canetti, der Musil persönlich kannte, hat in seiner Lebensgeschichte wohl auch kennengelernt, dass die mörderischen politischen Kräfte seiner Zeit den sogenannten autoritären Charakter hervorgebracht haben und zu ihrer Voraussetzung hatten: Ich meine den in seine Eigenschaften und in seinen Körperpanzer eingesperrten Menschen, den ganz und gar verwandlungsunfähigen.

Es scheint so zu sein, dass Robert Musil in seinem Schreiben auch diesen Konflikt austrug: Auf der einen Seite des Konflikts stand die Einsicht in die Idiotie durch Eigenschaften, auf der anderen Seite stand aber das Wissen von der Formbarkeit der Menschen, also davon, dass man aus Menschen alles machen kann – man müsste die Eigenschaften, die alle haben, loswerden, also eigenschaftslos sein, um der Formbarkeit als einer Deformation ebenso zu entgehen wie der Beschränkung seiner Möglichkeiten durch eingefleischte Eigenschaften. Anders – so hieß Ulrich, der Mann ohne Eigenschaften, in Musils frühen Entwürfen. Er hieß Anders, es geht also um Anders-Sein, und das in einer anderen Weise, als sich die Gesellschaft ihre Uniformität garantiert, indem nämlich alle sich darin gleichen, dass sie anders als die anderen sein wollen.

In unserer Gesellschaft gehören die Schauspieler zu denen, die darauf spezialisiert sind, anders zu sein. Eine große österreichische Schauspielerin hat es gesagt: »Mit zwölf Jahren dachte ich mir, dass ich in meinem Leben viele Personen sein möchte: Prinzessin, Königin, reiche Dame, armes Mädchen. Es gibt nur einen Beruf, in dem man all das sein kann. Deshalb bin ich Schauspielerin geworden.« Diese Gesellschaft bildet für alles Spezialisten aus, auch für die Verwandlung. Aber auch im Spezialisten, wenn er sich nicht darauf beschränkt, lebt das noch nicht beruflich Gedrillte und noch nicht Markttaugliche weiter fort. Es bleibt der kindliche Wunsch, mit dem man viele Personen sein möchte, aber nicht unbedingt beliebige, sondern Prinzessin, Königin, reiche Dame, armes Mädchen – also märchenhafte Archetypen.

Die Lehre ist nun nicht, dass die Menschen sich einbilden sollten, sie wären andere, vielleicht sogar ganz andere. Die Lehre ist eher, dass sie die vielen Personen auch tatsächlich sind und dass sie diese Personen auch finden werden, wenn sie sich selbst erkennen wollen. Es sind zwei Herausforderungen: Einerseits die vielen, die man ist, sein zu lassen, und anderseits sie so zu hüten, zum Beispiel durch ästhetische Erfahrung, dass man nicht in sie auseinanderfällt. Die alte Philosophenfrage »Was ist der Mensch?« stellt nicht zuletzt die Institution Theater. Über den Figurenreichtum, den das Theater hütet, kann man begreifen, wie die Antwort auf die Frage ausfallen müsste, nämlich vielfältig, unerschöpflich, aber bestimmt auch so: »Ungeheuer ist viel. Doch nichts / ist ungeheurer als der Mensch.« Ja, Menschen sind zu allem formbar, und es ist schon seltsam, dass ausgerechnet Schauspielkünstler zu Agenten einer nicht-narzisstischen Selbsterkenntnis werden können.

ALLES THEATER!

Armin Mueller-Stahl, der Thomas-Mann-Darsteller unserer Tage, sprach in einem Interview einen interessanten Gedanken aus. Ja, es war das Interview, in dem er diskret, das heißt während der Werbepause, Sandra Maischberger die Frage stellte, warum sie denn nicht selbst in die Schauspielkunst einstiege. Sie kam im Lauf der Sendung verschämt darauf zurück, und seitdem zermartere ich mir den Kopf, wen sie spielen, also nachahmen könnte. Am Schluss fiel mir ein: Natürlich Birgit Schrowange in einem gleichnamigen SAT.-1-Film über den dramatischen Aufstieg und Fall von RTL; ich schreibe schon am Drehbuch.

Viel wichtiger ist der interessante Gedanke Mueller-Stahls: Er bemerkte im Fernsehstudio, dass das Licht von oben kam, und er bemerkte deshalb zu Sandra Maischberger, Marlene Dietrich hätte das gern gehabt, er jedoch nicht. Wenn schon künstliches Licht, so Mueller-Stahl, dann sollte man damit etwas machen: Gesichter und Räume gestalten. Aber einfach von oben runterstrahlen, das sorge nur für allgemeine Beleuchtung; dergleichen fällt, um es in meinen Worten zu sagen, weit hinter das Niveau der schon erreichten Künstlichkeit zurück.

In einem Büchlein des Insel-Verlages steht eine Philosophie der Beleuchtung, die ganz und gar meiner Ansicht entspricht: »Ich find, jede Beleuchtung ist unangenehm. Wenn man jemanden haßt, ist man froh, wenn man ihn nicht sieht; wozu die Beleuchtung? Wenn man jemanden liebt, ist man froh, wenn einen die anderen Leut nicht sehen; wozu die Beleuchtung? Die übrige gleichgültige Welt nimmt sich im Halbdunkel noch am erträglichsten aus; wozu also die Beleuchtung?«

Ich habe das aus einer von Egon Friedell 1922 herausgegebenen Zitatensammlung, die damals »Das ist klassisch« hieß und die in unseren modernen Zeiten unter dem Titel »Johann Nestroy. Lektüre für Minuten. Gedanken aus seinen Büchern« erschienen ist. Friedells Vorrede ist heute noch beliebt, und die Theater drucken sie gerne in den Programmheften ab. Deutlicher als Karl Kraus, der in seinem Aufsatz von 1912 Nestroys künstlerische Qualitäten außer Streit gestellt hat, hat Friedell den Philosophen Nestroy hervorgehoben: »einen sokratischen Dialektiker und kantisch analysierenden Geist«. Friedell krönte seine diesbezüglichen Schlussfolgerungen mit den Worten: »Dies alles zwingt uns, in Nestroy den größten, ja den einzigen Philosophen zu erblicken, den der deutsch-österreichische Stamm hervorgebracht hat.« Eine treffende Wendung, wenn man bedenkt, dass ein anderer von diesem Stamm hervorgebrachter einziger Philosoph, Ludwig Wittgenstein, seine »Philosophischen Untersuchungen« mit einem Motto von Nestroy beginnt: »Überhaupt hat der Fortschritt das an sich, daß er viel größer ausschaut, als er wirklich ist.«

Nestroy war ein Stückeschreiber, und so gehört er nicht zuletzt den Schauspielern. Einer von ihnen, Karlheinz Hackl, der im Wiener Burgtheater den »Zerrissenen« spielte, führte einen vor Augen, was diese Nestroy-Figuren sind: eine Art Körpersprache des Geistes, einerseits gehemmt, andererseits – diese Hemmungen überkompensierend – ins Absurde hinein beweglich; depressiv gelähmt und hyperaktiv zugleich. Diese Figuren, sagte Hackl, sind schwer zu spielen, weil aus jedem dieser Nestroyschen Schuster und Schlosser ein Intellektueller herausspricht. Dieser Intellektuelle war in seiner Reinkultur zu sehen, und zwar in der unübertrefflich wunderbaren Nestroy-Collage von Libgart Schwarz: eineinhalb Stunden ohne Pause unter dem Titel »Gottlieb Schlicht«. Das Wiener Publikum, das nicht zahlreich im Akademietheater erschienen war, schwieg hilflos, als von der Bühne Nestroys Prämisse herunterkam, man würde sich durch keinerlei Aufklärung den Aberglauben rauben lassen. Es klatschte aber begeistert, als es dagegen hieß, es sei eh alles uralt, wenn auch in neuer Gestalt.

Der Intellektuelle, der aus den Figuren herausspricht, rechtfertigt Textsammlungen wie die »Lektüre für Minuten«. Nestroy selbst hatte Aphorismen und Gedankensprünge oft schon notiert, bevor er sie den Figuren in den Mund legte. Die vertrackte Dialektik menschlicher Beziehungen ermöglicht allgemein gültige, rollenunabhängige Sätze: »Gibt's eine kommodere Gelegenheit, eine Verhaßte unglücklich zu machen, als wenn man's heira't?« Das bringt Licht in den Hass, mit dessen Hilfe man sich hineinreitet, während man zu triumphieren glaubt. Es legt auch den Sadismus offen, der ein Teil der Komik ist, der aber nicht zuletzt im Leben des österreichischen Stammes bis heute noch eine Hauptrolle spielt.

RINGSGWANDL

Georg Ringsgwandl, ein Künstler – ihn damit zu beschreiben, er wäre ein Kabarettist, ist fast schon eine Niedertracht. Leute wie Ringsgwandl haben eine eigene, eine allein ihnen selbst passende Kunstform erfunden, die ich nicht näher zu definieren versuche, auch weil solche eigenständige Kunstformen die Tendenz haben, sich nach Maßgabe des Künstlers zu ändern.

Der frühe Ringsgwandl trat als Rock'n'Roller auf die Bühne, zugleich parodierte er scharf die Lächerlichkeiten dieses Gewerbes: das Laute, das Aufmerksamkeitsheischende und die körperlichen Verrenkungen, die er in radikal verfremdeter Weise in seinen Stil integrierte.

»Nix mitnehma« heißt ein Song (ins Bayrische übersetzt, das Original ist von Bob Dylan), der mit theologischer Wucht jedes Festhalten am Materiellen verhöhnt: »Hey«, so fängt der Song an, »du konnst Ministerpräsident sei von am Staat, / der im Rüstungsgschäft prozentual die Finger hot. / Du konnst Kardinal sei, schee feierlich und fett, / oder frommer Pfarrer, Zölibat und Doppelbett.« – Und diese Aufzählung der irdischen Positionen wird mit dem von Ringsgwandl oft wiederholten Refrain quittiert: »Des konnst du net mitnehma, / naa, des konnst du net mitnehma. / Frog amoi an Teife, frog an liabn Gott. / Und der sogt – net mitnehma!«

Das Fernsehen des Bayerischen Rundfunks widmete dem 1948 geborenen Ringsgwandl eine Dokumentation zu seinem siebzigsten Geburtstag. Und aus Ringsgwandls Lebenslauf geht modellartig eine Variante des Künstlerwerdens im modernen Abendland hervor. Der Vater, ein weltkriegsversehrter Mann, pflegte den Sohn blindwütig zu prügeln. »Vom Vater verdroschen, zunichte gemacht, zum Krümel zusammengestaucht.«

Ringsgwandl erzählte, dass er, als Künstler auf der Bühne stehend, nicht selten vom überwältigenden Gefühl seiner Nichtigkeit überfallen wurde, was er denn hier oben mache, jeder Mensch könne sehen, er sei ein Nichts. Das war das Erbe der vernichtenden Prügel des Vaters. Im Alter von 18 erkrankte Ringsgwandl an Tuberkulose, sein Lebens- und Todeskampf gegen die Krankheit haben ihn geprägt. Er hat Menschen der Reihe nach sterben sehen, und danach, sagt Ringsgwandl, seien brüllende Lehrer und sogar sein prügelnder Vater Randerscheinungen gewesen, die man mit einem »Was soll's – steig' ma am Buckel« hatte abfertigen können.

Ringsgwandl wurde selbst Arzt, er brachte es zum Oberarzt in der Kardiologie, ein Detail für das Künstlerwerden aus dieser Praxis: Dr. Georg Ringsgwandl schrieb seine Texte auch auf die Rückseite von EKG-Bögen. Sieben Jahre teilte er sein Leben auf in Klinik und in Bühne, 1993 schmiss er die Lebensstellung als Arzt hin, er wurde freier Künstler, aber so einem Künstler bleibt der Tod und die Sterblichkeit: »Jedermann, deine Tage sind gezählt, / jedermann, du hast viel zu lang gelebt«, heißt es in einem seiner Lieder. Und in einem anderen: »Wia de Johr vorbeigehn, fast ohne Spur, / man siehgt uns garnix o, a paar Kratzer nur.«

Die melancholische Grundierung seiner eminenten Lustigkeit ist der Grund dafür, dass sein Witz niemals grundlos, bloß auf Wirkung abgestimmt ist. Es ist die Ambivalenz in Kunst und Leben, für die Ringsgwandl Worte hat. Sie lauten im O-Ton: »Eine Wahnsinns-exzessive Gaude muss drin sein, bis zum Irrsinn, mit Purzelbaum und Überschlag – aber ich weiß, dass links und rechts möglicherweise ein unvorhersehbares Grauen lauert. Das muss mitschwingen. Wenn es fehlt, wenn es nur Tralala und Ententanz ist, vergiss es einfach.«

»DAS KOMISCHE IST VON NATUR AUS KALT«

Krücken. Im Sommer 2012 ging ich auf Krücken. In Wernstein am Inn kletterte ich an einem heißen Sommertag einige mir viel zu viele Stufen hinauf, um in einen Gastgarten zu kommen. Als ich es endlich geschafft hatte, stach mir eine Inschrift ins Auge. Es war ein Rollstuhl, auf dem – wie beim Film der Name des Regisseurs am Regiestuhl – zu lesen stand: LEIHROLLSTUHL. Ich gab meinen Krücken einen Schwung, eilte zu dem Mann im Rollstuhl, der in großer Gesellschaft saß und anscheinend feierte. Laut sagte ich zu ihm, damit wir alle es hören konnten: »Und Sie glauben, lieber Herr, Sie können Ihren Leihrollstuhl jemals wieder zurückgeben?« Im Verhältnis zu meinen Krücken war der Mann im Rollstuhl natürlich fortgeschritten. Aber die Krücken reichten dafür aus, dass er verstand, ich konnte es gar nicht böse meinen, ich hatte nur ein gemeinsames Schicksal angesprochen, indiskret und unerwünscht. Nicht dass sie das Glas auf mich erhoben hätten, aber sie ließen mich, zumindest konnte ich es mir einbilden, ohne Hass auf meinen Krücken weitergehen.

Tohuwabohu. Ich habe seinerzeit aufgehört, in »Tohuwabohu«, einer Spaß-Sendung des österreichischen Fernsehens, das als Schule der Nation uns ja immerzu unsere Identität spendet, mitzuspielen, keineswegs aus der Überzeugung heraus, dass ich ernsthaft werden muss, sondern wegen meiner katastrophalen Unmusikalität. Ich erinnere mich, dass in einer Szene Bewegungen erforderlich waren, die dem ausgeklügelten System des amerikanischen Schlagers »In the Navy« folgen sollten. Einige darstellende Künstler, darunter ich, sollten an einer bestimmten Stelle der Musik rhythmisch aus den Kulissen hervorspringen und an einer anderen Stelle wiederum ebenso rhythmisch verschwinden. Während die einen hervorsprangen, verschwand ich, und während die anderen verschwanden, sprang ich hervor. So habe ich dem Sender ein Vermögen gekostet, und ich sage Ihnen jetzt eine Wahrheit: Unter den ungebrauchten Kulissen stand, während ich hervor- und zurücksprang, eine riesige Tafel. Auf dieser waren photographisch die Gesichter aller großen Geister der österreichischen Moderne abgebildet: Karl Kraus, Robert Musil, Hermann Broch ... Eine abgewrackte Kulisse unbestrittener Geistesgrößen im Hintergrund sich abrackernder Kasperln von heute.

Das Lachen. Zur Dialektik, die das Komische konstituiert, gehört die Zwiespältigkeit des Lachens, oder besser, es gehört zu ihr, dass man das Lachen von zwei Seiten her, die einander ausschließen, betrachten kann. Der Philosoph Odo Marquard – die eine Seite – hat in seiner Lobrede auf Loriot das Lachen mit dem Denken gleichgesetzt. Ich zitiere diese Passage in aller Ausführlichkeit, weil sie eine denkwürdige, das Auslachen distanzierende Definition des Lachens gibt (durch Identifikation mit dem Denken), auch deshalb, weil sie, aus dem Jahr 1985 stammend, eine ihrerseits wiederum schon historisch gewordene Form der sogenannten Spaßkultur vergegenwärtigt. Es geht wieder um die Relation von Humor und Philosophie: Humor sei – nach dem bekannten Wort –, wenn man trotzdem lacht, und Philosophie – in Analogie dazu –, wenn man trotzdem denkt. Trotzdem denkt Marquard so, »dass das Lachen (nicht) als ein dem Denken gegenüber Anderes und Minderes das Denken stört; sondern ganz im Gegenteil: das Lachen ist ein Denken, und Denken – merkende Vernunft und also auch Philosophie – ist die Fortsetzung des Lachens unter Verwendung des Lachmuskels Gehirn als Mittel. Das gilt nicht vom rohen Auslachen: denn dadurch – durch Wegspotten – vertreibt man Wirklichkeiten aus unserem Leben. Wohl aber gilt es vom humoristischen Lachen: denn dadurch bittet man – liebevoll spöttisch – zusätzliche Wirklichkeit, die offiziell geleugnet wird, wenigstens inoffiziell in unser Leben hinein: denn man lacht sie nicht aus, sondern man lacht ihr zu, lacht sie an und lacht sie sich an. Der Humor macht – denkend weil lachend – dasjenige geltend, das wir – obwohl wir es offiziell nicht sein dürfen oder nicht sein wollen – gleichwohl auch noch sind: er lässt im offiziell Nichtigen das Geltende und dadurch im offiziell Geltenden das Nichtige sichtbar werden; er zeigt das Menschliche als Allzumenschliches und das Allzumenschliche als Menschliches. Wer also humoristisch lacht, der sieht – just wie der, der denkt – mehr Wirklichkeit. Lachen – das humoristische [...] – und Denken: beide sind Steigerungen des Merkens und insofern dasselbe.«

Diese Hochschätzung des Lachens als einer wirklichkeitsvermehrenden, bereichernden Aktivität des Gehirnmuskels kann man mit der größten denkbaren Geringschätzung konfrontieren, in der das Lachen mit dem Abschluss des Verdauungsvorgangs verglichen wird. In »Mein Faust« von Paul Valéry rekapituliert eine Figur, »das Lachen sei eine Verweigerung des Denkaktes, und die Seele entledige sich eines Bildes, das ihr unmöglich erscheint oder unter der Würde ihrer Funktion [...] ebenso wie der Magen sich dessen entledigt, wofür er keine Verantwortung übernehmen will, und zwar hier wie dort vermittels des gleichen Verfahrens einer groben Zuckung«.

Diese Ambivalenz gilt: Lachen ist entweder Scheiße oder Denken. Ich glaube, man kann auch Flauberts Wunsch nach einer

Komik, die nicht lachen macht, besser verstehen: Das Lachen ist eine Erlösung, eine Erleichterung, wenn man will, eine Ableitung von Denkprozessen ins Körperliche. Auf Komik kann man nicht verzichten, denn sie hat eine ins Auge springende Geltung, also sollte man es mit einer Komik versuchen, die nicht lachen macht. Die mögliche Identität von Lachen und Nicht-Denken hat die Schauspielerin Elfriede Ott in der TV-Sendung »Seitenblicke« vom 3. August 2004 genial als unbedingte Identität formuliert: »Wenn man lacht, kann man über nichts anderes denken – als über das, worüber man lacht.« Danach ist das Lachen eine Beschränktheit, die man sich wünscht, um nicht über etwas »anderes« denken zu müssen – oder besser, um überhaupt nicht denken zu müssen; das Lachen, eine vortreffliche, von Spezialisten ausgelöste Hilfe gegen Nachdenklichkeit, die bei den dafür begabten Personen bekanntlich vom Hundertsten ins Tausendste führen kann ...

Kierkegaard, allein zu Haus. Als Hegelianer lese ich am liebsten Kierkegaard: Das ist Hegels philosophischer Gegner, der dennoch – beinahe noch dialektisch – im von Hegel vorgeschriebenen Rahmen bleibt. Solche Gegner hat man gern, sie bestätigen die eigene Potenz; sie sind im Widerstand noch unterwürfig. Das passt auf Kierkegaard nicht ganz, denn wie alle Genies ist auch seines zwar nicht vom Himmel gefallen, aber es gründet doch auf Eigensinn. In einem anderen als in dem schon zitierten Sommer las ich Kierkegaards »Geheime Papiere«, übersetzt von Tim Hagemann. Hagemann betont die Aktualität von Kierkegaards Kulturkritik, vor allem gegen die Presse. »Wenn ich Vater wäre«, schrieb Kierkegaard, »und eine Tochter hätte, die verführt würde, sie gäbe ich keineswegs auf; aber einen Sohn, der Journalist würde, ihn sähe ich für verloren an.« Das ist gut gesagt, und man kann es heute zitieren, um sich Luft gegen die Medienmacht zu verschaffen. Aber der Fall ist derzeit etwas anderes: Der gute Vater von heute hofft, dass der Verführer seiner Tochter ein Journalist ist, aber keiner, der wie unsereiner in prekären Arbeitsverhältnissen steckt. Nein, es soll ein großes Kaliber von einem Meinungsmacher sein, also einer, der richtigen Schaden anrichten kann.

Nicht aktuell zu sein, ist aber keine Schande, und Aktualität allein ist noch kein Freibrief. Kierkegaards Aktualität besteht darin, dass seine Position historisch ist – das heißt, es ist damit vorüber, aber dass es einmal war, ist nicht nichts, sondern ist eine, wenngleich gewesene Gestalt des menschlichen Geistes, an die man sich erinnern kann, weil diesem Geist ein bedeutender Denker Umrisse und eine Physiognomie verschafft hat. In unserem Zeitalter der Statistik, der Quoten ist Kierkegaard offenkundig nur eine Reminiszenz. Er sagt: »Das Numerische ist die lächerlichste Parodie auf die Idee; durch Addition will man das erreichen, wovon gilt, dass hier Addition Subtraktion ist. Aber das versteht sich, tierisch hat das Numerische die Macht.« Dies ist unser gesellschaftliches Leben, »tierisch« aus der Perspektive des Dänen, und Georg Simmel, der die Moderne gegen die philosophischen Einzelkämpfer als unvermeidlich angesehen hatte, sah in so einer Kulturkritik den »Widerstand des Subjekts, in einem gesellschaftlich-technischen Mechanismus nivelliert und verbraucht zu werden«.

Diesen Widerstand halte ich für notwendig und zugleich für hilflos. Kierkegaard stammt noch aus einer heroischen Ära unserer hilflosen Notwendigkeiten. In der »Theorie der Komik« nimmt der Philosoph – neben Kant, Hegel, Schelling, Schopenhauer, Vischer, Fischer (Kuno), Bergson und vielen anderen – seine eigentümliche Position ein, die Position eines Einzelnen, die vom kulturellen Kanon nicht aufgesogen werden sollte. Kant, immer schon ein fortschrittlicher Mann, gibt als Ursache unseres Lachens einen Mechanismus an; er erzählt den Witz vom Indianer, der einem Engländer dabei zusieht, wie dieser eine Flasche Bier öffnet. Als der Schaum aus der Flasche zischt, ist der Indianer derartig verwundert, dass ihn der Engländer danach fragt. »Ach«, antwortet der, »ich wundere mich ja gar nicht, dass es rausgeht. Aber wie habt ihr es reingekriegt?«

Wir lachen vielleicht, so halbwegs, der Witz ist ja erstaunlich schlecht, außerdem nicht politisch korrekt, dieser Wilde ist ja ein Trottel, aber vielleicht ist das (»wie habt ihr es reingekriegt?«) bloß die Frage, die der »Kritik der reinen Vernunft« in Wahrheit zugrunde liegt, gestellt vom Indianer aus Kaliningrad. Wir lachen, so Kant, das Prinzip des Lachens erörternd, weil wir gespannt waren und weil sich unsere Erwartung durch die Antwort in nichts aufgelöst hat: »Das Lachen ist ein Affekt aus der plötzlichen Verwandlung einer gespannten Erwartung in nichts.«

Bei Kierkegaard finden wir eine andere Welt des Komischen: Innerlich ist der religiöse Mensch, der ganz wie die anderen Menschen aussieht, mit seinem »Schwangersein von Leid und Segen« doch ein ganz anderer. Aus dieser Diskrepanz heraus wirkt er (an der Grenze seiner Innerlichkeit) nach außen als »Humorist« – wohl auch eine Beschreibung von Kierkegaards eigener Einsamkeit. Die Eitelkeit der Welt, die gemessen an einer wahrhaft ausgebildeten und ausgefüllten protestantischen Innerlichkeit nichtig ist, lässt den religiösen Menschen nicht nur nicht kalt, nein, sie zwingt ihn sogar mitzumischen. Und da vermischt er sich mit ihren Äußerlichkeiten. Aber das ist für einen religiösen Menschen, der sich seine Innerlichkeit bewahrt hat, zum Lachen. Da wird er zum Humoristen.

Das Ende des Masturbierens. Das Lustigste, das ich kenne, stammt von Marcel Proust. Am 17. Mai 1888, es war ein Donnerstagabend, schrieb Proust, einer der größten Dichter aller Jahrhunderte, an seinen Großvater einen Bettelbrief. Er benötigte 13 Francs und erklärte dem erhofften Sponsor, warum. Er musste nämlich dringend eine Frau aufsuchen, »damit ich meine schlechte Gewohnheit, zu masturbieren, ablege«.

Zu diesem Zweck hatte ihm der Papa schon zehn Francs für den Besuch im Bordell gegeben. Im Bordell aber hatte der (dieser Erziehungsmaßnahme seines Vaters so zugängliche) Dichter einen Nachttopf kaputt gemacht. Waren schon drei Francs, war aber gar nichts gegen den zweiten Punkt: »[...] und 2. konnte ich wegen der gleichen Aufregung nicht mehr vögeln.«

Das war bitter, denn die drei Francs für den Nachttopf mussten bezahlt werden, aber damit war ja das Masturbationsproblem keinesfalls erledigt. Zu dessen Erledigung mussten noch einmal zehn Francs her, und Proust beteuert seinem Großvater, dass das Geld diesmal gut angelegt wäre, und zwar der Umstände halber, »von denen du ja weißt, dass sie nicht nur außergewöhnlich, sondern auch einzigartig sind: das passiert nicht zweimal im Leben, dass man zu aufgeregt ist, um vögeln zu können [...]«

Das nenne ich in der Familie kein Blatt vor den Mund nehmen. Darüber kann man einfach lachen, nur der Humortheoretiker überlegt, warum nur, warum. Selbstverständlich weil die erhabene Würde eines Großvaters durch das etwas umständlich, aber doch geradlinig vorgetragene Begehren des Enkels in Zusammenhänge gerät, die nicht koscher sind. Auch das Leugnen des Männerschicksals, das doch offenkundig darin besteht, oft genug vor Aufregung nicht vögeln zu können, stimmt heiter. Aber am meisten lache ich über die herrliche Mischung aus Verworfenheit und Unschuld, mit der sich so ein Enkel die im Bordell zu Bruch gehenden Utensilien von den Altvorderen bezahlen lässt. Liegt es doch auch in deren Interesse, dass der junge Mann endlich mit dem Masturbieren aufhört.

Zahnschmerzen im Morgengrauen. In der Gesellschaft kursiert ein säuerlicher Ernst, der eine Äußerlichkeit ist, der also im Ernst gar nichts ist. Er kennt keine innere Dynamik, sondern nur Regeln, die von außen festgesetzt sind: Das darf man nicht, jenes ebenfalls nicht und das auch nicht. Eine dialektische Verwandtschaft zum Lachen wehrt der politisch korrekte Mensch ab. Gelacht wird nicht! Es kursiert aber auch in der Gesellschaft eine elaborierte Unernsthaftigkeit. Wo sie an der Macht ist, wird nichts als gelacht. Der Medienwissenschaftler Norbert Bolz gehört zu den Chefoppositionellen gegen die Political Correctness, von der ich in meinen ernstesten Stunden glaube, dass sie gar nicht existiert, vielleicht nur als Fiktion, um gegen sie mehr oder minder spektakulär zu opponieren. Aber mittlerweile neige ich zur Behauptung, dass die sogenannte Spaßgesellschaft und die Political Correctness einander ergänzen; sie haben beide den gleichen, nur jeweils am anderen Extrem akzentuierten Inhalt: das Nichts. Man kann eine Seite, das eine Extrem mit dem Hinblick auf das andere rechtfertigen. Aber im Grunde stellen beide Seiten so etwas wie eine »innere Leere« dar, und dieser Topos der konservativen Kulturkritik spielt auf eine unbehagliche Unerfülltheit an, auf ein unglückliches Bewusstsein, das ich manchmal mit den Händen zu greifen glaube. Von Bolz kann man lernen, wie intelligent mit der Schwierigkeit umzugehen ist, aus dem Abschied vom Prinzipiellen nicht erst recht ein Prinzip zu machen, und logischerweise hat Bolz in seinem Kampf gegen die Correctness dem professionalisierten Spaß einen philosophischen Sinn gegeben: »Der Sinn des Unsinns: Comedy im Fernsehen«, 1997 in der deutschen *Zeit* erschienen; die mir wichtigste Überlegung zu diesem Thema, in ihrer Einheit vom Form und Inhalt ist sie selber nur ein leichthin skizzierter Artikel. Bolz verteidigt die infantile Unsinnsproduktion der Fernseh-Comedys als wirklich produktive Tätigkeit, im Unterschied zur Kulturkritik, die eben unproduktiv sei. Der kindische Unsinn, »zwischen den beiden Grenzwerten der Reflexivität des Humors und der Faszination der Dummheit« spielend, bestätige – gegen den Infantilismusvorwurf der Kulturkritik – die Attraktivität des Kindischen: Kinder seien frei – »nämlich von Logik und Kritik. In der infantilen Unschuldswelt sind die Kontrollfunktionen von Vernunft, Verantwortung und Geschmack außer Kraft gesetzt.« Der Nonsens-Produzent lehne die Angebote, vernünftig zu sein, ab, er agiere geschmacklos, obszön und im besten Fall völlig »geistlos«, er leiste also, so Bolz, eine »Entübelung der kulturellen Negativwerte« und stehe damit im Dienste der deutschen Kollektivseele, die ohne die Witzarbeiter gänzlich den moralinsauren Trauerarbeitern der Betroffenheitskultur ausgeliefert wäre. Bolz denkt in Kompensations-Modellen: »Der Unsinn balanciert die Gutmensch-Rhetorik. Die Artisten des Nonsens sichern also eine Art Gewaltenteilung im deutschen Gemüt: Für jede Lea Rosh gibt es eine Ingrid Steeger, für jeden Franz Alt gibt es einen Karl Dall.«

Blödeln, so Bolz, sei die »raffinierteste Form des Umgangs mit dem Tabu«, und die »Harald-Schmidt-Show« zum Beispiel überlebe durch ihre Gegnerschaft gegen »die heilige Allianz der Warner, Mahner und Betroffenheitsdarsteller«, also mit einem Wort gegen »den Zensurdruck der Political Correctness«. Mich interessiert das Zusammenspiel der Antithesen: Wäre die von ihnen erzeugte Spannung raus, würde auch der professionelle Witz einbrechen, der – und das ist die Lehre – umso erfolgreicher ist, je fester umrissen die Gegner sind, und die Gegner werden nicht zuletzt dadurch fest umrissen, dass sie Gegenstand der ihnen zumindest an Witz überlegenen Satire sind. Wahrscheinlich ist das charakteristisch für eine Gesellschaft, in der Interessengegensätze einmal ausbrechen und ein andermal ausbalanciert werden müssen, auch in der Witzarbeit. »Solange«, sagt Bolz, »es noch Bettina Böttinger gibt, so lange gibt es noch Harald Schmidt.« Bettina Böttinger ist eine tapfere Moderatorin im deutschen Fernsehen, die nicht lustig ist, aber auch nicht zu ernst.

Schmidteinander. Die meisten Phänomene, die größer sind als man selbst, verwickeln einen leicht in eine Art Netz, in etwas, von dem man das Gefühl hat, es wäre ein Netz, aus dem man nicht heraussieht. Das Netz ist aus den Widersprüchen geknüpft, die man auf sich nimmt, um die eigene verkürzte Perspektive notwendigerweise zu dehnen. Immer muss man in eine andere Richtung, um Einsicht in das Phänomen zu bekommen, das plötzlich ganz anders aussieht, als man es gerade noch angesehen hat. Vielleicht hat man im gedehnten, vielleicht überdehnten Zustand doch etwas richtig wahrgenommen? Dem Phänomen »Harald Schmidt« gegenüber fühle ich mich in dieser Lage. Keineswegs, weil er, Harald Schmidt, dermaßen groß wäre; in den Wertschätzungsübungen, die diese Medienpersönlichkeit ausgelöst hat (und die symptomatisch sind für die Rolle, die man heutzutage einem Komiker zuschreiben kann), taucht auch immer das Motiv seiner willenlosen Verehrer auf, schlimmer noch: Es gäbe Leute, die, während sie über ihn referieren, ihn imitieren. Sie können's nur so sagen, wie sie glauben, dass er es selbst gesagt hätte. Daraus resultiert: Das Phänomen muss etwas Ansteckendes haben.

In der Gegenbewegung gibt es skeptische Anerkennung, deren Vertreter – durchaus im Wortsinn, also Menschen, die für eine Handelsware einstehen –, deren Vertreter geradezu *counterdependent* vorführen, dass sie alles, nur keine willenlosen Verehrer wären. Man weist Schmidt zum Beispiel nach, er habe nach dem 11. September 2001 spießig und im Sinne des Mainstreams reagiert; das heißt: Harald Schmidt habe den heiligen Weg, nämlich den der Pilgerschaft des politisch Unkorrekten, verlassen. Nach diesem Bruch mit dem Numinosen seiner Mission sei die Sendung Schmidts nur noch um sich selber gekreist. Es ist, so scheint mir, in der Kritik an der Political Correctness eine Hyper-Correctness entstanden, die darüber wacht, dass uns alles Gutmenschliche fremd bleibt, dass sich nichts davon, wie tückisch es auch immer sei, vor unseren Augen oder hinter unserem Rücken entfaltet. Wie die Political Correctness selbst ist die Hyper-Correctness nicht komisch, nicht einmal unfreiwillig – sie hat Routinen und Typen geschaffen, die's besser wissen und die höchstens sauer zur Kenntnis nehmen, dass nicht alles so passiert, wie sie's auf den Begriff gebracht haben. Die meisten Anhänger der Hyper-Correctness muss man verstehen: Von den Eltern, grimmigen Alt-68ern, zur politischen Korrektheit erzogen, haben sie sich – kaum erwachsen – davon abgewandt. Aber es sind ja doch ihre Eltern gewesen, Vater und Mutter – und so haben sie auf einer höheren Ebene wieder die Haltung angenommen, die sie von Kindheit an mitgekriegt haben.

Im Falle Schmidts versteht es sich von selbst, dass es auch den Versuch gibt, mit dem Hinweis auf das Unkorrekte seiner Sendungen den Beweis zu führen, dass sie nichtig sind, ja, niederträchtig. Ich zitiere aus einem mir lieben Blatt, aus der Schweizer Zeitung *WOZ*: »Das frivole Weltbild dieser TV-Unterhaltung entspringt einer Ideologie der politischen Unkorrektheit. Sie macht atavistischen Sexismus und Chauvinismus unter der Vorspiegelung aufklärerischer Absichten wieder gesellschaftsfähig. Von den Fans wird der Quatsch unter Artenschutz gestellt: alles Kult! Und was unter Kultvorbehalt steht, ist unangreifbar: Wer's kritisiert, hat's nicht kapiert. Soviel Blödsinn war nie.« Danach ist Schmidt einer, der so tut, als wäre er ein Schuft, obwohl er tatsächlich einer ist. Und die Zustimmung für einen Schmidt wäre nichts anderes als eine Immunisierungsstrategie, mit der der Fan sogar vor sich selbst verbergen kann, dass er ein Chauvinist und ein atavistischer Sexist ist. Dass Schmidt allerdings aufklärerische Absichten vorspiegelt, ist nach meiner Ansicht eine Projektion; solche Absichten hat der Kritiker, und das ist gut so, und wenn so ein Kritiker sie nicht hätte, würde er sie vorspiegeln. Das gilt überhaupt nicht für das Objekt seines Abscheus, das dergleichen nicht einmal vorspiegelt. Schmidt denunziert den aufklärerischen Gestus als einen Allerweltsgestus: Nicht nur, dass alle allen alles Gute wünschen, alle klären auch alle über alles auf. Er denunziert diesen Gestus, indem er sich in ihn einklinkt, also ihn gewiss auch benützt, er denunziert ihn also von innen, weshalb er ihn manchmal sogar aufrechterhält. Ähnlich agiert die für Schmidts Sendung seinerzeit erfundene Figur des CDU-Jungpolitikers Dr. Udo Brömme, der den Politikergestus benutzt und ihn damit vernichtet. In seinem permanenten Wahlkampf kämpft Brömme unter der Devise »Zukunft ist für alle gut« für mehr Wichskabinen in Deutschland. Als er schließlich die freien Wahlen von Nordrhein-Westfalen gewinnt, und zwar mit 91 Prozent, ist er am Ziel aller politischen Arbeit. Dieses ist: »Freisaufen auf Staatskosten«, und am Ende seines Ehrentages sieht man Dr. Brömme, wie er sich auf der Wiese vor dem Gebäude der hohen Ämter übergibt. Im Übrigen ist Brömme eher ein Einzelkämpfer, und wenn ihm auch Angela Merkel einmal wirklich zugewinkt hat – dass er in fröhlicher Runde mit Parteifreunden einem solchen eine (oder mehrere) Ohrfeigen hineinhaut, das wäre bei Dr. Brömme nie vorgekommen.

Also doch Aufklärung? Das hat zwei Seiten: Unter anderem, so wurde gesagt, zeige Schmidt, dass es auf dieser Welt nichts gibt

»außer verkäufliche Waren und Ladenhüter«, und er begibt sich selbst (nämlich als diese Kunstfigur, als die er auftritt) in diese Dichotomie, in diese Zweideutigkeit; zum Beispiel, indem er coram publico Ladenhüterwitze in halbwegs verkäufliche verwandelt. Eine Strategie dabei ist folgende: »Hören Sie, sehr geehrte Damen und Herren, bitte diesen Witz: Woran merkt man, dass kein Pole im Weltraum war? Daran, dass der große Wagen noch da ist.« Der Witz ist in erster Linie schlecht, in zweiter Linie ist der Witz aber gar nicht das, was man gerade gehört hat. Der Witz liegt darin, dass er gemacht wird – weil sein bloßes Vorkommen im stets vorausgesetzten und stets angespielten Milieu der Korrektheit die Regeln bricht. Der Witz ist: Solche Witze macht man nicht! Schmidt selbst (also die Kunstfigur Schmidt) zeigt die Korrektheit selber an und zwar durch zweierlei: Erstens durch seine Kleiderordnung, diskrete Eleganz, ausgezeichnet passende Anzüge in beruhigenden Farben – eine Ordnung, die nicht nur gemessen an Gottschalks diesbezüglicher Pseudoanarchie peinlich korrekt ist. Zweitens durch eine perfekte Höflichkeit, die allerdings zugleich auch die Fallhöhe vorgibt, durch die die Komik verstärkt wird, wenn der Komiker dann doch unhöflich ist. Bei einer der Koch-Shows in seiner Sendung serviert Schmidt Teller mit den fertig gewordenen Speisen – in der ersten Reihe bekommen ein paar dickere Jugendliche etwas zu essen, und Schmidt, halb beiseite sprechend, halb ins Publikum hinein, sagt zu ihnen: »Das können Sie ja dann nach Landau mitnehmen.« »Die dicken Kinder von Landau« waren bei Schmidt einer der Running Gags. Lachen – das Publikum ist, wie bei Schmidt eben, eingeweiht, es weiß, das war eine Anspielung auf eine der erfolgreichsten skurrilen Kurzserien der Schmidt-Show, übrigens eine der Serien, durch deren erwartete und erwartbare Wiederholung das Publikum konditioniert wird (besser: sich lustvoll konditionieren lässt): Man braucht bloß den Namen einer solchen Serie zu nennen und schon wird gelacht. Vorzuführen, dass auf dieser Welt nichts von Wert ist, vor allem nicht von dem Wert, der propagiert und reklamiert wird, dass dagegen alles käuflich ist und ein jeder darauf achten muss, dass er nicht auf seinem Ladenhüter sitzen bleibt, zu dem er sonst selber als ein Ganzer wird, diese Vorführung kann man als Kritik am eingebürgerten Nihilismus nehmen – als Aufklärung. Man kann diese Vorführung auch umgekehrt als nihilistische Exhibition sehen, sie selber als einen Teil der vermeintlich oder tatsächlich moralisch tristen Umstände, über die manche Aufklärung erwarten. Der Witz ist, dass der Komiker sich zumeist nicht darauf einlässt, in seiner Performance die eine oder die andere Seite (oder auch nur den Unterschied zwischen beiden) zu akzentuieren. Der Komiker führt die Wertfreiheit dieser Welt auch nicht vor, indem er sie begrifflich benennt, sondern indem er sich mit seiner Kunstfertigkeit so verhält, als ob der Rückschluss auf sie möglich wäre. Man erkennt »die wirkliche Welt« in der gespielten wieder und man kann ebenso wie »gut gemeint« oder bloß »zynisch böse« die beiden Welten nicht voneinander unterscheiden. Schmidts Komik besteht nicht zuletzt darin, dass er den Unterschied zwischen kynisch und zynisch verwischt, und dass er mit der entstandenen Undeutlichkeit erst recht arbeitet, dass er also wertfrei, will sagen beruflich, rein professionell damit umgeht. Auf der Bühne der besten komischen Serie, die es je gab, auf der Bühne von »Schmidteinander« passierte genau das, was das Spiel der wirklichen Welt aufklärend vorwerfen konnte: »Schmidteinander« war ein Herr-und-Knecht-Drama, in dem Herr Schmidt seinen Knecht Feuerstein (so jemanden nennt man heute »Partner«) heruntermachte, demütigte, ihn bis auf die Knochen blamierte. Als ich das Harald Schmidt gegenüber erwähnte, antwortete er sachlich, dass sich über so etwas keiner seiner Mitarbeiter jemals beklagt hätte. Wo kein Kläger, da auch kein Fall.

Schmidt hat, wie Werner Schneyder in einem Interview sagte, »keine Haltung«. Haltung hätte, wer eine Rangordnung gegen das Chaotische im Streit ums Wesentliche aufbaute, wer das Wichtige vom Beiläufigen unterscheiden und nicht alles gleich gültig, nämlich immer gleich witzig, in meiner Sprache: gleich professionell, behandeln würde. So war Schmidt der Komiker-Star vieler Menschen, die die Erfahrung gemacht haben (wollen), dass Haltungen auf nichts Dauerhaftes mehr gründen können, dass die Gesellschaft kein Zentrum mehr hat und dass Rangordnungen, je dogmatischer sie aufgestellt werden, im Grunde nur Setzungen sind, die ihre prinzipielle Beliebigkeit verschleiern. Diese Erfahrung ist dem Alltagsbewusstsein zugänglich, um nicht zu sagen: einleuchtend; diese Erfahrung kann naiv, in aller Unschuld gemacht werden; sie kann aber, und von daher ist sie wohl prominenter, auch als Reflexion, als Philosophie auftreten. Die Feinde dieser Philosophie argumentieren umgekehrt, aber im Grunde doch mit denselben Waffen: Schmidt sei alles andere als subversiv, sondern bloß deutscher Mainstream, der durch ihn endlich wieder zu sich selber kommen darf, also zu den Polenwitzen und zur Frauenfeindlichkeit. Bettina Böttinger, besagte Moderatorin, wusste gegen Schmidt nichts anderes, als die Flucht zu ergreifen, im Zeichen des bekannten »Das-lass-ich-mir-doch-nicht-bieten!« Noch heute findet sich im Internet der Schmidt-Witz von damals: »Was haben die Zeitschrift *Emma*, eine Flasche Eierlikör, eine schmutzige Toilette und Bettina Böttinger gemeinsam? Na klar, dass kein Mann sie anrührt.« – Oh, das ist so lustig wie Zahnschmerzen im Morgengrauen!

Es gibt auch eine Verschärfung der dumpfen Gemeinheit. Was haben ein Klodeckel und Bettina Böttinger gemeinsam: Kein

Mann setzt sich drauf. Die hinterfotzige Strategie solcher Witze ist das Ausreizen der Skandalisierung: Man überschreitet vor aller Augen Grenzen, die einzuhalten eine Gesellschaft mühevoll gelernt hat. Das spaltet die Zuschauer einerseits in Menschen, die sich sofort übergeben müssen, und andererseits in solche, die die Grenzüberschreitung beglückend finden, weil sie wenigstens für Momente von der Mühe entlastet sind, die Grenzen einzuhalten. Solche Entlastungsfunktionen sind in der Gesellschaft, die auf ihre »westlichen Werte« angeblich stolz ist, durch Kunst und Künste integriert. Ich habe aber keine Zweifel daran, dass im Politischen der sogenannte Rechtspopulismus mit analogen Spaltungsstrategien arbeitet, zumal er ja – siehe zum Beispiel Donald Trump – eine Schlagseite hat, die aus der Unterhaltungsindustrie stammt.

Gemein! Es ist ein Gemeinplatz, dass das Vulgäre, das Ordinäre im Witzigsein der Menschen eine große Rolle spielt. Es hängt auch mit der zu bevorzugenden Tabuisierung des Grausens vor einer beschädigten und unschönen Körperlichkeit zusammen. Aus dem Fernsehen habe ich den Witz von dem Gatten, der am Krankenbett seiner Frau steht und fragt: »Kann ich etwas für dich tun, was nicht ekelig ist?«

Die Sprache oder besser die Sprachen (ich meine die Soziolekte) garantieren ihre wechselseitige Unüberbrückbarkeit. Beim Übersetzen beißt man sich die Zähne aus. Angeblich haben wir Prolls eher ein ungebrochenes Verhältnis zur grauslichen Körperlichkeit als die Besserverdiener. Die Eliten bestimmen, wer oder was vulgär ist! Selbst von niederer Herkunft, also von einer Solidarität mit Menschen aus meiner Herkunftsschicht getragen, spüre ich heute noch ein peinliches Erlebnis: In meiner Kompanie beim Bundesheer gab es einen Rechtsanwalt, einen typischen

Bourgeois. Er näselte, war er unter seinesgleichen, legte sich aber einen vulgären Jargon mit *Oasch* und so weiter zu, wenn er mit in seinen Augen »gewöhnlichen« Menschen sprach. Da sagte er gängige Lyrik auf wie »Fut und Beidl sind Geschwister und der Oasch ist Kriegsminister ...«

Das Verhalten des Oberschichtlers hielt ich für ein hohes Maß an Verachtung. Seltsam war es auch, weil es sich um die Umkehrung der bekannten Konstellation handelte, in der man als Exponent der Unterschicht den Höhergestellten entgegentritt: »Schön sprechen!« gilt in ihrer Gegenwart. Das Verhalten des Anwalts nenne ich die opportunistische Vulgarität. Eine andere Variante hat eine Kabarettistin ausgelöst, eine Holländerin, die auf der Bühne das Charmante der Wiener Sprache thematisierte. Wie das üblich ist und zugleich verwerflich, hat sie sich einen Deppen aus dem Publikum gesucht und ihn in ihren Monolog verwickelt. In Schnitzlerscher Sprechweise deklarierte sie, wie schön es sei, wenn der Wiener sagt: »Ich hole meinen Schwanz heraus«, und sie rief ihrem Opfer zu, was er denn in so einem Fall sage. Der Depp antwortete in gequälter Heiterkeit: »I pock mein Beidl aus.« Dies ist die defensive Vulgarität. Sie entsteht durch Überkompensation von vulgären Angriffen, die man nur auszuhalten glaubt, indem man sie übertrifft. Eine Peinlichkeit wird mit einer größeren bekämpft. Beliebt ist die triumphierende Vulgarität: »Was ist?«, fragte Dieter Bohlen, der sogenannte Pop-Titan (»You're my heart, You're my soul«), und er konkretisierte bei einer Casting-Show die rhetorische Frage an einen Kandidaten: »Hat Ihnen jemand in die Stimmbänder geschissen?«

Triumphe, die ästhetische Urteile hervorbringen, Überlegenheitsgefühle, die man schlechten Künstlern gegenüber hat (ich zum Beispiel gegenüber Bohlen), sind geläufig. So etwas gibt es erst recht in der Politik. Es ist unglaublich, aber in der Facebook-

Gruppe »FPÖ-Fanclub« soll man tatsächlich über die SPÖ-Chefin gelesen haben: »Brennt dir der Tamponfaden, oder was?«

Man muss nicht Trump mit seiner Lebenserfahrung zitieren, dass Frauen sich von berühmten Männern wie ihm jederzeit im Schritt angreifen lassen. Eine Parabel dafür, dass das Vulgäre keineswegs eine Domäne »des Volks« ist, fand ich in der Fernsehserie »Two and a Half Men«. Solche Serien dienen nicht bloß der Sozialtherapie, sondern sie sind auch mit allen Tricks der Werbung eine Verführung zu erwünschten Verhaltensweisen. »Two and a Half Men« handelt im Milieu der Millionäre, die alles haben, was das Herz begehrt, ohne dass sie dafür ernsthaft arbeiten müssen. Allein Alan Harper, ein chronischer Millionärsparasit, stinkt von diesem Ensemble ab. Er ist ein Verlierertyp sondergleichen, steht aber stets davor, vielleicht doch etwas zu erreichen. So bekommt Harper, der Chiropraktiker, von der reichen alten Lady Norma das Angebot, ihm ein Gesundheitszentrum einzurichten, wenn er sich zu ihrem Geliebten macht. Die beiden Menschenkinder sitzen im nobelsten Restaurant, zwischen ihnen der Abgrund ihres Altersunterschiedes, und Alan zögert. Norma muss daher die überaus gepflegte Konversation unterbrechen und in unverkennbarem Ton deutscher Synchronisation sagen: »Mach voran, du Knackarsch. Ich werd nicht jünger.«

Dass sich die Vulgarität aus dem Bereich des Sexuellen und der Ausscheidungen bedient, nimmt nicht wunder. Manchen macht es halt Lust, die anerzogene Scham zu überwinden. Aber wenn man einige Leute beim Vornehmtun beobachtet, will man ihnen gerne etwas entgegenschleudern, nicht zuletzt etwas Sauordinäres. Auch Sokrates, der öffentlich über Gerechtigkeit und über Wahrheit diskutiert, soll sich ruhig den primitiven Einwand der Kyniker anhören, dass der Mensch ein gackendes Wesen ist. Aber Vorsicht, eine Grenze ist schnell erreicht. Manchmal erfasst der

Hass auf alles Feingesponnene, auf »die Kultur«, eine ganze Gesellschaft. Die »Wenn ich Kultur höre, entsichere ich meinen Browning«-Fraktion, die Fraktion einer bewaffneten Vulgarität, lauert hinter den Fassaden der Kulturheuchelei, die immerhin noch dabei hilft, das Schlimmste zu verhindern.

Schmidt, Harald. Ich habe niemals einen anderen Komiker als Harald Schmidt gesehen, der dermaßen auf gleicher Höhe mit einer hervorragenden intellektuellen Leistung diese verlachte. Schmidts Textschreiber hatten sich Michel Foucaults Interpretation eines Bildes von Velázquez (Las Meninas) vorgenommen und Schmidt dekonstruierte, während das Bild in der Sendung eingeblendet war, die ruhige, etwas schwere, melancholische Sprache Foucaults. Sie passt einfach nicht zum Bild, war die These des Komikers, der das Unpassende herausstrich und die Erhabenheit des Versuches zum Lachen ausstellte. Er spielte genial das Ersichtliche gegen das Ausgedachte aus. Schmidt hat keine moralische Haltung, er nimmt keine Haltung ein, mit der man sich eine Besserung der Menschen herbeiwünschen könnte. Dass irgendetwas sein soll, wiegt wenig gegen alles, was ist. Schmidt spielte in seiner großen Zeit mit den real existierenden Praktiken und Einstellungen und er arbeitete den eingebürgerten Zeitgeist zum Lachen heraus – er affirmierte ihn und machte ihn zugleich lächerlich. Diese Verschleierung, die zugleich als Offenlegung funktioniert, ist in der Late-Night-Show (der Germanisierung eines amerikanischen Projekts) sein Dogma, seine haltlose Haltung, es macht seine Gegner wütend und ihn relativ unangreifbar. Ich nehme an, dass für den Künstler Schmidt diese Synthese aus dem Gegensatz von Verschleierung und Offenlegung (einem Paradigma, mit dem er die deutschsprachige Unterhaltungsindustrie bis heute geprägt hat) gegenstandslos ist. Für einen darstellenden Satiriker seiner Art zählt die mehr oder minder vorbereitete Schlagfertigkeit im Moment. Was soll er mit einer Interpretation, die sogar von seiner beabsichtigen Wirkung ablenken kann, auch wenn der Interpret vorgibt, genau diese Wirkung zu vertiefen?

Von Hegel stammt der Anspruch an die Philosophie, sie habe ihre Zeit auf den Begriff zu bringen. Schmidt war nun einer, der seine Zeit, nämlich die Hochzeit des entsolidarisierenden Neoliberalismus, auf der Bühne und fürs Fernsehen verkörperte. »Jeder denkt nur an sich«, hat Obama lange nach Dienstschluss gesagt, und Harald Schmidt hat diese Maxime seinerzeit zum Spaß exekutiert – durchaus auch kumpelhaft mit Leuten, die ihm sympathisch waren, vor allem mit solchen, die – wie zum Beispiel Jürgen von der Lippe – keine Schwächen zeigen. Das Konzept der Enthaltung von der Haltung (das nicht aus einer Überlegung hervorging, sondern aus Schmidts komischen Strategien) schließt nicht aus, dass er, wenn's ihm beliebt, auch moralische Argumente zum Einsatz bringt, vor allem gegen Leute wie Oliver Pocher, die auf keinen Fall seine Kumpel sind. Er hat diesen Pocher wegen irgendeiner unappetitlichen Geschichte vor der Kamera als moralischen Kretin hingestellt. Dafür kommt ihm ein schwacher Konkurrent gerade recht, zumal Schmidt wie kaum ein anderer damit spielt, dass er seine Spitzenposition in der Medienwirtschaft nicht behalten würde. Schmidt nimmt sich aus dem bösen Spiel nicht heraus. Er macht Witze darüber, sei es aus verdecktem Selbstmitleid oder aus kühler Einsicht. In jedem Fall hört er rechtzeitig auf, moralisch unterstützt von der Tatsache, dass ihn allmählich keiner mehr sehen will. Es geschah zu der Zeit, als auch der Neoliberalismus abgetakelt und durchschaut war. Man ist ihn zwar nicht losgeworden, aber er war in den Augen vieler desavouiert. Rechtzeitig aufzuhören – das ist eine bewundernswerte Tugend. Während Gottschalk unaufhörlich versucht weiterzumachen, zerstört Schmidt in seiner Rolle auf dem »Traumschiff« genannten Kitschdampfer jeglichen Sinn für die von ihm entwickelte, einzigartige Komik.

Die Late-Night-Show verdankte fast alles dem beinharten amerikanischen Mediengewerbe; auf den Schiffsplanken steht Harald Schmidt in der tragischen Tradition deutscher Filmkomiker der fünfziger Jahre. Dabei hilft ihm, dass er ein erbärmlicher Schauspieler ist, er kann also anstandslos mit seiner ungelenken Mimik die Kamera beglücken.

Aus meiner Sicht ist das kein Verrat, es passt ins Konzept. Der erbärmliche Schauspieler Schmidt reibt sich die Hände, dass er Geld dafür kriegt, auf des Meeres Wellen Urlaub zu machen. Money, Money, Money ist die Kraftnahrung des Neoliberalismus, koste es, was es wolle. Mit dem unwesentlichen Teil seiner Seele ist er heimgekehrt, und manchmal, wenn er wieder einmal gefragt ist, bricht aus seinen Antworten ein spießiges Kalkül hervor, das spießig bleibt, auch wenn es extra zum Ärgernis der berechenbaren Andersdenkenden aufgelegt sein sollte. Als man ihn fragte, mit welchem Politiker er am liebsten essen ginge, antwortete er: Mit Sebastian Kurz, weil der es so jung so weit gebracht hat. Das imponiert natürlich. Aber Schmidt hat auch noch seine alte Schlagfertigkeit in petto: Auf der Bühne des Burgtheaters sprachen zwei große Komiker miteinander: Harald Schmidt und Michael Niavarani. Schmidt riss dabei einen unsterblichen Witz: Er, der Pensionist mit abgeschlossener Vermögensbildung, verwechsle seine IBAN-Ziffern bereits mit seinem Kontostand.

Der Witz ist ungemütlich. Er verspottet aus der Perspektive eines Menschen, der es geschafft hat, sowohl die Armen als auch etwas weniger die Reichen. Die einzig adäquate Reaktion auf so einen Triumph wäre der Neid, den der Witz genießerisch hervorrufen möchte. Allein das Lachen räumt die Gefühlsverengung und den Tunnelblick der Erniedrigten und Beleidigten aus dem Weg.

So funktioniert die Witztechnik, mit der man manchmal auch die Verspotteten zum Lachen bringt.

Luft zum Atmen. Die Idee von Norbert Bolz, dass der Witzbetrieb des Fernsehens ein »Therapieersatz« wäre, ist gegen andere Philosophen gerichtet, gegen die Frankfurter Schule, die so manchen »in die Sackgasse der Weltmelancholie manövriert hat«, dagegen helfe nur der komplette Unsinn: »Die Lage ist hoffnungslos, aber nicht ernst. Wer blödelt, ist nicht gegen die Welt, die ihn ratlos macht. Statt der großen Weigerung praktiziert er die minimale Subversion. Unsinn ist der kleine Sprengsatz, der an die Kultur des Ernstes gelegt wird. Nach der angestrengten Dauerreflexion des kritischen Bewusstseins kann nur ein freiwilliger Niveauverlust wieder Luft zum Atmen verschaffen [...].«

Ich weiß nicht. Wahrscheinlich ist das Problem solcher Thesen, dass die Adelung des freiwilligen Niveauverlustes dem unfreiwilligen und dem aus ganz anderen Gründen, als den von Bolz angegebenen, durchgesetzten Niveauverlust, die Türen der besten Salons öffnet, die danach um nichts weniger stickig sind. Ein Beispiel ist der klassische Humor der politischen Rechten, deren Fans sich an gemeinstem Zynismus erbauen: »Gut, dass das Flüchtlingslager brennt. Jetzt kann keiner mehr jammern, dass die Flüchtlinge erfrieren.« Mit Bolz könnte man die komische Arbeit verstehen als planvolle Unterforderung des Sinnbedürfnisses im Rahmen einer sich in aller Beiläufigkeit vollziehenden »Revolution des Kicherns«, als eine regelmäßige »Chaosinjektion«, als Verabreichung einer »homöopathischen Dosis Unsinn, um Spannkraft für die ungewisse Zukunft zu entwickeln«. Da Bolz sich unermüdlich von Adorno abwendet, sodass es fast schon nach einem Abschwören klingt, sei daran erinnert, dass der von Bolz vorgetragene Grundgedanke der sinnvollen Unterforderung des Sinnbedürfnisses sich im Freizeit-Kapitel der »Stichworte« von Adorno befindet: »Noch Blödeln«, schrieb dort Adorno, »braucht nicht stumpf zu sein, kann selig als Dispens von den Selbstkontrollen genossen werden.«

Adornos Satz lässt wenigstens die Möglichkeit offen, dass Blödeln stumpf sein kann, auch wenn es den seligen Dispens von den Selbstkontrollen zu bescheren vermag. Wer so schlechte Nerven hat, dass ihm die geballte Macht des Komischen nicht mehr auf dieselben gehen kann, der ist nicht gut dran, sondern schlecht drauf, auch wenn er sich als Intellektueller vom Unsinn hervorragend therapiert fühlt. Therapeutisch gesprochen gibt es keinen Grund, die Idiosynkrasien grundsätzlich aufzugeben, die sich gegen die Komiker-Armeen richten. Ich gebe sogar zu, dass mich manchmal ein Schauer erfasst, mich eine Unheimlichkeit anweht, wenn ich dieser gewaltsamen Künstlichkeit innewerde, die die Comedians erzeugen, wenn sie eine Welt, die nur zum Lachen bestehen darf, auf die Bühne bringen.

»Das Kollektiv der Lacher«, hieß es bei Adorno in der »Dialektik der Aufklärung«, »parodiert die Menschheit«, und während man, der feixenden Gesichter eingedenk, so einen Satz noch zustimmend aufnimmt, erkennt man plötzlich die dialektische Falle. Der angespannte, der überspannte Satz »Das Kollektiv der Lacher parodiert die Menschheit« fällt von selbst ins Komische um. Nur selten hält ein Pathos, was es verspricht. Aber auch der Komiker hält bekanntlich nicht viel, was man sich von ihm verspricht: Die Schauspielerin Erika Pluhar hat in einem autobiographischen Text, in dem sie von sich in der dritten Person Einzahl spricht, daran erinnert, dass Heinz Rühmann – zumindest in ihren Augen – ein anderer war als der, der er seinem Image nach hätte sein sollen, er war geradezu sein eigenes antithetisches Spiegelbild, die Ergänzung einer Imago durch eine reale Person zu einem etwas monströsen, charakteristischen Ganzen. Pluhar berichtet von ihren Erfahrungen mit Heinz Rühmann, »den sie oft in Kinofilmen gesehen und der immer rührend und liebenswert auf sie gewirkt hatte, für sein Publikum der Inbegriff von Bescheidenheit und sanfter Schläue. Jetzt lernte sie einen beinharten Komiker aus der Nähe kennen. Den unerbittlichen Kampf um Pointen und Effekte, um zentrale Bühnenstellungen und Wirkungen. Weder war er liebenswert, noch war er bescheiden [...] Sein pfiffiges Lächeln, die sonnig zusammengekniffenen Augen, die Unschuld seiner Reaktionen wurden ihr plötzlich zum Inbegriff von etwas anderem – von Verlogenheit.«

In den Komikern ist sozusagen der Wurm drin, und das seit altersher. Der Beruf ist kalt – und das schien mir auch in dem Loriot-Zitat aus dessen Berliner Vorlesung über das Komische gesagt zu sein: Das Komische ist von Natur aus kalt. Das will keineswegs darauf hinaus, dass das, was man dann auf der Bühne, auf der Leinwand oder am Bildschirm sieht, prinzipiell keine Wärme zulässt; es sagt nur, dass die Erzeugung von Komik ein Kalkül von Spezialisten ist, die – wie begeistert sie auch immer an ihrem Beruf hängen – kalkuliert arbeiten müssen. Und diese Arbeit wiederum ist in einem Komplex der verschiedensten Umstände integriert – oder exkludiert. Der größte deutsche Komiker, Karl Valentin, hat während der NS-Zeit Bittbriefe an die Kulturbürokratie geschrieben, die das Motiv aussprachen, er könne nicht verstehen, warum man ihn im Film kaum beschäftige.

Ich hätt's ihm sagen können, aber Valentin war ein Spezialist, er hat es wahrscheinlich wirklich nicht verstanden, und nach dem Ende des Dritten Reiches, als es ihm nicht besser ging, war sein Unverständnis nicht am Ende, sondern denselben Personen gewidmet, gegen die er in einer berühmten Briefstelle heiß lief: »Und wie geht es bei anderen? Heinz Rühmann hat wiederum

Glück im 4ten Reich. Im 3ten Reich hat er aus Geschäftsgründen seine Frau, weil sie Jüdin war, hinausgeschmissen und Berta Feiler geheiratet. Heute im 4ten Reich filmt er wieder, er hat sich bei den Russen wieder eingeschmeichelt. Wie ist so etwas möglich?«

Ich betone, dass der Vorwurf wegen Rühmanns jüdischer Frau, geschweige denn die Rede vom »4ten Reich«, so nicht aufrechtzuerhalten ist, aber dennoch war Valentins Hass (der Hass der Verzweiflung eines Komikers) nicht ganz blind. An Valentins Exklusion zeigt sich ein weites Feld, nämlich wiederum das von, sagen wir, »Humor und Gesellschaft«. Ein grober, aber ganz entscheidender Parameter in diesem Verhältnis ist: Der eine Komiker hat Arbeit, der andere nicht. Komiker bedeuten im sozialen Zusammenhang etwas und nicht nichts, und das wiederum bedeutet, dass sie Selektionen unterliegen.

Der Wurm im Komiker. In unserer Gesellschaft bezieht sich der Komiker – im elaborierten Gegensatz – auf die Fahlheit der eingebürgerten Stimmung, auf eine massenhafte Langeweile. Aus dem 19. Jahrhundert, also aus jener grundlegenden Urzeit unserer heutigen Unterhaltungsindustrie, stammt eine Anekdote, die die branchenübliche Gegensätzlichkeit von Sein und Schein des Komikers, das »Auseinanderdriften von Charakter und erzeugter Wirkung« verblüffend vorführt. Lassen Sie mich diese Anekdote aus Walter Benjamins »Passagenwerk« zitieren. Benjamin spricht dort davon, dass in den vierziger Jahren des 19. Jahrhunderts die Langeweile »epidemisch« geworden sei, und er montiert in seinen Text eine Geschichte, die von einem Unterhaltungskünstler, von dem seinerzeit berühmten, heute vergessenen Komiker Debureau handelt: »Ein großer Pariser Nervenarzt wurde eines Tages von einem Patienten aufgesucht, der zum ersten Mal bei ihm erschien. Der Patient klagte über die Krankheit der Zeit, Unlust zu leben, tiefe Verstimmungen, Langeweile.›Ihnen fehlt nichts‹, sagte nach eingehender Untersuchung der Arzt.›Sie müßten nur ausspannen, etwas für ihre Zerstreuung tun. Gehen Sie einen Abend zu Debureau und Sie werden das Leben gleich anders ansehen.‹ ›Ach lieber Herr‹, antwortete der Patient, ›ich bin Debureau.‹«

Was für eine wunderbare Geschichte, so wunderbar wie all die Geschichten, in denen einer, zum Beispiel der Mörder, den er ganz im Ernst sucht, selbst ist. Ich behaupte, die Anekdote von Debureau und dem Nervenarzt ist nicht nur unterhaltsam, sie ist lehrreich und vor allem ist sie wichtig. Dass sie wichtig ist, beweise ich wie folgt: Sie wird nämlich über ganz jemand anderen genauso erzählt: »Man erzählt sich, daß irgendwann im vergangenen Jahrhundert ein prominenter europäischer Arzt einen älteren Mann untersuchte. Nachdem er alles gründlich überprüft und sich die vielen unbestimmten Klagen angehört hatte, konnte der Arzt keine körperliche Krankheit finden, die die Symptome des Patienten hätten verursachen können. Wir dürfen vermuten, daß dem Arzt [...] der Gedanke gekommen ist, daß die körperlichen Beschwerden des Patienten höchstwahrscheinlich als Maske für eine tiefverwurzelte Gemütsbelastung und Depression dienten. Plötzlich kam ihm eine gute Idee. Zufällig war Joseph Grimaldi, vielleicht der größte Clown aller Zeiten, in der Stadt, um am Abend eine Vorstellung zu geben. Der Arzt zuckte die Achseln, weil er zu keiner Diagnose gelangen konnte und riet dem Patienten: ›Warum gehen Sie nicht zu Grimaldi heute Abend?‹ Das Gesicht des alten Mannes bekam einen gequälten und enttäuschten Ausdruck, und er rief aus: ›Ja, verstehen Sie denn nicht. Ich bin Grimaldi!‹«

Das 19. Jahrhundert begrüßt das 21.! Selbstverständlich kann man in alldem das berühmte Lache Bajazzo! erkennen. Wigald Boning, ein Fernsehkomiker, hat es mit der gebotenen Plattheit gesagt: »Es wäre ein Irrtum zu glauben, dass ich, weil ich im Fernsehen als Komiker gehandelt werde, zu Hause auch lustig bin.« Wichtig an der von Benjamin notierten Anekdote ist, dass sie die Aussichtslosigkeit behauptet, durch Unterhaltung die Langeweile, den Lebensüberdruss, die Gemütsbelastung, die Depression zu besiegen. Keine Chance, weil – aus dieser Perspektive – die Unterhaltung selber der gewaltigste Funktionär der Langeweile ist. Die Frage erscheint plausibel, ob nicht – so wie Debureau von der Krankheit befallen war, als deren Spezialtherapeuten man ihn verschrieb –, ob nicht die Unterhaltung ihrerseits wenigstens eine der Ursachen für die Langeweile ist, die zu bekämpfen sie vorgibt. Der Soziologe Niklas Luhmann definiert die Funktion der Unterhaltung so: »Unterhaltung vernichtet überflüssige Zeit.« Zur Vorsicht: Das ist nicht kritisch gemeint, sondern deskriptiv: Es beschreibt eine Funktionsbestimmung: Unterhaltung in der Realität der Massenmedien ist dazu da, um überflüssige Zeit zu vernichten. Was aber wäre, wenn der Komiker – auch wegen der merkwürdigen Seelenanstrengung von Witzarbeit – sich gleichsam am Leichengift der totgeschlagenen Zeit anstecken kann?

Hape Kerkeling und die Ideologie. Wenn man trennt, was in der Zusammengehörigkeit, was in einer wechselseitigen Inspiration von Unterschiedlichem Schmidts Wirkung ausmacht, dann kann man sagen: An Schmidts komischer Kunst gibt es keinen Zweifel, er ist ein Meister. Zweifelhaft ist die Ideologie, mit der er einmal geschickt, ein andermal (absichtlich) plump manövriert. Man kann ohne die geringste Aversion behaupten, dass Harald Schmidt ein kleines Rädchen der enttabuisierenden Maschine war, die die öffentlichen Diskurse im Sinne einer politischen Rechten bearbeiteten und veränderten.

Zugegeben, Kunst kann auf solche Kollateralschäden keine Rücksicht nehmen. Ihre Aufgabe ist es, »ihr Ding zu machen«.

Aber selbst wenn ein braver Satiriker niemals den Rechtspopulismus (oder das »Zerbrechen einer bürgerlichen Mitte« oder »das Ende der Sozialdemokratie«) hätte verhindern können, so kann er doch nichts dagegen tun, dass manches von ihm nicht schlecht ins Konzept passt. Eine derartig schwerwiegende Unstimmigkeit gilt zum Glück auch spiegelbildlich für die lächerlichen Versuche der neu-alten Rechten, solche Künstler für sich zu beanspruchen. Ich glaube, »die Freiheit der Kunst« zu propagieren heißt nicht, die kunstfremden Kollateralschäden zu leugnen, sondern es heißt, sie in Kauf zu nehmen. Ohne Risiko ist nicht einmal das Schöne zu haben. Aber das Riskante der Kunst ist ihrer immunisierenden Heiligsprechung vorzuziehen, zu der ich selbstverständlich neige, weil ich die Kunst in der unsensiblen Gesellschaft gerne geschützt wüsste. Aber Kunst macht ihr Ding, damit sie über den Dingen steht – das ist eine Halbwahrheit, deren andere Hälfte den simplen Anspruch auf Privilegien durchsetzen will.

Meine Begeisterung für Harald Schmidt gilt nicht nur seiner exemplarischen Komik und nicht nur der Ideologie, die er für sie in Anschlag bringt (und die ihn inspiriert). Unter Ideologie verstehe ich Meinungen und Parteinahmen, die man zwar scharfsinnig und lustig präsentieren kann, die aber eventuell in die Irre gehen, in der sich bereits nicht wenige befinden. Was eine ordentliche Ideologie ist, hat man nicht allein, sie dient immer einem erwünschten Zusammenhalt, dem so gerne beschworenen Gemeinsamen, hinter dem aber erst recht Partikularinteressen darauf warten, sich totalitär, also im exkludierenden Gemeinsamen, ausleben zu können.

Das Ideologische und die Interventionen in den Streit der Interessen sind eine gute Chance für die Komik. Den ideologischen Gegner zu sekkieren, ist eine edle Aufgabe. Satire, die der Rede wert ist, stößt dabei naturgemäß auf typische Abwehrhaltungen, zum Beispiel auf ein selektives Nichtverstehen, auf ein absichtsvolles Unverständnis, das dazu dient, das Riskante einer Kunst mit einem moralisierenden Verdacht zu belegen. In der Medien- und Internetgesellschaft kann man damit so richtig die unproduktive, in sich rotierende Empörung anleiern – was wiederum die Satiriker zum Spaß für sich verwenden können.

Für das Komische ist das Ideologische aber nicht notwendig. Im sozialen und privaten Leben gibt es viele Szenen, die einfach komisch sind, und ein Genie wie Hape Kerkeling hat durch Einmischung in reale Abläufe die potentielle Komik des Alltags und der Feste zum Vorschein gebracht – zum Beispiel, als er bei einer Konferenz Frau Merkel einen Eisbecher serviert oder als er – verkleidet als Königin Beatrix – deren wirklichen Staatsbesuch parodiert. Dieses Spiel belebt auch die eigene Bühnenexistenz: Kerkeling klettert von der Bühne herunter und verwickelt einen Zuschauer in ein mehr oder weniger ungeplantes Gespräch. Er macht dem armen Teufel, der sich in seinem gepolsterten Sitz gerade noch sicher fühlte, ein Angebot, das in meinen Augen »die Rolle des Komikers in der Gesellschaft« beleuchtet. »Sie dürfen«, sagt Kerkeling zu seinem Opfer, »mich anfassen, und Sie entscheiden, wo.«

Witzigerweise ist diese widerstrebende Erlaubnis genau die Maxime, der man als Humortheoretiker ohnedies folgt. Kerkeling liefert so etwas wie »pure Komik«, also keine, die in der Gesellschaft wichtige oder für wichtig gehaltene Streitfragen ausbeutet. Jede Komik hat etwas von reiner Komik, und umgekehrt berührt auch die reine Komik allzu menschliche Gegebenheiten, die sich ins Politische auswachsen können: In einem Sketch mimt Kerkeling einen holländischen Fernsehmoderator, der sich einen real existierenden deutschen Trottel schnappt, ihm die Augen verbindet und zur Kirche führt.

In der Kirche, wieder sehend gemacht, findet sich der auf der Straße rekrutierte Trottel vor dem Altar wieder, neben ihm im Brautkleid eine nicht gerade hübsche Dame; und noch vor dem ebenso aufgestellten Pfarrer fragt der Moderator den Trottel, ob er die Dame zu heiraten gedenke, und der Trottel haucht nun tatsächlich ein zartes »Ja« ins Mikrophon.

Das ist ein Inbild des Mitläufertums, das der falschen Autorität bedarf, um das eigene Leben »fremdbestimmt« zu veräußern. Bei solchen Sketches arbeitet Kerkeling nach dem Prinzip des »Happenings« im Sinn einer Störung und der Verwandlung des Alltags zu einer Szene. Was dabei herauskommt, sind nicht zuletzt soziologische Befunde. Einen meiner Befunde hat Kerkeling durch einen traditionellen kabarettistischen Gesang bestätigt: Er singt »Winterzeit in Wien«, eine Parodie auf die Wiener Mentalität, auf das passiv-aggressive Verhalten und vor allem darauf, wie sehr sich in Wien sogar die Fröhlichkeit dem Grant verdankt.

Schmidt als Philosoph. Der Umgang, den Harald Schmidt mit dem ideologischen Material pflegt, ist der eines Philosophen. In welchem Sinn kann man Schmidt einen Philosophen nennen und was wäre das denn für eine Philosophie? Dass er nie einen solchen Anspruch stellt, macht die These steil, die hinter der Frage steht. Sie wird noch steiler, wenn man eine klassische Redefigur ausprobiert, die eine Widerlegung sträflicherweise ausschließt: Es ist eine Philosophie, die sich als solche nicht bezeichnet, sie wird schlicht gelebt, sie ist eine »Lebensphilosophie«. Auf diesem schwankenden Boden der Argumentation behaupte ich über die Philosophie, dass sie gar nicht auf den Status angewiesen ist, der ihr in der Gesellschaft argwöhnisch oder wohlwollend eingeräumt wird. Es mag das Befremdliche an meinem Konzept von Schmidts Philosophie sein, dass Philosophie in erster Linie Denken sein muss, mit dem man zum Beispiel bestimmte Handlungen begünstigt und andere nicht. Schmidts Philosophie ist dagegen – auf der Bühne oder vor der Kamera – eine Handlung, die auf Lachen aus ist. Das Lachen ist allerdings zu anarchisch, um im Sinne Marquards ein Denken, also eine (angeblich) nützliche soziale Fähigkeit zu sein.

In einem Fall weiß ich genau, dass Schmidt, der Philosoph, eine meiner Thesen über ihn nicht akzeptiert. Harald Schmidt hat in einem Interview behauptet, niemals eine »Kunstfigur« gewesen zu sein. Da bin ich felsenfest der gegenteiligen Überzeugung. Er sei, wie er sei, sagt er, daheim und vor der Kamera. Ich kann's nicht glauben – aus einem einfachen Grund: So komisch kann man nicht leben, es sei denn, man ist auch daheim eine schlagfertige Kunstfigur, die ihre wiedererkennbare Identität auch im Wohnzimmer ausspielt. Seine Mitmenschen schau ich mir dann an, sie müssen fähig sein, sich an erfrischender Kälte zu wärmen. Ich habe schon das Gefühl, dass dieser Mann, den sogar die eigene Überholtheit anscheinend zufriedenstellt, einerseits unheimlich geschickt im Obsiegen ist, dass er aber andererseits ein ziemlich gepanzerter Mensch sein dürfte – nach dem Motto: Mir kommt keiner an. Der Künstler Schmidt wäre in einem fort auch privat anstößig, während er auf der Bühne sogar als Anstoßgeber durchgehen kann. Selbstverständlich könnte er in Wirklichkeit ein ganz anderer sein, zum Beispiel ein zartfühlender, berührbarer Zeitgenosse, der sich bescheiden darüber wundert, dass er viele Jahre bei seinem Publikum so gut ankommt. Aber dann wäre er auf der Bühne erst recht eine Kunstfigur.

Diese These ist noch gar nichts gegen die Behauptung, Harald Schmidt wäre ein Philosoph. So zeitgebunden seine Nicht-Haltung sein mag, so sehr macht sie auf eine Tradition aufmerksam, die Denis Diderot in seinem philosophischen Dialog »Rameaus

Neffe« durchdacht hat. Dieser Neffe, wenn ich es unter allem Niveau sagen darf, vertritt höhnisch die Ansicht, dass jeder Mensch ein Arschloch ist, und wie käme ausgerechnet er selbst dazu, keines zu sein. Das wäre ja nur ein Wettbewerbsnachteil. Eine derartig unwiderlegbare Einschätzung findet sich ähnlich bei Thomas Bernhard, der einen anderen Neffen traktiert. Allerdings nicht kalt-komisch, sondern tragisch und ein wenig sentimental. Das Buch »Wittgensteins Neffe« heißt im Untertitel »Eine Freundschaft«, und der Ich-Erzähler lobt am Anfang den Freund und schwärmt von seiner Bindung an ihn. Ich schöpfte den Verdacht, dass ein Freund, der anstelle seines Eigennamens Wittgenstein und ein Verwandtschaftsverhältnis im Titel hat, nicht nur persönlich gemeint ist, sondern dass der Titel auch einen Status beschwört. Als der Neffe im Sterben liegt, wird er vom Ich-Erzähler nicht besucht: »Wir meiden die vom Tod Gezeichneten, und auch ich hatte dieser Niedrigkeit nachgegeben.« Zuvor fiel der Satz über den Sterbenskranken: »[...] ich fürchtete ihn auf einmal.«

Das ist eine originelle Variante der Todesfurcht, die Bernhard zum allgemeinmenschlichen »Wir« ausbaut. In einem Punkt wird sein Erzähler aber auch persönlich: »Ich bin kein guter Charakter. Ich bin ganz einfach kein guter Mensch.« Ich komme von der Idee nicht los, dass jemand, der sich grundsätzlich polemisch verhält, das Risiko eingehen muss, sich ausdrücklich für etwas Besseres zu halten als die Menschen, die ihm zur Zielscheibe dienen. Das Geständnis, kein guter Charakter, kein guter Mensch zu sein, ist ein von schlechtem Gewissen diktiertes Einverständnis mit der eigenen Verwerflichkeit, und dass eh alle darin gleich sind, kann man als Trost gut gebrauchen. Ich stelle hier keine Fragen an einen Autor, ich diskutiere nur das moralische Paradigma, in das er eine seiner Figuren einspannt. Besagtes Paradigma hat allerdings einen guten Sinn: Es ist dem Umgekehrten überlegen, dass nämlich ein Mensch sein Gutsein inszeniert, während er in Wahrheit ein Schuft ist.

Fetisch Ehrlichkeit. Das Schöne an Rameaus Neffen ist: Er hat kein Gewissen, geschweige denn ein schlechtes. Aber er kommt auf seltsamen Wegen zu einer hochmoralischen Ehre. Hegel hat den Neffen Rameaus in der »Phänomenologie des Geistes« dialektisch als Sinnbild der Ehrlichkeit modelliert: Erst durch die Verhöhnung konventioneller, geheuchelter Moral ist ein souveränes Selbstbewusstsein möglich. Dieses fällt eben nicht der Heuchelei anheim, von der die Rhetoriker des Gutseins gut leben. Heute richtet sich diese Kritik, wie es heißt, gegen »die Scheinmoral des bürgerlich-liberalen Milieus«. In diesem Sinn ist Harald Schmidt ein Philosoph: Erstens weil er sich selbst nicht als Philosoph vorkommt und so nicht auf das Repertoire an Gesten angewiesen ist, an denen man die Philosophen sofort erkennt. Zweitens weil er auf der Bühne in einer Tradition agiert, die der Moralphilosophie ein Gewissen gemacht hat. Der Einwand gegen diese These ist offenkundig: Wie kann jemand ein Philosoph sein, ohne es zu wissen? Na ja, das ist Existenzialismus: Die Existenz kommt vor der Essenz. Was immer für ein Begriff auf einen Menschen passt, das Denken hat das Dasein des Gedachten zur Voraussetzung. Ich kann etwas sein, ohne es zu wissen, wie ja auch umgekehrt jeder Mensch zu wissen glauben kann, etwas zu sein, was er beim besten Willen nicht ist.

Ein schöner Abend. Ich kenne Harald Schmidt persönlich. Ich stand mit ihm vor einem gemeinsamen Auftritt hinterm Vorhang. Ich gab mich als Adorant zu erkennen. »Hinterm Vorhang« bedeutet, ich hatte einen großen Künstler ein paar Minuten für mich allein. Er verhielt sich angenehm kühl, fratschelte mich nur ein wenig aus. Er wollte beiläufig, also ohne Nachdruck, wissen, mit wem er gleich auf der Bühne ein Gespräch führen muss. Dann traten wir hinaus in das Licht der Scheinwerfer, zuerst er, ich hinterher. Ein Adorantenschicksal kommt immer zu spät. Deshalb habe ich obige Passagen über Harald Schmidt im Präsens verfasst, um ihn mir und für alle Ewigkeit zu vergegenwärtigen. Meine Absicht war pädagogisch: Ich wollte eine Konsumhaltung, die gegenüber Komikern vorherrscht, in eine Reflexionshaltung verwandeln.

Menschen, die Schmidts Wirken anrüchig finden, finden den Adoranten noch viel schlimmer. In einer geistig ziemlich verwahrlosten Gesellschaft muss man ja wirklich darauf achten, wer noch was zu lachen hat. Unser Gespräch war immerhin ein lustiges Musterbeispiel für eine antisokratische Übung: Keiner brachte im anderen Nennenswertes hervor. Aber die Art, wie Schmidt seine spontane Schlagfertigkeit mit einer Montage aus den tausenden Belustigungsnummern seiner Karriere verknüpfte, war genial. Im Publikum röhrten ein paar Platzhirsche auf. Sie waren meinen Gesprächsversuchen abhold. Schmidt selbst, dem ich den Philosophen umhängte, führte mich ganz schön vor. Auch das war mir recht, denn ich wollte am Ritual teilnehmen, gleichgültig in welcher Position.

Trauriger Humor. Ein Herr, der musikalisch bei den »Wiener Picksiaß Schrammeln« mitarbeitet, sagte: »Der Tod ist allgegenwärtig. Aber der Wiener nimmt's mit *Hamur*.« Zu Recht wird niemand erwarten, dass Sigmund Freud auf den *Hamur*-Schmäh hereinfällt. Freud unterscheidet zwischen Witz und Humor. Den Witz produziert das Unbewusste, den Humor das Über-Ich. Und das macht er mit einem Witz klar: Ein Delinquent wird zur Hinrichtung geführt und kommentiert sein Schicksal mit dem Satz: »Na, die Woche fängt gut an.«

Nicht umsonst gibt es das Wort Galgenhumor. Es beschreibt die letzte Reaktion, die ultimative Situation, in der, will man nicht zusammenbrechen, nichts als der Humor übrig bleibt. Nach Freud, der ökonomisch denkt, ist der Humor Ersparnis eines Gefühlsaufwands, der angesichts einer miesen Lage angebracht wäre. Mit Humor kann man so tun, als ob man eine Katastrophe, der man ausgesetzt ist, schon überwunden hat. »Du hast keinen Humor« ist ein eingebürgerter Vorwurf, der auf die gleiche Konstellation anspielen kann, die den Humor auszeichnet: Ich hatte vor Jahren einen Freund, der weiß Gott ein guter Schriftsteller war oder besser gewesen wäre, hätte er nicht über alles und jedes behauptet, es wäre nichts als Scheiße: die Philosophen, ein Dreck, die Politiker, ein Dreck, alles Hybris und man selbst ist auch nicht das Gelbe vom Ei der Menschheit.

Das kann ruhig auch der allerbeste Schriftsteller behaupten, aber wenn diese entmutigende Erniedrigung auf den Text abfärbt, wenn sie als Epiphanie durch den Text hindurchscheint und ihn ungestaltet dominiert, dann hat man eine depressive Variante des Humors vor sich, die nicht einfach Humorlosigkeit ist. Schlag nach bei Freud und du weißt, was los ist. Es ist nicht die Mutter, es ist der Vater: Vor dem Vater, einem Über-Ich, war man ganz klein und lernte, dass angesichts der väterlichen Übermacht nichts Bedeutung hat, dass alles nichtig ist. Das verhilft einem zur Souveränität, die man gar nicht hat, weil es die Erfahrung mit dem Vater nicht zulässt. Darauf kann man seine Seele in die Sauce trauriger Verachtung tunken, aber man kann genauso gut humorvoll lächeln, »wenn hinten weit in der Türkei die Völker aufeinanderschlagen«.

Das Spießig-Versöhnlerische spielt in der depressiven Variante die gleiche Rolle wie in der lächelnden. Freud schreibt, die Überlegenheit des Humoristen rühre daher, »dass er sich in die Rolle des Erwachsenen, gewissermaßen in die Vateridentifizierung begebe und die anderen zu Kindern herabdrücke.« Und: »Das Großartige liegt offenbar im Triumph des Narzißmus, in der siegreich behaupteten Unverletzlichkeit des Ich.« Gilt auch für die von mir hinzugedachte depressive Variante: Klar, wenn alles Scheiße ist, wenn ich der bin, der es gegen die lächerlich kindischen Anmutungen des Rests der Welt durchschaut, wer oder was vermag dann noch etwas gegen mich?

Trotzdem. Mir kommt, wie gesagt, die Definition des Humors aus dem Wenn-man-trotzdem-lacht nicht unproblematisch vor. Ich möchte sie im Folgenden dennoch verwenden und etwas erweitern, mit dem Zweck, die von mir ins Treffen geführte Dialektik wieder ins Bild zu rücken. Humor (aus Gründen grenze ich die verschiedenen am Lachen, am Lächeln beteiligten Fähigkeiten nicht genau voneinander ab), Humor jedenfalls könnte man das Vermögen, die Kraft des Menschen nennen, über etwas zu lachen, das zum Weinen ist und über das man garantiert auch weinen würde, hätte man keinen Humor. Der Humor, wie psychologisch problematisch er auch sein mag, räumt den Menschen die Chance ein, dem Nichts, wenn es denn eines Tages uns gegenübersitzt, noch eine passende, eine souverän-menschliche Antwort zu geben. Das Gelächter ins Nichts handelt unsere Endlichkeit ehrlich ab, lässt sich nicht vom Tränenfluss forttragen. Dazu gehört etwas! Es war Brecht, auf den ich hier angespielt habe, auf ein Gedicht aus dem Jahr 1920, als der Dichter noch lange nicht alle seine Irrtümer verbraucht hatte. Das Gedicht – ich zitiere immer wieder die letzte Strophe – lautet: »Ich gestehe es: ich / Habe keine Hoffnung. / Die Blinden reden von einem Ausweg. Ich / Sehe. // Wenn die Irrtümer verbraucht sind / Sitzt als letzter Gesellschafter / Uns das Nichts gegenüber.«

So spricht der nichtgläubige Mensch. Sofern ein solcher ein Ironiker ist, hat der Humor bei ihm keinen guten Ruf. Der Humor steht im Verdacht, die Versöhnung mit allem Schlechten zu leisten. Sowas gibt's ja, den lächelnden Rückzug auf die eigene Selbstzufriedenheit im Getümmel. Aber es gibt eine berühmte jüdische Geschichte, einen jüdischen Witz, der über den Humor etwas anderes sagt: Die Rabbis beschlossen nach der Shoa, nach dem Mord an Millionen von Menschen zusammenzutreffen, um darüber zu beraten, ob Gott existiert. Sie fällen das Urteil: Gott existiert nicht! Und dann, nachdem sie dieses Urteil gefällt haben, gehen sie alle zusammen zum Beten in die Synagoge. In diesem Witz (der im geläufigen Sinn eben kein Witz ist) herrscht der Glaube, dass das Nichts doch noch ein Antlitz haben könnte, nämlich das Antlitz Gottes in seiner Abwesenheit. Das ist eine theologische Interpretation. Man kann die Geschichte aber ebenso pragmatisch interpretieren: Was macht es schon, dass Gott nicht existiert? Das ist doch kein Grund, unsere gute Gewohnheit aufzugeben, in der Synagoge zu beten.

Aber ich glaube nicht an die pragmatische Interpretation. »Doch ist Humor«, stellte sich Kierkegaard als Frage, »das Inkognito des Religiösen?« Und religiös interpretiert bedeutet das Handeln der Rabbis, dass sie eben beten gehen, weil sie nicht ihrem eigenen Unglauben glauben wollen. Der Widerspruch, mit dem die Geschichte arbeitet, entspricht meiner Vorstellung von der beschworenen Dialektik: keine Hegelsche eben, sondern eine, in der die Gegensätze nach einer Synthese streben, die sie niemals erreichen, es geht sich so nicht aus und auch anders nicht, was manchmal auf beiden Seiten klar ist: Gott existiert nicht, also beten wir.

Man kann von unseren Witzen die Würde verlangen, nichts anderes zu enthalten als die Unerreichbarkeit der letzten Dinge und zugleich das Streben danach, als die sich totlachende Perspektive ins Aussichtslose oder das erbauliche, also erheiternde »Totalexperiment« des Glaubens. Das überfordert jedoch alles, was auf der Welt noch lachen kann.

Schluss mit dem Schmäh. Die Theologisierung des Humors, und sei es durch den Atheismus, liegt auf der Hand, man soll sie sich auch nicht aus der Hand nehmen lassen. Wenn nämlich das Komische unter anderem als das verfehlte Erhabene auftritt, steht die menschliche Endlichkeit gegenüber der Ewigkeit ziemlich aussichtslos auf dem Spiel. In allen Ewigkeiten, *sub specie aeternitatis*, ist der Mensch ein Dilettant, berühmt für seine Verfehlungen. Daher soll man nicht ausblenden, dass Humor, dass Witz das Leben nicht nur erträglicher machen, sondern dass sie auch ein Teil des Lebenskampfes sind – beim professionellen Komiker, auf die konzentrierte Weise, in der Berufe eben unsere Fähigkeiten konzentrieren und uns in die Wechselhaftigkeiten von Konkurrenz und Kooperation hineinziehen.

Ich erinnere an die in diesem Buch schon zitierte Definition von Schmäh des Lukas Resetarits: Das Kämpferische, schrieb ich, ist in dem Wiener Wort Schmäh fast auf diskrete Weise enthalten, wegen der Schmähung, die man gelegentlich benötigt, um sich durchzusetzen (wenn möglich nicht ohne sogenannten Charme), und weil das Wort, falls der Schmäh gelingt, auch auf die Freude darüber anspielt. Im Abschnitt »Tauben vergiften« habe ich diese Sublimierung und die menschenfreundliche Variante des Wiener Schmähs der Aussage von Lukas Resetarits entnommen, der das Schmähführen nicht zuletzt als »verbale Herangehensweise« definiert. Die Definition von Resetarits ist eine Kultivierung des Aggressiven am Schmäh. Wenn ich es wiederolen darf: Dass Schmäh eine verbale Herangehensweise ist, bedeutet, dass der

Schmähführer und erst recht der Künstler, der mit dem Schmäh arbeitet, einen Akzent auf das Sprachliche setzt; er muss mit Worten Umgang pflegen, mit ihnen umgehen, und zwar zugleich allgemeingültig-korrekt und eigensinnig-anarchisch. Worte sind sein Element, modern: sein Medium, er muss aus den Floskeln die Sprache hervorbringen können, und zwar zumeist gegen die Sprecher, also nicht in trauter Übereinstimmung mit ihnen, sondern in kritischer Distanz, also auch in Distanz zum Besserwissen von oben herab. Wer überlegen ist, demonstriert seine Unabhängigkeit und damit zugleich, wen allen er für eine solche Demonstration nicht nötig hat. »Ich kritisiere niemanden«, hat Foucault »von oben« gesagt, »ich habe zu tun.«

Und auch das Folgende ist in diesem Buch eine Wiederholung, ein Zitat meiner selbst: Der Schmäh arbeitet sich von unten heran. Deshalb die Herstellung der Gleichberechtigung – man ist auf der Bühne sozusagen selber deppert, bevor man seine Klugheit offenbart und andere darunter leiden lässt. Das ist in meinen Augen ein klassisches Verfahren, nämlich das der Ironie, und lustiger, listigerweise ist dieses Verfahren schon so alt, dass es auf Sokrates gemünzt bereits in der »Nikomachischen Ethik« des Aristoteles vorkommt: »Die Ironischen, die sich in der Rede kleiner machen, geben sich als Leute von feinerer Sitte. Denn sie scheinen sich nicht aus Gewinnsucht solcher Rede zu bedienen, sondern um alle Aufgeblasenheit zu vermeiden. Am liebsten verleugnen sie, was ihnen große Ehre macht, wie auch Sokrates zu tun pflegte.«

Die Wendung »von feinerer Sitte« ist keineswegs ironisch gemeint, sondern der antike Philosoph weiß, was er in den Ironikern hat, nämlich selbst nicht aufgeblasene Gegner der Aufgeblasenheit. Aber, sieht man von meiner Interpretation des (zeitweiligen) Philosophen Harald Schmidt ab, ein darstellender Künstler unterscheidet sich grundsätzlich vom Philosophen. Genau das, womit der Philosoph seine Schwierigkeiten hat, ist das Element des Bühnenkünstlers: Der Philosoph, der als Hüter der Wahrhaftigkeit auftritt, hat seine Schwierigkeiten mit der Verstellung, die ja auch dann passiert, wenn sich der ironische Weise kleinmacht. Für den Künstler hingegen (um das Zitat von Lukas Resetarits für eine gründlichere Interpretation wieder in Erinnerung zu rufen) ist diese Seite der Ironie, mit der er auf der Bühne sein eigenes Versagen darbringt, nicht zuletzt ein Instrument, eine Technik, sein Publikum dazu zu bringen, sich zu öffnen und empfänglich für seinen Witz zu werden.

Die brachiale Definition der Ironie, ihre Beschreibung durch das Körperliche, durch die zwei Watschen, die man sich im Sinne der Gleichstellung selber runterhaut, bevor man die dritte einem anderen gibt – diese Definition durch Watschen versetzt der Ironie einen förderlichen plebejischen Einschlag, was der gesamten Prozedur nur guttun kann, weil sie doch sehr stark von Vorsicht getragen ist: Bevor man austeilt, kassiert man erst selbst zwei von den Watschen, also um eine mehr, als der andere bekommt. Dieses Verfahren, eine Denk- und Sprechweise, kommt nicht von oben, es räumt vielmehr dem anderen die Möglichkeit ein, als Erster hinzuhauen. Eine Denkweise, philosophisch auch Methode, kennzeichnet die Inseln der Gegenöffentlichkeit – dass man dort besser keine Meinungen abholt, sondern dass man dort dabei zuhören (lernen) kann, wie man Meinungen behandelt, wie man sie auflöst, relativiert, wie man ihre Zumutungen abwehrt, wie man gegen sie polemisiert, aber auch, wie manche Meinungen – Auffassungen im Sinne von *minima moralia* – unabweisbar erscheinen. So ein Konzept funktioniert, wenn überhaupt, im Grunde nur dialogisch, und dass man als Publikum auf die Performance achten muss und sie nicht stören soll, erfordert eine Disziplin, die dem

Dialog manchmal, aber nicht unbedingt schadet. Ruhig sitzen und zuhören ist auch eine Entlastung, die man in seine Dialogfähigkeit investieren kann.

Das Dialogische ist ein Gegenstück zum Dogmatischen, knüpft beim Wiener Schmäh an traditionelle Formen an – wenn's hochkommt, an eine jüdische Überlieferung, die man wahrscheinlich aus der Bibel verstehen muss, nämlich daraus, dass man im Judentum das Buch der Bücher studiert, welches sehr, sehr viele Geschichten enthält, sehr viele literarische Formen, Ausdrucksweisen und Variationen von Verwandlungen; und immer wieder enthält die Bibel diesen Konflikt des endlichen Menschen mit Gott. Der Mensch muss lernen, sich in alledem, sich mit alledem selbst zu behaupten; der Mensch ergreift nicht zuletzt zu diesem Zweck das Wort, und das Wort wird nicht einfach sein, nicht einfach so dahingesagt, sondern komplex, vieles auf vielen Ebenen berücksichtigend. Dagegen ist das Dialektische, also die Ironie, etwas durch sein Gegenteil zu sagen (oder das Gegenteil mitzudenken), ein relativ einfaches Verfahren. Wenn jedoch das Publikum nicht mitgeht, also die Ironie nicht versteht, sondern das Dargebotene schlicht und direkt für wahr nimmt, ist das Spiel aus. Das Risiko für Ironiker, undialektisch ernst genommen zu werden, besteht seit eh und je (wird es immer größer?): Leute, die keinen Schmäh haben, halten einem im Ernst vor, was man ironisch meinte.

Der Schmäh funktioniert nicht linear, sondern indirekt. Vor allem das Indirekte erscheint mir nicht örtlich gebunden, also nicht als exklusive Wiener Angelegenheit. Ich habe einen Schweizer erlebt, der einen gebildeten, feinen Menschen aus Deutschland bis auf die Knochen verhöhnte, und zwar so, dass das Opfer davon überhaupt nichts merkte, während das Publikum sich köstlich dabei unterhielt. Ich will auch eine andere Ambivalenz nicht verschweigen, die im Indirekten liegt. Was auf der Bühne etwas darstellt, ist im realen Leben der Wiener oft eine Qual. Der Nachbar stellt dich zur Rede, aber seine Rede hat keine Kernaussage, nichts Prägnantes, das, worum es geht, schwebt in der Luft, wer holt es herunter? Und es gibt nicht wenige Leute, denen gerade dieses einheimische Mentalitätspartikel verhasst ist.

ALTE LEIER

Der Küsserkönig küsst die Leere.
Der Träger erträgt nicht die Schwere.
Die Schneiderin nicht die Schere.
Der Straßenhackler nicht die Kehre.
Der Soldat nicht die Gewehre.
Der Präsident nicht die Ehre.
Der Werfer nicht die Speere.
Der Tourist nicht die Fähre.
Der Fischer nicht mehr die Meere.
Der Professor nicht die Lehre.
Der Zahnarzt hasst das Weh,
der Matrose die See
und der Wiener den Schmäh.

ERSTE LIEBE

I waß net, woan es wor,
in wöchan Jor.
Es wor Süvester / Johreswechsl
obn in de Berg
in Mönichkirchen.

I wor um zwöfe
draußn auf da Wiesn,
und aus an Zimma unten
kam vom Radio
da Donauwolzer
mitten in die Sternennocht.

Du bist obm gwesen
bist schon glegn
mit de ondern Gäst
im Matrotznloga,
füi zehn Schülling die Nocht,
null Intimsphäre, kaltes Loger.
Verstohlen hob i di berührt
unta da Deckn.

I waß net, woan es wor,
in wöchan Jor.
I bin gstanden im Park

und hob auffegschaut
auf dei Fensta.
I wor draußn,
und bei dir drin
wor wer aundera.

I waß net, woan es wor,
in wöchan Jor.
I bin dir damois nochgfohrn
in die weide Wöd:
St. James's Park / London
und hob einegschaut
in so an Club.
I wor draußn,
und du worst drin.

I waß net, woan es wor.
I glaub, es wor vurigs Jor.
Im Café Landtmann drin
hob i zu dir gsogt:
»Du worst mei erste Liebe,
oba es woar wer andara bei dia.«
»Jo«, host gsogt, im Landtmann
vurigs Jor. »Der lebt a nimma,
der is a scho gsturbn,
und i hob di eh gern ghobt.«

Und auf amoi
hob i's wida gspürt,
wia i vur vierzg Jor
oder mehr

unten gstanden bin
im Park, und das Licht
in deim Fensta mia in
de Augn brennt.

Des is jetzt vierzig Jor her
oder mehr. Dazwischen
ein Leben und doch
die alte Kränkung
stets nachzuempfinden
und immer noch schwer.

CARMEN

Mit einem Gedicht von Catull
triumphierte ich im Lateinunterricht.
Es kamen Küsse darin vor,
und es ging um die ökonomische Frage,
wie viele Küsse der Lesbia
dem Dichter genug wären.
Natürlich unendlich viele,
grenzenloses Küssen,
bloß mit Metaphern beschreibbar,
die heute kaum ein Mensch versteht.
So viele Küsse beschwört das wunderbare
   Gedicht,
denn nach eigener Aussage
ist der Dichter »rasend«,
und er beendet meinen Triumph
im Lateinunterricht
mit dem höchsten Anspruch,
dass es nämlich so viele Küsse sind,
»die / Neugierige weder / aufzählen /
noch durch böse / Worte / behexen /
können«.

HUMMELFLUG

Mit ganzem Leibe
schlug eine Hummel
auf eine Glaswand auf.
Aber sie war in ihrem Fluge
so im Schwunge,
dass sie von der Scheibe
unbetroffen von dem Schlage
zurückschnellte und sofort
ins Freie flog.

AUFZEICHNUNG ZUR LAGE
AM WELTASTHMATAG (5. MAI 2020)

Ich bin »in Quarantäne« (könnte ein Ort in der Südsee sein). Wenn mich etwas amüsiert, dann der sprachliche Umgang mit Leuten wie mir. Ich gehöre zur »Risikogruppe« und zugleich – in der Werbesprache – zur »Zielgruppe« des Virus. Man sieht, wie Geschäftsleute ihre Interessen sogar an unsereins festzumachen versuchen. Ich habe den Inhaber eines Fitnessstudios im Fernsehen gesehen. Er zitierte eine Studie aus den USA. Sie besagt, dass die Fettleibigen, also Menschen wie ich, an der Spitze der vom Tod durch Corona gefährdeten Menschen stehen. Da müsse man doch die Fitnessstudios sofort öffnen, denn wo trainiert man sich die Fettleibigkeit ab? Natürlich im Fitnessstudio, wo so ein Abtrainieren das Leichteste von der Welt sei. Ähnlich ist die Aufdringlichkeit, mit der die Fans des digitalen Kosmos ihre Belange als seinsmäßig verankert verkünden. Studie ist das Wort der Stunde, Studio leider nicht.

Für mich hat »Risikogruppe« einen leichten Zungenschlag in Richtung Diskriminierung. Ich merke, dass in der Gesellschaft – leise noch und immer lauter werdend – sozialdarwinistische Denkweisen (re)aktiviert werden. Dieser Prozess setzt mit einer positiven Diskriminierung ein: Man muss, heißt es zunächst als Vorschlag zur Güte, die besonders Gefährdeten beschützen. Aber die Dauer und die Folgen der Schutzleistungen für »Risikogruppen« provozieren Unmut (und eventuell auch Hass), dass man solcher Leute wegen, die ja eh bald sterben, auf vieles verzichten muss, weshalb man auf einmal selbst – zum Beispiel wirtschaftlich – gefährdet ist.

»Wenn ich höre, alles andere habe vor dem Schutz von Leben zurückzutreten, dann muss ich sagen: Das ist in dieser Absolutheit nicht richtig.« Er hat recht, der deutsche Politiker, der dies formulierte, sagen wir, er hat formal recht. Denn inhaltlich, wenn der Schutz des Lebens nicht absolut gilt, bedeutet diese Relativierung, dass man sich auf ein Spiel einlässt, welches Leben man schützt und welches nicht. Da gibt es interessante Interventionen, zum Beispiel die eines sympathischen alten Herrn, einer Berühmtheit aus dem Fernsehen. »Was regt's euch auf?«, sagt er, »wir müssen eh alle sterben!« Ja, wenn man 85 geworden ist, ist man mit dieser Option leichter einverstanden. Es ist eine Art Feigheit-gegen Feind-Argumentation: Ihr scheißt euch alle an wegen des Todes, der kommt aber sicher, und er trifft jeden. Die harmlose Variante kann man mit Goethe kommentieren: »Und so lang du das nicht hast, / Dieses: Stirb und werde! / Bist du nur ein trüber Gast / Auf der dunklen Erde.« Der hatte aber erst recht Schiss vor dem Tod, dieser Goethe. Die wölfische Variante kommt vom deutschen Kommiss und sie lautet: »Hunde, wollt ihr ewig leben!«

Dagegen muss ich den klassischen Unterschied anführen, der zwischen Tod und Sterben liegt. Tot zu sein bedeutet nach Nestroy, »Verweser seiner selbst« zu sein, nicht mehr da zu sein. Wer die Bilder gesehen hat aus dem Spital in Bergamo, in dem verendende Menschen, auf dem Bauch liegend, beatmet werden, der erkennt dann doch die extreme Differenz zwischen dem Tod, der einem zukommt, und diesem verheerenden Sterben, das man erleiden muss, wobei man die Helfer mit ins Elend reißt. Selbst wenn ein Mensch diesem Verenden entkommt, weil die Beatmung die Rettung war, ist er schwer beschädigt. Menschen, die eine Zeit lang in der Intensivstation beatmet wurden, haben ihre soziale Orientierung verloren. So wird der Begriff der Einsamkeit, des Alleinseins von einer geradezu naturgewaltigen Härte begleitet.

Auch die Naturwissenschaft gibt Stichwörter zur sozialdarwinistischen Selektion. Bei der Rede von der »Herdenimmunität« (cooler naturwissenschaftlicher Jargon) geht es um nichts anderes, als dass Menschen zugunsten anderer Menschen sterben. »Herdenimmunität« ist ein wissenschaftlich legitimer Begriff. Aber im Entscheidungsspiel, also in der Anwendung von Begriffen auf die Lebenswelt, hat er ein verhängnisvolles Potential. Solche Begriffe werden automatisch zur Ideologie. Für mich gibt es zwei Definitionen von Ideologie. Erstens: Ideologie als »das notwendige falsche Bewusstsein«. Jeder sieht die Welt entsprechend seiner Position in der Gesellschaft. Diese Sicht hält er für »die Wahrheit«. Was daran eventuell wirklich wahr ist, erweist ich am ehesten in einer soziologischen Konstruktion, die versucht, das Ganze einer Gesellschaft zu verstehen, sodass man einen Einblick bekommt in das Heterogene des Zusammenspiels von partikulären Sichtweisen.

Die zweite Definition von Ideologie könnte man als »wissenschaftliche Weltanschauung« beschreiben: Man bezieht die nackte Wahrheit von der Wissenschaft. Wissenschaftliche Wahrheit ist (vor ihrer Falsifikation) ja tatsächlich ein Gesetz, und daher soll sie politisch, im Bereich der menschlichen Interaktion, genauso total, ganz und gar gesetzmäßig gelten – man kann ihr nicht widersprechen. Auf der einen Seite hat man daher so etwas wie eine menschelnde Subjektivität (»die Betroffenheit«) und auf der anderen Seite eine tendenziell menschenleere Objektivität. Aber es gibt etwas Drittes. Es transzendiert die Ideologien, die doch ein Reflex, wenn nicht überhaupt eine Funktion der Moderne sind. Wenn ein deutscher Oberbürgermeister an die Öffentlichkeit mit der Maxime tritt: »Wir retten Menschen, die in einem halben Jahr sowieso tot wären«, so klingt das wie eine Perversion der üblichen Effizienzideologie. Ist es auch. Aber dahinter dräut der archaische Anteil am Sozialdarwinismus: die Macht darüber zu haben, wer lebt und wer stirbt. Typisch, dass der zitierte Bürgermeister ein Grüner ist. Während Ideologien politisch zuordenbar sind, ist der archaische Anteil an Dafürhaltungen parteipolitisch ungebunden.

Viele Widersprüche, die in dieser Gesellschaft zusammengekleistert waren, treten in der Krise messerscharf hervor – eben auch der Widerspruch, dass Menschen Wissenschaften produzieren, die uns helfen, über die Runden zu kommen, dass aber denselben Wissenschaften die Verlockungen eines Totalitätsbegriffes innewohnen. Ihr Wort ist Gesetz, Widerspruch ist »unwissenschaftlich«. Eine Regierung dagegen kann nicht sagen, dass ihre Entscheidungen alternativlos und ganz und gar durch Wissenschaft gedeckt seien. Selbst durch die vorerst gültige (stets mit der Falsifikation rechnende) Objektivität der Wissenschaft, und das ist ein Dilemma, fällt die Subjektivität der politischen Entscheidungen im Wesentlichen nicht weg. Die Wissenschaft (in der ihrerseits sogar unvereinbare Positionen eingenommen werden) hat Antworten auf Fragen der Politik, und die Politik hat die Verantwortung dafür, welche Entscheidungen aufgrund der Wissenschaft getroffen werden.

Es ist ein Jammer, aber wer (sich) selbst in der Wissenschaft nichts beweisen kann, muss ihren Aussagen vertrauen. Er muss ihre Autorität akzeptieren und steht manchmal vor der Frage, was er denn glauben soll, wenn eine Autorität der Wissenschaft andere wissenschaftliche Autoritäten nicht anerkennt. Sucharit Bhakdi, ein in Thailand geborener Deutscher, ein Professor und Facharzt für Infektiologie, ein Institutsleiter in Pension, erläuterte seine Thesen in einem der Privatfernsehsender, die einen manchmal verstohlenen und manchmal offenen politischen Hautgout haben. Der Professor selbst ist glaubwürdig, er ist persönlich *sine ira et studio* erstaunt, dass man nicht sieht, wie sehr die Corona-Krise nur ein Fake ist. Er formuliert das Erstaunliche im Gespräch druckreif: »Die Krise ist von den Politikern selbst herbeigeführt. Diese Krise existiert nicht als echte Krise. Insofern ist die Krise dann zu Ende, wenn die Politiker das definieren. Es hat nichts mit dem Virus zu tun. Diese Krise hat nie existiert, diese Epidemie von nationaler Tragweite hat nicht existiert. Es ist ein Spuk, und wenn Sie mich fragen, wann ist so ein Spuk zu Ende, dann kann ich sagen: Ein Spuk ist nie zu Ende, wenn man den Spuk nicht selbst beendet.«

Alle müssen, wie schon gesagt, mit der Tatsache leben, dass niemand genau weiß, was uns geschieht. In einem hat Professor Sucharit Bhakdi aber auf jeden Fall recht: Es ist ein Spuk. Der Spuk folgt vielleicht doch mehr den Regeln des Robert-Koch-Institutes als den subjektiv ehrlichen Thesen eines pensionierten Professors. Der Professor bereichert jedenfalls die Theatralität der Umstände. Und was ist, lautet die hoffentlich nur rhetorische Frage auf dieser Bühne, wenn die wissenschaftlichen Antworten ihrerseits schon falsch waren? Ob wir in dieser Krise richtig agiert haben oder nicht, wird sich in der Zukunft weisen. Auffällig an den Entscheidungen in Österreich ist aber das eindringliche Rekurrieren auf absolute Richtigkeit. Selbst wenn die Maßnahmen absolut treffsicher sein sollten, sind sie zugleich – »hinterrücks« – eine Einübung in den Totalitarismus. Die Regierung wirbt um sogenanntes Vertrauen. Aber da verlangt sie zu viel von Staatsbürgern. Es ist fast eine Erpressung. Selbst wenn alle Entscheidungen dieser Regierung richtig sind, wird der Totalitarismus, der mit der Propagierung dieser Richtigkeit zusammenhängt, für zukünftige demokratische Verhältnisse ein Problem. Entscheidungen der besagten Art können nur im Geiste der Vorläufigkeit getroffen werden, aber dass einiges, was Bestand haben wird, sich »am Rande des demokratischen Modells« befindet, dringt bereits jetzt aus regierungsnahen Kreisen an die Öffentlichkeit. Der Sozialdarwinismus ist aber heute bloß ein Schatten an der Wand ohne definitive Umrisse. Er muss sich nicht zwangsläufig realisieren. Es wird auch von uns abhängen, von unserer »moralischen Diplomatie«, ob solche Dinge ein für alle Mal unmöglich sind. Wir – das sind verantwortliche Mehrheiten, die bei Wahlen Entscheidungen herbeiführen.

Wirft aber nicht auch die Suche nach dem »Schuldigen« einen beängstigenden Schatten? Das ist ein Grundproblem dieser Krise: Der Mensch muss fast allem einen Sinn unterschieben. In meinen Augen geschehen verwirrende Dinge: Wenige sterben auf verheerende Art, viele andere haben keine oder nur leichte Symptome. Sie loben ihr Glück oder sie triumphieren als Überlebende, als Nicht-Betroffene. Die Welt scheint einerseits unterzugehen, und andererseits sendet das Fernsehen immer noch, »als ob nichts wäre«. Im Rundfunk redet man Bullshit wie seinerzeit. Eine Montage aus zivilisatorischen Versatzstücken legt sich über das kollektive Unglück. Millionenheere von Arbeitslosen: dreißig Millionen Arbeitsplätze in den USA verloren, und Pool-Anbieter hierzulande können sich vor Bestellungen nicht retten. Reisen wird man kaum dürfen, also sorgt man zuhause für das kühle Nass, zum Eigenheim endlich der eigene Pool.

Wie das Virus in die Welt kam, ist an Absurdität kaum zu überbieten: weil in einem Teil der Welt bestimmte Wildtiere als Leckerlis gelten! Nicht »die Chinesen« sind schuld. Es ist die Conditio humana, die eine so vollkommene Unangemessenheit von Ursache und Wirkung in petto hat, und das ist lächerlich und tragisch zugleich. Die Schuldfrage enthält meines Erachtens immer schon eine falsche Antwort, mit der man der Absurdität aus dem Weg gehen will. Ja, weil Menschen Sinn produzieren müssen, auch wenn es keinen Sinn gibt, und was hat mehr Sinngehalt als die Schuld?

Es ist »das Absurde«, weil es für das Virus keine Verankerung im Sinn gibt. Es gibt auch nicht den Sinn der Schuld, es gibt nur die Freude am Beschuldigen. Die Leute sind so stolz auf ihre Sinngebungskompetenz, dass sie für das Absurde keinen Sinn mehr haben. Gewiss, es bleibt uns nichts übrig, als die Verursacher von Übeln haftbar zu machen, aber auch das hat wenig Sinn. Beschuldigen wird man vor allem den Feind, den man vorher schon kennt: Trump hat das »China Virus«, und die Chinesen haben die USA. Mit dieser Antithese sind sie in ihrem Sinnelement. Der sogenannte Westen hat außerdem noch fünf Geheimdienste aufgeboten, die Beweis führen, dass das Virus einem Labor in Wuhan entfleucht ist. In allem, was sie veröffentlichen, waren Geheimdienste immer schon Autoritäten der Wahrhaftigkeit. Und bei der Sinnsuche kommt die Religion ins Spiel. Ungläubig habe ich mich gefragt, warum der Katholizismus nach den ihm angelasteten Sexualverbrechen nicht nur nicht verabschiedet wurde, sondern nach wie vor, »als wäre nichts geschehen«, moralische Maximen predigt. Die Antwort, die mir einfiel, war: Weil die Religion auf Erden für die Sterblichen das ewige Leben verwaltet. »Wer an mich glaubt, wird leben, auch wenn er stirbt.«

Diese Religion ist Sachwalter für die Unsterblichkeit jedes Einzelnen. Aber in der Corona-Krise fällt mir zusätzlich etwas ein, warum sich die Religionen am Leben gehalten haben: Sie waren über die Jahrhunderte hinweg auch eine Einübung in die menschliche Demut. Diese riesige Welt, diese ganzen Unternehmungen, die Globalisierung und die Wissenschaft wirken ja wie eine Ausgeburt des Größenwahns. Da kommt der gewöhnliche Verstand nur mit Krücken mit, und Religionen konnten sich über die Erfahrungen der Menschen – auch die Erfahrung mit Seuchen – weiter halten, weil sie den Schrecken der Demütigung und der Erniedrigung zelebriert, ausagiert und kompensiert haben: »Staub bist du und Staub wirst du wieder werden.«

Dass man im Grunde ein Nichts ist, hilft den Menschen dabei, nicht andauernd großartig sein zu müssen. Selbst die mächtigsten Herrscher, wie heuchlerisch auch immer, sind vor dem Herrgott auf die Knie gegangen. Heute gehen sie vor dem Fernsehen und vor der Presse auf die Knie, aber sie beginnen, sich allmählich für ihre Unterwürfigkeit zu rächen. Überhaupt die politische Rechte. Sie skandiert: »Lügenpresse, Lügenpresse!« Die Religion jedenfalls hat in Europa keine Chance, so etwas wie eine Pandemie als göttliche Bestrafungsaktion zu etablieren. Da und dort wird man es versuchen, aber gegen die naturwissenschaftliche Ursachenforschung kommt der Frömmste nicht mehr an. Es gibt ausgepresste, saftlose Formen von Theodizee, deren Protagonisten die Demütigung der Menschenmassen durch das Virus einen »Wink mit dem Zaunpfahl« nennen, aber das ist nur billige Sinnproduktion gegen einen sinnfremden Naturvorgang mit sozialen, polit-ökonomischen und seelischen Folgen.

Hätte man extra für unsere Gesellschaft einen Alptraum erfunden, so ließe er sich durch die Formel mitteilen: Die Wirtschaft schadet der Gesundheit und die Gesundheit schadet der Wirtschaft. Es gibt Menschen, die peinlich darauf bedacht sind, dass niemand auf die Idee käme, die Wirtschaft hätte schon vor der Krise der Gesundheit geschadet. Da man aber Gesundheit ebenso als wirtschaftlichen Faktor betrachten kann (wie ja auch umgekehrt das wirtschaftliche Gelingen ein Beitrag zur Gesundheit ist), kann man pragmatisch versuchen, die Erfordernisse der beiden Fundamente menschlicher Existenz aufeinander abzustimmen. Das vorsichtige, Rückschläge in Rechnung ziehende Aushandeln von Lockerungsmaßnahmen der strengen Regeln des Ausnahmezustandes ist ein klassisches Beispiel für die Wiederherstellung einer Balance, die verlorengegangen ist.

Man kennt die Balance noch von früher, aber jetzt kann man nicht genau wissen, wie und durch welche Maßnahmen sie sich einpendeln wird – und vor allem, auf welchem Niveau. Die Arbeit an der Neuorientierung, siehe Heinz Budes Intervention, ist ein Beleg für menschliche Intelligenz, die zeigen wird, ob sie angemessen komplex mit einer Welt umgehen kann, deren Komplexität ja nicht zuletzt durch diese Intelligenz geschaffen wurde. Die Frage ist listig und lustig: Können Menschen, die in manchem der Natur ohnmächtig ausgeliefert bleiben, wenigstens das Schicksal meistern, das sie selbst verursacht haben?

»Die Wirtschaft« ist ein weites Feld, auf dem sich Varianten des Sozialdarwinismus gerne durchsetzen. Der abgewählte US-Präsident Donald Trump oder der britische Premier Boris Johnson, der wie Trump mit einer Infektion im Spital lag, haben es zu Beginn der Krise versucht: Herdenimmunität. Man riskiert halt viele Tote, aber die Wirtschaft lebt, auch nicht gut, aber besser als beim Lockdown. Die zitierten Mächtigen sind unsicher geworden, ob die Bevölkerung mitgeht. Aber wenn man eines Tages damit Wahlen gewinnen kann, dann gute Nacht. Ich weiß also nicht, was die Zukunft bringt, ich weiß es nicht. In diesen Tagen hat Jürgen Habermas gesagt, dass man nie so viel darüber gewusst hat, dass man nichts weiß. Aber ich weiß schon, dass die Dafürhaltungen, die Meinungen, die Perspektiven, die ein Mensch hat, vor allem dann, wenn er sich mit seinen Thesen im Unbeweisbaren bewegt, von Prägungen abhängig sind, die sich nie ganz kontrollieren lassen: von Verzweiflung und Beglückung, von Empfindlichkeiten, von privaten Tabus und öffentlichen Einflussnahmen. Ich zum Beispiel will es nicht vermeiden, auch das Fürchterlichste als eine der Möglichkeiten vorhergesehen zu haben. Wird alles gut werden?

ALTE DONAU

Am Tag, als der Rudi starb,
da war er no Kortnspün,
und mit de Würfeln
hot er's a ghobt,
sei gonzes Lebn lang, der Rudi.
Am Tog, als er starb,
wor eine Hitzewelle,
da Rudi und seine Hawara
san bei 34 Grad im Juni
vom Spütisch aufgsprunga
und in die Oide Donau
schwimma gongan. Am Tag,
als da Rudi starb,
is er no am Gänsehäufl vorbei
bis obe zum Neuer geschwomma.
Beim Bundesspurtbod
und auf der andern Seitn beim Birner
wor der Rudi imma gern schwimma. Am Tag,
als er starb, san seine Hawara ausm Wasser kreut
und ham se mid de Haundtiachln
otrocknt. Da Fritzl hot gfrogt:
»Wo is eigentli da Rudi?«
Oba do is da Rudi schon
Mid'n Kopf unterm Wasser
von da Oiden Donau glegn.

ERLEDIGT

Alles, was ein Mensch erledigen kann,
lastet auf mir: Die Zettel auszufüllen
und sie abzugeben – eine Zuarbeit lebenslang
für einen Akt, der am Ende mich ausgemacht
   haben wird,
an dem ich nichts ändern kann,
an dem ich niemals etwas ändern konnte,
für den ich bis heute einreiche
und der mir dennoch vorgeschrieben bleibt,
der mir immer zuvorkommt,
der mir immer einen Schritt voraus ist.
Ein schreibender Mensch
von Vorschriften eingegrenzt,
im eigenen Todesfall ehrenamtlicher
   Sterbebegleiter.
Eh gut, man stelle sich unsereins unbegrenzt
   vor.
Zum Glück: die Steuererklärung,
die Mahnung von der SVS
(Sozialversicherung der Selbständigen),
die mich aussackelt, obwohl ich bei der BVA
(Versicherungsanstalt öffentlicher
   Bediensteter)
längst versichert bin. Der Altersarmut
   ausgeliefert,

aufgrund von Jahrzehnte langer Doppel-
   versicherung
immer nur geringfügig angestellt gewesen,
wenn auch großzügig eingestellt,
ein Leben lang verlegt auf die Normalstation,
intensivste Pflege, aber amtlich. War ich nicht
»der Sachwalter« meiner Mutter?
Die verschlissenen Mappen
mit den Unterlagen, schon wieder ein Glück,
schmerzlich jedoch im Augenblick der
   Wahrheit,
hier oder jetzt: die Revision. Man kann nicht
wie ein Bär in der Eiswüste leben,
du benötigst eine Steuernummer. Jeder muss
   behördlich
erfasst sein, staatlich gelenkt und
   gesellschaftlich gelähmt.
Deine Gaben sind Eingaben. Wenigstens
das Leben erledigt sich von selbst.
Sonnig sieht es manchmal
beim Fenster herein.

JOSEPHINUM.
RASCH VERRINNT DAS LEBEN

In philosophischen Kreisen gibt es ein leicht gereiztes Gemurmel über die Verwendung großer Begriffe. »Die Vorliebe für große und allgemeine Begriffe – Gott, Geld, Medium, Macht, Liebe –«, schreibt Wolfgang Ullrich, »lässt nicht nur vieles offen, sondern erlaubt auch unendliche Permutationen; sie sind wie Dominosteine, die verschiedene Wertigkeiten zugleich besitzen: Man kann in ein, zwei Sätzen von einem Begriff zum nächsten kommen.« So ist es, aber man kann diese Kritik zugleich als ein Kompliment verstehen: Mit solchen Begriffen kann man arbeiten, sein Spiel machen, um – nicht zuletzt über die verschiedenen Wertigkeiten – ein »Gebilde gedanklicher Komplexität« zu errichten. Beim Tod ist es aber schwerlich bloß ein Spiel. Der Tod ist ein privilegiertes Thema: Er betrifft jeden. Meinen Überlegungen über den Tod geht eine lobenswerte Konvention voraus, die Totengedenktage im November. Aber auch zu jeder anderen Zeit erfüllt der Tod das wichtige journalistische Kriterium: Er ist aktuell.

Einmal war ich in Berlin und las an einem Freitag den dort etablierten *Tagesspiegel*. Darin stand etwas, das zu allen anderen Zeitungen einen großen Unterschied machte. Man stelle sich vor, in einer Zeitung, die mit Aktualitäten ausgestopft ist und die so ihr papierenes Leben fristet, standen relativ ausführliche Nachrufe über jüngst verstorbene Berliner. Die Verstorbenen zählten keinesfalls zur üblichen Mediennahrung, nämlich nicht zur Prominenz. Sie waren Berliner (oder Menschen, die lange in Berlin gelebt haben), Frauen und Männer, Arbeiter, Studentinnen, Bürger, Bettelmänner, Beamte und Verkäuferinnen. Ich begriff, diese Artikel, die Nachrufe waren, stammten aus einer branchenunüblichen Liebe; diese Liebe galt einerseits Menschen überhaupt, und zwar angesichts ihres Todes, der alles, was sie im Leben gewesen sind, zugleich nichtig und in der Rückschau wichtig machte. Unaufdringlich appellierten die Nachrufe an die Überlebenden, die es auch nicht für immer sein würden. Es ist der Weg allen Fleisches, den die Zeitung in Ehrfurcht und ohne viel Tamtam jeden Freitag begleitete. Was bleibt, was die Toten überlebt, ist auf jeden Fall Berlin, und die Stadt ist es, der die branchenunübliche Liebe andererseits gilt: Es sind unsere Toten, sagen die Berliner Nachrufe; es ist von Menschen die Rede, die ihren Lebenskampf in unserer Stadt führten. Auch sie haben im Alltag aus dieser Stadt einen menschlichen Ort gemacht. Der gewöhnliche Tod unterminiert das Zeitungskonzept der angesagten Aufregungen.

Wenn es dafür Regeln gäbe, was Menschen unbedingt tun sollten, dann könnte man festlegen: Sie sollten wenigstens zwei Mal im Jahr über den Tod gründlich nachdenken. Vielleicht sollte man jedoch das Gegenteil vorschlagen: kein Gedanke an den Tod! Es hat doch keinen Sinn, das ohnedies Unvermeidliche in Gedanken noch einmal zu fixieren ... Ist außerdem über den Tod nicht schon alles gesagt und lässt sich, was nicht gesagt ist, eh nicht sagen?

Beim Reden über den Tod stellt sich heraus, dass man hier »wir« sagen kann, ohne dass es eine Anmaßung wäre. Wir – das ist das eine, und das andere ist, dass durch die Gegenwart des Todes in der Gegenwart eines jeden das Leben selbst seine Unschuld verliert – etwas stimmt da nicht. Mitten unter Notizen über Alltägliches schreibt Arthur Schnitzler am 19. Jänner 1917 in sein Tagebuch: »Die ungeheure Raschheit, mit der das Leben verrinnt – Unheimlichkeit des Lebens.«

So banal und zugleich so auratisch sind die besten Sätze über den Tod. In diesen Sätzen geht es ums Leben, unser Lebensgefühl ist auch vom Stand der Kommunikation über den Tod bestimmt. Das Leben hat ein Geheimnis, sein Geheimnis, nicht zuletzt darin, dass es zu Ende geht. Das macht wiederum das Dasein so erstaunlich – es hat ja für die meisten von uns etwas Absolutes; das Dasein bündelt alle Kräfte und funktioniert über das Als-ob, als ob es endlos weiterginge – und damit soll Schluss sein, eines Tages?

Gewiss, es können die Schläge kommen, Schicksalsschläge, Krankheiten zum Beispiel, die nicht bloß daran erinnern, dass es einmal aus sein wird. Nein, es gibt auch Unglückliche, die das Ende sich wünschen und die im Unglück dafür Gründe haben. Ich gebe zu, dass ich mir, jenseits oder diesseits der Psychoanalyse, vorstellen kann, was »der Todestrieb« ist: Es ist das Umkippen einer Müdigkeit in einen aktiv betriebenen Wunsch. Die Müdigkeit betrifft dieses Am-Leben-Sein, und es bedarf nicht unbedingt des Schmerzes, der Krankheit, um genug zu haben; die Erschöpfung kann auch daher kommen, dass man plötzlich erkennt (oder zu erkennen glaubt), wie all die Mühen und die Anstrengungen, diese tagein, tagaus überspannte Willenskraft und die öde Wiederkehr der Entspannungen, sich nicht lohnen.

Das hat schon was, wenn jemand wie ich, der lange Zeit keine einzige Leiche gesehen hat (und der, als sich ihm die Chance bot, sie wie die Pest mied), vom Tode redet. Dass jemand, der keine Leiche gesehen hat, vom Tod auch nicht weiß, was man von ihm definitiv wissen kann, ist offensichtlich. Es könnte sein, dass, was den Tod betrifft, alle Menschen im entscheidenden Punkt Laien sind. Und wenn mein Schreiben einen Sinn hat, dann vielleicht den, die Laienhaftigkeit dem Tod gegenüber hervorzuheben, sie wiederum vorübergehend zu etablieren, auch für die Todeskundigen, die es geworden sind, weil sie schon so viele Leichen gesehen haben.

Was damit gemeint ist, stellt die Umkehrung klar: Der Tod, kann man behaupten, ist im Leben eine so ausgezeichnete Sache, dass jeder routinierte, rein professionelle Umgang mit ihm, wie erforderlich er auch im Alltag sei, schwere humanitäre Folgen hat, der Humanität Wunden schlägt. Wer den Tod hinnimmt wie Busfahren oder Mittagessen, ist seiner Menschlichkeit entfremdet. Auch deshalb korrumpiert die Produktion von Toten, nämlich der Krieg, die Menschen. Kein Zweifel, die Routinen des Umgangs mit dem Tod sind wenigstens der Möglichkeit nach ebenfalls ein Teil der hier beschworenen Humanität – sie, diese Routinen, sind es in dem Maße, in dem bloße Sentimentalität dem Tod gegenüber sich inhuman auswirken würde.

Der Tod gehört zu den Ereignissen, in denen Menschen anpacken müssen – und sei es nur, um die Leiche wegzuschaffen. Ein nur theoretisches, anschauendes, geschweige denn sentimentales Verhältnis zum Tod wäre etwas Parasitäres, in dem das faktische Unbeteiligtsein erst recht Urstände feiert, genau wie in den rein professionellen Routinen. Darin steckt das Problem, besagte Wunde, die dem Humanitären geschlagen wird: Die Gleichgültigkeit, die diffuse Indifferenz gegenüber den Sterbenden, den Todgeweihten, den Todbereiten, diese Gleichgültigkeit, wie immer sie auch im Praktischen vorteilhaft sein mag, ist im Sozialen eine ständige Gefahr – für den Einzelnen und für die Gemeinschaft. Sie ist ein bekanntes Politikum und wird in den einschlägigen politischen Systemen auch strategisch, mit voller Absicht herbeigeführt: Es wird nicht einer getötet, sondern es sind auf einmal gleich sechshundert, die getötet werden, und auf diese Weise senkt man die Sensibilität für den Tod; man erzeugt durch die Produktion vieler Toter eine Gleichgültigkeit dem Tod gegenüber; das ist sozusagen die quantifizierende Methode der Entsensibilisierung, der Verrohung.

Umgekehrt gilt, ich nehme an, ein jeder weiß es, dass die Conditio humana (oder besser: das, was ich dafür halte) es ausschließt, den Tod eines jeden anderen, eines beliebig anderen Menschen gleich ernst zu nehmen wie den seiner Nächsten, geschweige denn den eigenen. Es gibt jedoch die Fälle (sie sind mit dem Begriff des »Helden« verbunden), in denen Menschen den eigenen Tod in Kauf nehmen, um den anderer, naher und ferner Menschen, zu verhindern. Nicht ohne Verbreitung ist eine Neigung, menschliche Größe an den Tod zu binden; in einer vom Christentum geprägten Kultur: Christus, der Mensch gewordene Sohn Gottes, ist am Kreuz gestorben, und zwar nicht für sich, sondern für uns.

Ein kleiner Einschub, der in dieser tragischen Konstellation, sprich im Lebenslauf, einen anderen als den gewöhnlichen Akzent setzt: »Der große existenzielle Skandal ist nicht, dass wir sterben, sondern dass wir alt werden müssen.« Das ist ein Zitat von Daniel Kehlmann, und das »alt werden müssen« ist typisch ohne Rücksicht den vielen gegenüber gesprochen, die nicht alt werden. Auch ich argumentiere mit einem fiktiven Durchschnitt von Lebenserwartung, von Altwerden; im vorgestellten Durchschnitt, in dem der Tod zu seiner Zeit kommt, kann tragischer als er das Altwerden erscheinen. »Das Alter«, sagt Kehlmann, »ist das zunehmende Chaos im Leben. Man sammelt mehr Dinge an, mehr Beziehungen, mehr offene Rechnungen, und es wird alles immer schwerer zu vereinfachen und es braucht dazu immer größere Gewaltakte. Der Satz von der Entropie sagt ja, dass immer und überall das Chaos ständig steigt, und wenn man an einer Stelle Ordnung macht, kostet es einen woanders umso mehr Energie.«

Ich zitiere das nicht, um zuzustimmen, aber auch nicht, um es zu widerlegen, sondern weil ich es für eine wichtige Denkmöglichkeit halte. In dieser Möglichkeit tendiert nach meiner Lesart das Leben zum Bilanzselbstmord: Es geht sich nie aus, die Bilanz ruiniert sich am Ende von selbst. Das enthält in der Umkehrung die Mahnung für das gute Leben, sein Leben so in Ordnung zu halten, dass es am Ende im wahrsten Sinne des Wortes »Sinn macht«: einen runden biographischen Sinn.

Die fünf Wirkelemente der Pfarrer-Kneipp-Kur lauten: Wasser, Bewegung, Heilpflanzen, Ernährung und Ordnung – aber diese Ordnung zu schaffen, ist schon so schwer genug: Zeiten, die aus den Fugen geraten sind, räumen den meisten Individuen keine Chance zu einer privaten Ordnung ein; aber selbst in ruhigen Zeiten sind die Chancen der Menschen ungleich, viele haben schlechte Voraussetzungen, die sie ein Leben lang nicht in Ordnung bringen können. Und jetzt kommt ein Schriftsteller und nennt einen Lebenszeitraum, das Alter, in dem gerade der Versuch, Ordnung zu schaffen, zur endgültigen Unordnung führt.

Diese Denkmöglichkeit steht vor allem im Gegensatz zu dem Schöner-leben-Pensionismus, zur sozialpädagogischen Rede davon, dass die Welt von allem Anfang an als Seniorenclub eingerichtet ist, und dass der Mensch im Alter so richtig zur Ruhe und zum guten Leben kommt. Diese Idyllisierung des Ruhestandes rechnet nicht mit dem Satz von der Entropie, nämlich genau damit nicht, dass jeder Versuch, ein System in Ordnung zu bringen, damit endet, dass die Unordnung größer wird; es geht, so Kehlmann, im Leben zu wie auf dem Schreibtisch des Schriftstellers: Sooft man darauf Ordnung schafft, die Unordnung wird immer größer. So viel hat man im Leben erledigt, sterben wird man unverrichteter Dinge – und genau diesen Tatbestand hat man im Alter vor sich. Das ist das aktive Alter, in dem man zusieht, dass man nichts mehr tun kann, weil es immer mehr wird, was es zu tun gäbe. Darin sieht Kehlmann den Skandal – im Gegensatz zu denen, die den Skandal, wie zum Beispiel Elias Canetti, im Tod selbst sehen, der einen simpel ums Leben bringt.

Zu sterben, eines Tages zu sterben, ist eine Kränkung, aber es gibt einen merkwürdigen Ersatz für das ewige Leben, das einem wenigstens auf Erden nicht gegeben ist: Man weiß nicht, *wann* man sterben wird. Den Termin hat man entgegen seiner Wichtigkeit im Kalender nicht eingetragen, und jene Menschen, bei denen das anders ist, weil die Stunde ihres Todes von Experten vorausberechnet wurde, sind beispielhaft nur für sich selber, für ihresgleichen, nicht aber für die Mehrheit der unverschämt Ahnungslosen. Die Isolation der Todgeweihten, diese Isolation so weit aufzuheben, wie es nur möglich ist (zum Beispiel durch Hilfe, durch Pflege: sie soll hingebungsvoll sein), scheint mir eine der zentralen ethischen Anforderungen, die ans sogenannte Gemeinwesen wie an Einzelne ergehen. Ich gebe zu, überhaupt zu glauben, dass der am meisten einleuchtende Grund für ethisches Verhalten, die Begründung der Ethik, nur »die Solidarität der Sterblichen«, wie Max Horkheimer sagt, sein kann – dieses Wir, das keine Anmaßung ist, sondern eine mehr oder minder bescheidene, eine mehr oder minder resignative Einfügung ins Gemeinsame: Jeder Mensch weiß vom anderen, dass der andere wie er selbst im Horizont des Todes, dem er entgegengeht, existiert. Diese Realisierung der Sterblichkeit kann nicht ausreichen, aber sie kann dabei helfen, den Nächsten wenn schon nicht zu lieben, ihn wenigstens zu schonen. Was sollen die Kämpfe mit ihrem Willen zur Vernichtung unter Wesen, die ohnedies zu Grunde gehen werden?

Richtig übersetzt lautet der Satz »Mors ultima linea verum« aus den Episteln des Horaz: Der Tod steht am Ende aller Dinge. Oder: Der Tod ist der Horizont aller Dinge. Oder: Der Tod als letzte Grenze der Wirklichkeit. Dies erscheint mir der Rede wert, weil es eine lange allzu menschliche Tradition gibt, diese Grenze in Gedanken und rhetorisch zu überschreiten: Es stirbt nur der Körper, die Seele ist unsterblich.

Wir, alle Menschen, sind in der Frage des Todes so sehr Laien, dass eine, behaupte ich, machtvolle religiöse und philosophische Tradition unwiderlegbar lehren kann, dass der Tod eigentlich gar nicht stattfindet; selbst seine Existenz, die ja aus dem Pathos der Endgültigkeit lebt, ist also umstritten. Ich möchte in der Unsterblichkeitsfrage, die ich selbstverständlich nicht beantworten kann, die ich nicht einmal angemessen diskutieren kann, auf eine Unterscheidung, die die »ultima linea« betrifft, hinweisen. Es gibt einerseits eine religiöse Rhetorik, die die »ultima linea«, die letzte Grenze ohne weiteres überschreitet. Ein Beispiel: Im Zusammenhang mit einer Rückschau auf den Tsunami von 2004 trat im Fernsehen ein buddhistischer Mönch auf; der Mann war von der Herkunft Österreicher, und er ist in Thailand heimisch geworden; er sagte, anscheinend der buddhistischen Wiedergeburtslehre entsprechend, Folgendes: »Wer in diesem Leben gut war, wird es im nächsten Leben gut haben. Wer in diesem Leben schlecht war, wird es im nächsten Leben nicht gut haben.«

In diesem Konzept ist nicht nur der Übergang glatt und platt – er ist auch in ein einfaches System der Belohnung eingebettet, in einen gerechten Tausch. Wie du mir, so ich dir, heißt in dem Konzept: So wie hier (in dieser Welt), so eben dort (in der nächsten Welt). Die klassische Drohung mit der Hölle für böse Taten, von der sich die Don-Juan-Figur zum Beispiel bei Molière oder bei Mozart so beispielhaft und nachhaltig nicht hat beeindrucken lassen, diese Drohung mit dem Furchtbaren ist in dem zitierten Konzept zwar enthalten, aber bloß entschärft, bloß um ihren Stachel gebracht. Der Stachel wäre der Tod, aber in diesem Konzept ist der Tod verschwunden – seine negative, Grenzen setzende, die Endlichkeit determinierende Kraft ist suspendiert zugunsten des ewigen Weitermachens, des Weiterwurstelns unter moralisch einsehbaren, leicht verständlichen Bedingungen. Von solchen, die

Unsterblichkeit, den Übergang von einer Welt in die andere fast zollfrei bescherenden Visionen muss man in der Unsterblichkeitsfrage ein gegensätzliches Konzept unterscheiden. In diesem gegensätzlichen Konzept ist zwar die Unsterblichkeit ebenso vorgesehen, zugleich aber ist der Tod als »ultima linea« anerkannt. Dies ist das Kunststück einer dialektischen Theologie – die im Übrigen wie der Teufel das Weihwasser Idyllisierungen, Ermäßigungen der Härte des Daseins fürchtet. Banal gesagt, ist die Dialektik konfliktorientiert, gegensatzbesessen, und sie bedarf des Todes, des Nicht-Seins als eines Mediums, in dem über die Negation des Seins das Werden geschieht. Die Maxime lautet: Kein neues Leben ohne Tod des alten.

Ein Philosoph des 19. Jahrhunderts, Hegel, interpretiert in diesem Sinne die Auferstehung, dieses christliche Inbild der Unsterblichkeit, nicht als einen glatten Übergang, in dem das Leben bei Abwesenheit des Todes (des Todes als eines radikalen Einschnittes) einfach weitermacht. Im Gegenteil: Die dialektische Theologie radikalisiert die Anwesenheit des Todes bei der Auferstehung: Auferstehung ist danach der Tod des Todes, also eine Negation der Negation; es ist nicht einfach Am-Leben-Bleiben, nicht einfach ein Nicht-gestorben-Sein, sondern die Auferstehung geht durch den Tod hindurch, genauer: Es ist der Tod, das Sterben, durch das Auferstehung erst ihren Sinn hat. Dieser Sinn ist kein schlicht positiver, sondern er enthält das Negative, sprich: den Schmerz über den Tod.

Im ersten Brief des Paulus an die Korinther, geschrieben 53 und 55 nach Christus, findet sich die gottgewollte Negation, direkt gegen den Körper, gegen das Körperliche gerichtet: »Die Speisen sind für den Bauch da und der Bauch für die Speisen. Gott wird sie beide vernichten.« Und es findet sich im ersten Brief des Paulus an die Korinther eine Metapher aus dem Naturkreislauf, die das

»Stirb und Werde« dialektisch aneinander bindet: »Auch das, was du säst, wird nicht lebendig, wenn es nicht stirbt.«

Also auch hier: der Tod als Voraussetzung des Lebens. Paulus knüpft ebenfalls die Unsterblichkeit an den Tod des Körpers, aber christlich wird die Unsterblichkeit erst durch den Glauben an die Auferstehung. In dem Zusammenhang zitiert Paulus in seinem Brief an die Korinther das Alte Testament, nämlich Hosea 13,14 – die Stelle, in der das Unsterblichkeitspathos der Menschheit am schönsten zum Vorschein kommt. Da heißt es nämlich: »Tod, wo ist dein Stachel? / Hölle, wo ist dein Sieg?«

Vielleicht ist das Sprechen über den Tod immer bloß uneigentliches Sprechen, und vielleicht ist daher das Schweigen über den Tod geboten. »Der Tod geht uns also nichts an«, hatte Epikur gesagt, und die Grenze, die dieser antike Philosoph zog, kann man so nachzeichnen: Der Tod hat für uns keine Bedeutung, da alles, was für uns eine Bedeutung hat, eine Frage der Wahrnehmung ist. Der Tod ist aber das Ende, die Beraubung der Wahrnehmung. Tot sind wir nicht mehr, und solange wir sind, können wir nichts vom Tod wissen, der uns egal sein kann, denn im Tode gibt es ja das Uns nicht mehr. Solange wir leben, ist der Tod nicht anwesend, sobald aber der Tod eintritt, werden wir nicht mehr leben, also ist die Todesfurcht töricht! Dieser so wirkungsmächtige Gedankengang – wirkungsmächtig weit über Epikur hinaus – ist so leicht zu problematisieren, dass es sich fragt: Warum hat das eine derartig nachhaltige Wirkung? Gewiss, weil auch was Wahres dran ist, gewiss, weil's auch was Praktisches ist, vor allem aber weil es zu den Versuchen gehört, die Unheimlichkeit auszuschalten, die das Leben durch die Präsenz des Todes bekommt. Das Leben einfach auf die eine Seite zu platzieren und den Tod auf die andere, zerschlägt sozusagen einen der gordischen Knoten.

Der eine Mensch stirbt in Ruhe, »im Schlaf«, der andere nach langer Krankheit, im Todeskampf. Die Schmerzen, die am Leben beteiligt sind, die mit dem Tode aufhören, haben ein finsteres Licht auf das Leben geworfen und lassen in den Augen mancher Menschen den Tod als Erlösung erscheinen. Die Philosophie der Aufklärung ist traditionell mit dem Licht verbunden; die Aufklärung bringt entsprechend Licht in die Sache. So ist ihr Bild vom Leben hell. Aufklärung hat Peter Sloterdijk gesagt, habe mit Aufheiterung zu tun, aber dies Unheimliche, das kraft des Todes dem Leben innewohnt, ist auch ein dunkles Geheimnis, das der Aufklärung trotzt. Es ist ja ein Leben, das zuerst in Freiheit kein Mensch gewollt hat: Um es zu wollen, hätte der Mensch ja da sein, schon am Leben sein müssen. Das Leben wird einem, wie es heißt, geschenkt, während man beim Schenkungsakt ganz und gar fehlt, abwesend ist. Man hat es sich nicht ausgesucht, am Leben zu sein, im besten Fall war man ein Wunsch der Eltern. Wenn man dann schon einmal da ist, sollte man lernen, sein Dasein zu bejahen. So ist einer der wunderbarsten Gedanken der Aufklärung, dass man, ohne es frei wollen zu können, auf die Welt kommt und dass das Annehmen dieses ungewollten Faktums in aller Freiwilligkeit das Leben des Erwachsenen ausmacht. Leben im Sinne einer individuellen Biographie heißt aus der Perspektive der aufgeklärten und aufklärenden Vernunft, etwas ursprünglich Nicht-Gewolltes durch Lebenspraxis in etwas Gewolltes zu verwandeln, und es ist das Ideal der Elternschaft, den Kindern die Bejahung ihres Daseins zu ermöglichen.

Die Lebensaufgabe ist danach dialektisch, hat also eine Spaltung und ihre Überwindung (auf der ziemlich abgründigen, abschüssigen Basis der Freiwilligkeit) zur Grundlage. Gespalten ist der Mensch in das Nicht-Gewollte seines Lebens, weil da noch nichts zu wollen war, und in den Willen, der daraus erst ein Leben, sein Leben macht. Lebenserfahrene, also Skeptiker, erkennen an diesem hellen Konzept, wie leicht es kippen könnte, ins Dunkle, in die Finsternis. *Heart of darkness*. Unter Umständen ist es ein sehr brüchiger, schmaler Grat, auf dem das Annehmen des Lebens, des ursprünglich ja Nicht-Gewollten, vor sich geht. Sich gegen das Leben zu stellen, es abzulehnen, hat jedenfalls für die Vernunfttradition der Aufklärung etwas Pubertäres, etwas Idiosynkratisches. Aber der tragische Zweifel am Zweifel am Leben ist ein klassisches Motiv; es wird zum Beispiel laut in dem berühmten Chor aus »König Ödipus« von Sophokles: »Nie geboren zu sein, das ist / Weit das Beste; doch wenn man lebt, / Ist das Zweite, woher man kam, / Dorthin zu kehren, so schnell wie möglich.«

Für die Aufklärung mag das Leben ein Geschenk sein, das anzunehmen man verstehen muss – und erst durch diesen Verstand wird man Mensch. Rein pragmatisch und pädagogisch gesagt, fällt von hier aus ein Licht auf die Eltern: Im besten Fall wollten sie ihre Kinder, und im besten Fall bringen sie ihren Kindern bei, das Leben zu wollen. Dies – die Kinder zu lehren, das Leben zu wollen – ist die fundamentale Aufgabe der Elternschaft, die sich aus unendlich vielen alltäglichen Einzelheiten zusammensetzt; sich hinter diesen Einzelheiten verbirgt, wenn nicht verliert. Es gibt aber eine andere Tradition, der das Leben selbst das Übel ist, in der vor allem der Tod, das Nicht-Sein, seinen Reiz hat. Es steckt eine Unheimlichkeit dahinter, dass die Menschen aus dem Nichts, aus dem Nicht-geboren-Sein herkommen und dass sie im Nichts, im Tode enden. In der Zwischenzeit können sie, von ihren Philosophen geleitet, darüber nachdenken, wie sich das vorgeburtliche Nichts zum endgültigen verhält. Besagte Unheimlichkeit reicht für ein Lebensgefühl. Aber es schießt auch übers Ziel (was immer auch das Ziel sein mag) hinaus; es mag zwar weise sein, dem Nicht-Sein den Vorzug zu geben, es ist aber seltsam unpraktikabel, weshalb Alfred Polgar die Maxime intelligent verblödelt hat:

»Nicht geboren werden ist das Beste, sagt der Weise. Aber wer hat schon das Glück? Wem passiert das schon? Unter Hunderttausenden kaum einem.«

Ich habe die ganze Zeit so getan, als wüsste ich, was der Tod ist, als müsste man das Wort Tod bloß aussprechen. Aber während ich so tat, habe ich versucht, das Gegenteil darzustellen, dass es nämlich viele Ansichten vom Tod gibt. Hätte ich eine These vorzutragen, dann wäre sie seltsam nutzlos und kraftlos – nutzloser als jene Thesen der Philosophen, die auch am Krankenbett zugelassen sind, weil man mit ihnen die wichtige Frage diskutieren kann, wann man dem Tod, der gewiss kommen wird, entgegenkommen soll. Dass die Menschen, so meine These, dem Tod gegenüber Laien sind, kann nicht anders sein. Als Stendhal ein Buch über die Liebe schrieb, wünschte er, nur Liebende mögen es lesen, weil nur Liebende es verstehen könnten. Vom Tod haben wir Erfahrungen, aber streng genommen sind es nur Sekundärerfahrungen – es ist immer der Tod anderer, der uns darüber hinaus in die fragwürdige, Erkenntnis nicht gerade stützende Lage versetzt, die Überlebenden (wie auch immer triumphierend) zu sein.

Der Wunsch, den Tod authentisch zu erfahren, ihn zu erleben, führt nicht nur zu Tragödien, sondern auch in die Komik. Folgt man einer Korrespondentenmeldung, die ich in der Wiener Tageszeitung *Die Presse* gelesen habe, dann kann man in Holland für 75 Euro eine Stunde Probeliegen im Sarg. Das Angebot stellt ein Bauer, der auf seinem Bauernhof ein »1,50 Meter tiefes Grab [hat] ausschaufeln lassen, in das man sich in eine Holzkiste gebettet versenken lassen kann. Um das richtige ›Todesgefühl‹ zu simulieren, wird das Grab mit einer drei Tonnen schweren Betonplatte verschlossen [...] Damit der ›Scheintote‹ nicht in Panik gerät, während er in der Gruft ruht, überwacht eine eingebaute Videokamera alles. Der Sargtester hat auch die Möglichkeit, mit einem Klingelsignal um Hilfe zu rufen, sollte er vorzeitig seine Beinahe-Todeserfahrung beenden wollen. Dann wird die Betonplatte blitzschnell geliftet, der Sarg geöffnet und der Todessehnsüchtige kann zurück ins Leben. Damit auch die Angehörigen etwas von der simulierten Todeserfahrung haben, wird sie auf eine Leinwand übertragen.«

Diese Übertragung greift der Situation vor, in die die Angehörigen einmal kommen werden, und man muss vorbereitet sein. »Die Angehörigen«, kommentiert der Bauer sein Geschäft, »die Angehörigen können bei uns im Haus Platz nehmen und per Video verfolgen, wie das so ist, wenn der Gatte oder die Frau im Sarg liegt, und wie sie sich dort verhalten.« Der Bauer selbst, ein Vorbild, hat Übung, und kann es bereits drei Stunden im Grab aushalten; der ironische Berichterstatter nennt das, was der Bauer anbietet, eine »Grenzerfahrung«. Hier, im Grab, schlägt das Laientum dem Tod gegenüber in Dummheit um, überschreitet also auch eine bekannte Grenze, die Grenze zu einer Dummheit, bei der sich fragt, was soll denn ein Mensch tun, der dem Sarg Feuerbestattung vorzieht. Auch hier wird den Leuten etwas einfallen – auf dem Gebiete des Probebrennens.

Aber die Toten, das gehört gesagt, sind nicht hilflos; sie sind nicht bloß Opfer der Lebensprozesse. Sie sind im Spiel. Bei Karl Marx findet sich eine berühmte Formulierung, dass die Menschen zwar ihre eigene Geschichte machen, aber nicht einfach aus sich heraus, sondern unter vorgefundenen, überlieferten, ziemlich harten Bedingungen. Dazu fällt der Satz: »Die Tradition aller toten Geschlechter lastet wie ein Alp auf dem Gehirne der Lebenden.« So gehört zum Tod wohl auch die Frage, womit die Toten uns noch in Schach halten; historisch und wohl auch privat individuell, also psychologisch; es wäre vielversprechend, einen solchen Konflikt mit den Toten zu beschreiben, vor allem in einer Hinsicht:

Man sagt, Tote können sich nicht wehren, aber kann man sich gegen Tote, mit denen man noch einen Konflikt hat, wehren?

Würde man mich en passant fragen, was denn der Tod sei, würde ich erstens sagen: Der klinische Tod, obwohl er das letzte Wort hat, sagt nicht alles, was man über den Tod wissen sollte. Zweitens: Ich halte es für einen zivilisatorischen Fortschritt, im Tod, wenn er auch oft massenhaft passiert ist oder auch massenhaft verursacht wurde, im Tod ein individuelles, ein persönliches Phänomen zu sehen; im Grunde muss, wer vom Tod etwas verstehen will, im Tod die Person sehen, die ihn erlitten hat. Das »eigentliche« Humanum des Todes, würde ich endlich sagen, erweist sich in einer Sicht, die auf einen Menschen gerichtet ist, dessen Bemühungen, dessen Widersprüche, dessen Zweifel und Gewissheiten, dessen Süchte und Bravheiten, dessen Jungsein und Älterwerden, dessen Wissenschaft oder Unbildung, dessen ganze Daseinsanstrengung nicht mehr existieren. Nun kann man eine Nicht-Existenz nicht einfach denken – will man wissen, was der Tod ist, muss man das Nicht-Sein einer Person meditieren. »Meditatio mortis« heißt – seit der Antike –, sich den Tod täglich vor Augen zu halten. Zitat Epiktet: »Tod, Verbannung und alles andere, was furchtbar erscheint, halte dir täglich vor Augen, vor allem aber den Tod, und du wirst niemals schäbige Gedanken haben oder etwas maßlos begehren.«

Diese Art der Lebensplanung, die ständig den Tod miteinkalkuliert, nennt man wohl stoisch, und ich halte sie für eine systematisch betriebene Verletzung der Vitalität – der Vitalität, die ihre Hochzeiten eben dann hat, wenn ihr der Tod schnuppe oder weit weg ist. Für das Nachdenken über eine Person, die nicht mehr leibhaftig existiert, scheint mir aber der Terminus »meditatio mortis« sehr geeignet: Es ist der Tod, den man versteht, wenn vor dem inneren Auge ein Lebenslauf vorüberzieht, ausschließlich aus der

Perspektive, dass er nun nicht mehr ist. Und jetzt fehlt mir nur noch eine Schlussszene, ein Satyrspiel (von der Existenz und der Nicht-Existenz), das ein Ende nimmt, welches das Ende ist.

Woody Allen tritt auf, wer sonst als er? Wir sind in dem Film »Die letzte Nacht des Boris Gruschenko«, und Woody Allen ist tot. Er steht auf einer grünen Wiese, unter grünen Bäumen, im Hintergrund schimmert ein Wasser, vielleicht ist es der Acheron, der Fluss ohne Wiederkehr. Neben Woody Allen steht der Tod – der hier aber kein wilder Knochenmann ist, sondern ein schneeweißes Bettlakengespenst mit kolossaler Sense. »Man darf sich den Tod nicht als ein Ende vorstellen«, sagt nun der Tote. »Man muss ihn betrachten als eine wirksame Möglichkeit, weniger Geld auszugeben.« Dann verabschiedet er sich von uns, den Lebenden, dem Kinopublikum, und macht sich auf den Weg ins Jenseits. Dort wird er dann wohl Schiller treffen und Mozart, aber auch, was ihn noch mehr begeistern dürfte, die Marx Brothers und die Jungfrau von Orleans.

In den letzten Sekunden des Films tanzen die beiden Gefährten hüpfend, kreiselnd davon: der Sensenmann und Woody Allen, der Tod und das Männchen. Und ganz rechts unten auf der Leinwand erscheint nun das Wort, das allem ein Ende macht: The End.

NACH RUSSLAND ODER
DER TOD ALS ZUFALLSTREFFER

Auf einer Rolltreppe im Frankfurter Hauptbahnhof ist eine 68 Jahre alte Frau an einem Sonntag tödlich verunglückt. Die Frau sei gestürzt und von ihrer eigenen Kleidung stranguliert worden, berichtete die Polizei. Sie war mit schwerem Gepäck auf dem Weg nach oben, als sie plötzlich nach hinten fiel. Sie schaffte es nicht, sich wieder aufzurichten. Am oberen Ende verfing sich ihre Kleidung in der Rolltreppe. Ein Wiederbelebungsversuch des alarmierten Notarztes blieb erfolglos, die 68-Jährige aus Taunusstein starb noch an der Unfallstelle. Sie wollte eine Busreise nach Russland antreten.

IN WIEN KOMMT DER TOD MIT DEM TAXI

Original-Schriftstück, seinerzeit im Internet, datiert mit Februar 2020 unter »Taxi-Forum: Corona in Wien«.

Nun ist Corona in Wien angekommen. Jetzt wäre ein London-Taxi das Ideale. Viele Leute wollen nicht mehr mit öffentlichen Verkehrsmitteln wie U-Bahn, Straßenbahn, Linienbus fahren wegen der Ansteckungsgefahr. Sie meiden chinesische und italienische Restaurants. Auch das Wiener Schnitzel und der Kaiserschmarrn sind gefährdet. Jetzt sind wir Taxler gefragt. Vermutlich wird es zu einer erhöhten Auftragslage kommen die Uber und uns höhere Umsätze bringen. Mehrere Taxifahrer sind schon wegen diesem Virus gestorben, natürlich noch nicht in Wien.

Marktbereinigung auf natürliche Art. Wenn mehr Taxifahrer und Uberfahrer sterben, dann gibt es wieder Platz auf den Standplätzen und bessere Umsätze für die Überlebenden. Die letzte Epidemie war die spanische Grippe. Da sind ca. 100 Millionen Menschen gestorben. Das war vor genau 100 Jahren.

CHANSON.
EINE HOMMAGE AN
CHARLES AZNAVOUR

Tränensäcke baumeln im Nachtwind.
Venen brennen wie Feuer.
Vingt ans – ich war einmal zwanzig.
Wohin gingen die Jahre,
meine Jahre, deine Jahre.
Ich sagte allen die Meinung
Damals. Ich war sehr kritisch damals
Von oben herab, von oben herab.
Ich hatte Zukunft
nicht im Moment
aber vor mir, weit vor mir
Ich hatte die Zukunft gepachtet,
ich war einmal, ich war einmal:
zwanzig!

Venen brennen wie Feuer.
Tränensäcke baumeln im Nachtwind.
Auch das Chanson ist schon ranzig
Ich war einmal zwanzig, zwanzig, zwanzig.
Vingt ans – ich hatte die Zukunft gepachtet,
sogar du hast mich damals geachtet,
ich – ich hab dich verachtet.
Damals mit zwanzig. Es war einmal,

ich war einmal zwanzig.
Vingt ans die Tränensäcke
baumeln im Nachtwind,
Menschenskind, die Venen brennen wie
   Feuer.

Seinerzeit streichelte ich die Zeit,
liebkoste höhnisch sogar die Vergänglichkeit,
spielte mit dem Leben
pour critiquer le monde
avec désinvolture
seinerzeit als ich zwanzig war.
Vingt ans
Ich hab die ganze Zeit
in alle Zeiten konjugiert,
als ich zwanzig war
Zukunftsmusik, ha.
Das Leben hat mich schließlich abgestiert
ausrangiert und abserviert.
Die Tränensäcke baumeln jetzt im Nachtwind
die Venen brennen wie Feuer
Aber als ich zwanzig war ...
Gestern heute morgen.
All die Zeit,
heute Vergangenheit
Heut, heut – zu früh gefreut
Damals, als ich zwanzig war,
als mein Vater fünfzig war,
dicker Bauch und keine Haar,
war doch allen klar:
Die Alten soll'n sich schleichen

und uns Jungen weichen
Schleicht's euch, alte Leut,
mir gehört das Morgen und das Heut
Uns gehört das Heute und das Morgen
fremd sind uns die Sorgen.
Eure Sorgen,
damals als wir zwanzig waren
und im Leben unerfahren.

Tränensäcke baumeln im Nachtwind.
Venen brennen wie Feuer.
Ich hab keine Zeit mehr,
die Sekunden treiben mich vor sich her
Übermorgen holt der Tod mich ein,
Menschenskind, im La Coupole,
die Touristen: Ein paar Amis
Eng wie Hühner in der Mastanstalt
   nebeneinander.
Vor ihren Tellern mit Krabben und Krebsen
102 Boulevard du Montparnasse.
Paris, Du Stadt der Liebe.
Die sind ja so jung, wie ich damals war
mit zwanzig Jahr, mit zwanzig Jahr
Vingt ans – va t'en!

GLÜCKSVÖGEL

Dass das Glück ein Vogerl ist, ist eine der unerträglichen Phrasen, die als Metapher daherkommen und mit der die Menschen einander billig bedienen. In der Glücksfrage gibt es noch einen anderen Vogel. Ihn habe ich – wie überhaupt das Pech – in meinen Versuchen über das Glück vernachlässigt: den Pechvogel. Die Vernachlässigung rührt aus meiner Faszination für das Gegenteil, nämlich für eine bestimmte Art von Glück – für das Zufallsglück.

Das Zufallsglück ist dadurch definiert, dass niemand mit ihm rechnen kann. Ja, vielleicht verantwortungslose Glücksritter oder verzweifelte Menschen, die setzen dort, wo der Zufall ist, ihr Leben aufs Spiel. Für alle anderen gilt, nicht mit dem Zufall zu rechnen, auch wenn es einige gibt, die versuchen, den Zufall berechenbar zu machen. Sie tun alles für ihr Glück, oder vielleicht muss man sagen, sie tun alles, um Unglück zu vermeiden.

In einem der Filme von Toni Spira, die das Fernsehen unter dem Titel »Alltagsgeschichten« zeigte, tritt mein Freund, der Dichter Gustav Ernst, im wahrsten Sinne des Wortes auf. Die Kamera verfolgt ihn, wie er durch den Park läuft und außer Atem sagt, er trainiere eben, um am körperlichen Verfall wenigstens das zu vermeiden, was man selbst – durch Sport – vermeiden kann. Es ist eine löbliche Haltung, das Glück nicht herauszufordern, sondern – solange man kann – zu ihm beizutragen und dem Glück laufend auf die Beine zu helfen.

Der Pechvogel ist der Widerpart vom Glückspilz. Wer vom Zufallsglück heimgesucht wird, verdient ja sein Glück nicht. Das Los gekauft zu haben, ist zu wenig, um die Millionen des Hauptgewinns als eigene Leistung ausgeben zu können. Aus dem herrlich Unverdienten des Zufallsglücks mache ich die Theorie, dass der Mensch in seinem Leben – sollte ihm das meiste davon glücken – auf Unverdientes angewiesen ist.

Das richtet sich gegen das Sprichwort »Jeder ist seines Glückes Schmied«. Was daran wahr ist, ist wohlfeil. Während aber das zitierte Handwerk längst nicht mehr metapherngerecht ausgeübt wird, soll die Maxime immer noch als Schuldzuschreibung Dienst tun: Selber schuld – ein perverser Trost für ein Schicksal. Man will sich einreden, dass man sein Schicksal in der Hand hat, weil man sogar am Unvorhersehbaren, das einen trifft, Schuld hat.

Gewiss, es gibt Menschen, die die Anleitungen zum Unglücklichsein penibel verfolgen und die sich sogar gegen den Zufall sperren, der ihnen eventuell Glück bringt. Aber es gibt Zufälle, gegen die sogar diese Unglücklichen machtlos sind. Solche Leute müssen ihren Lottogewinn erst schön langsam verspielen, bis sie wieder so richtig unglücklich sein können.

Der Pechvogel hat mit dem Glückspilz das Unverdiente gemein. Der Pechvogel verdient ja sein Unglück nicht – er hat es einfach, und je öfter er es hat, desto mehr ist er von ihm geprägt und desto mehr ruft er es hervor. Es kann nämlich sein, dass im Zuge dieser Prägung durchs Unglück Einstellungen gefördert werden, die das Unglück begünstigen, wenn sie es nicht sogar anlocken. Solche Menschen möge man beglücken, um den scheinbaren Fluch von ihnen zu lösen.

Aber nun wird es schwarz. Mir liegt ein anderer Vogel auf dem Herzen. Der andere Vogel kommt nicht so oft vor, er ist ja ein ziemlich vertracktes Wesen. Ich nenne ihn den Totenvogel, und er hat etwas mit dem Galgenvogel zu tun. Der Totenvogel sitzt zufrieden zwitschernd auf dem Galgen, während unter ihm der Gehenkte sanft im Luftzug baumelt. Bei den Menschen ist derjenige der Totenvogel, der einem nichts als schlechte Nachrichten bringt oder solche, die er virtuos schlechtmacht. Eine Anekdote, selbst erlebt: Beim Frühstück im Hotel, die Gäste sind über die letzten Krümel gebeugt. Der Totenvogel sorgt sich laut um mich: »Du siehst aber blass aus.« – »Aber geh«, sagt mein Tischnachbar, »der sieht doch nicht blass aus.« Sofort peckt der Totenvogel auf ihn hin: »Ihr müsst auch immer alles schönreden!«

Er spricht stets im Ton der Sorge und der Fürsorge. Auch er selbst, sagt der Totenvogel, ist vom Unglück geschlagen. Einerseits versucht er, dich in sein Unglück zu verwickeln, andererseits soll sein Unglück als Garantie für seine Mitleidsfähigkeit dienen. Mein Rat: Füttern Sie mit ihrem Unglück den Totenvogel – überfressen platzt er vielleicht.

TODESENGEL. EIN LESETHEATER
(FÜR SILVIA)

VORSPIEL

Dr. Nedbal im Schlafrock. Er sitzt an der Bettkante, seine Beine baumeln. Der Pfleger Albert macht sich zu schaffen. Er trägt ein weißes T-Shirt mit der Aufschrift in Blockbuchstaben: ROTES KREUZ. Seine Tätigkeit ist Sisyphos-Arbeit: Er versieht die Beine von Dr. Nedbal zuerst mit Excipial 4: Der Wassergehalt der Haut wird damit erhöht und »langanhaltend« gebunden. Die Beine von Herrn Dr. Nedbal sind geschwollen. Der Pfleger Albert verbindet erst das rechte Bein mit einem Schlauchverband, dann das linke.

DR. NEDBAL: Kann man das wirklich sagen, geschwollen? Geschwollen sind meine Beine doch erst in zweiter Linie, in erster Linie haben sie Wasser – das Herz kann das H_2O nicht wegpumpen oder so ähnlich, dadurch kommt es zum Stau, und dann schwellen die Beine an, besonders im Sommer, aber der Winter macht da keine Ausnahme, sommers und winters sind die Beine geschwollen. Fester, Schwester!

Pfleger Albert, als »Schwester« tituliert (was er gewohnt ist), wickelt jetzt dicke braune Bandagen dem Leidtragenden erst um das rechte Bein, über den Schlauchverband, und dann um das linke Bein. Immer wenn er damit fertig ist und die Bandagen festgeklebt hat, kommt ein Pflaster unter das Knie, eines in die Mitte des Schienbeins, eines an die

Ferse und ein letztes um den Rist – immer, wenn er damit fertig ist, reißt Pfleger Albert das Pflaster ab, rollt die Bandagen von den Beinen des Herrn Nedbal, zieht ihm den Schlauchverband ab und beginnt die Prozedur von neuem.

DR. NEDBAL: Venöse Insuffizienz, es könnte venöse Insuffizienz sein. Pflegerisch sagt man, bitte, »die Beine vom Herrn Doktor«. Wissen Sie, Albert, wie viele Schwestern und Pfleger mir schon die Bandagen, harte Bandagen, gegeben haben? Unzählige, seit meine Beine geschwollen sind. Sie sind nur einer unter vielen, mir aber der liebste. Ihnen kann ich die Essenz meines Lebens anvertrauen: Sie lautet, dass jedes Lebensalter seine eigene Dummheit hat. Die Dummheit einer vorangegangenen Privatepoche erkennt man erst in der nächsten Privatepoche, aber da ist es nicht nur zu spät, sondern man ist bereits einer neuen Dummheit ausgeliefert, die man wieder nicht durchschaut. Man läuft der Dummheit hinterher, wird ihrer niemals habhaft und erkennt sie erst, wenn sie vorüber ist und keine Rolle mehr spielt. Und am Ende habe ich so viel Dummheit angehäuft, dass ich selbst den Tod für eine Dummheit halte. Wozu dann, sage ich mir fragend, so ein entschiedenes Abschiedsmoment, eine solche Pointe, eine solche höchstpersönliche Dummheit wie den Tod. Aber das ist ein falscher Schluss, eine unzutreffende Schlussfolgerung, denn der Witz ist ja nicht, dass die Dummheit das Leben begleitet, der Witz ist, dass die Dummheit das Leben ermöglicht. Es sind die Ahnungslosigkeiten, das Unverständnis, auf die man geeicht ist. Damit bestreitet man in den jeweiligen Privatepochen seinen »Lebensunterhalt« – ein Wort, zu schön, um es aufs Ökonomische einzuschränken. Der Lebensunterhalt! Überall dort, wo man nicht weiß, worauf man sich eingelassen hat, steckt man am besten im Leben drin, in der Unschuld des Augenblicks, der einem was wert ist, auch weil er eben wie nichts vergeht. Das »Fest des Augenblicks« faselt ein Titelrollenspieler des »Jedermann«. Ja, das ist eine Utopie, eine Wunschvorstellung, dass man weiß, was sich abspielt, und zugleich selbst in aller Unmittelbarkeit am Spiel beteiligt ist – ein Spieler, der das Spiel durchschaut und der dennoch das Spiel bedenkenlos genießt. Das nenne ich Weisheit, aber die Masse, der ich angehöre, zu der ich mich bekenne, ist eben nicht weise. Die einen sind zu dumm, um nur im Geringsten zu verstehen, was los ist, geschweige denn, was mit ihnen los ist, und die anderen sind so gescheit, dass es auch schon wieder dumm ist. Wenn sie einmal etwas durchschaut haben, können sie darin nicht mehr Fuß fassen. Sie sind draußen – und haben als Ersatz verquere Formen ihrer Teilhabe erfunden, die wahrscheinlich alle auf ihre Überlegenheit hinauslaufen. Ironie, Theorie, Performance statt Praxis. *(Zu Albert)* Albert, bitte, diese Bandagen, sie binden das Wasser im Unterschenkel ab, dann hat man, wenn man die Bandagen entfernt, das Wasser unterm Knie. Ein dickes geschwollenes Knie, Wasser in der Kniegegend, die Kniescheibe schwimmt. Ja, die Anfälligkeit, der Verfall. »Der Zerfall.« Das Verdämmern, das Verenden. Hier ist wahrlich der Weg dorthin, schnurstracks oder in Kurven ans Ende, es ist das Ziel, und du bist schon am Ende, wenn dieser Weg einmal eingeschlagen ist. Nicht wahr, Albert? Es bleiben Erinnerungen, wenn überhaupt etwas bleibt. Die Erinnerungen, die mich immer wieder einholen, die ich manches Mal absichtlich abrufe und die mich manches Mal heimsuchen – plötzlich ergreift mich eine solche Erinnerung, und ich sehe mich vor mir (und ich spüre es körperlich, allerdings schon in einem ganz anderen Körper, den ich aber immer noch meinen Körper nenne, obwohl er sich dermaßen verändert hat, dass die leiseste Andeutung eines Besitzverhältnisses lächerlich ist), ich sehe mich vor mir, wie ich die Allee entlanglaufe – die Markgraf-Rüdiger-Straße, sie ist eine Allee im Nibelungenviertel, dessen Zentrum der Kriemhildplatz ist, aber ich laufe nicht in der Allee, also nicht zwischen Bäumen, sondern ich laufe auf der Straße, einer Planke entlang, die einen Bauplatz umzäunt –, die Stadt wurde damals verbaut, damals war der Beginn des Verbauens. Mir, der ich die Planke entlanglaufe, kommt der Tag als das Ende vor: An diesem Morgen ist der Vater zusammengebrochen, er war nicht in der Lage aufzustehen, er lag danieder. Er, der Vater! An ihm fanden die zwei anderen in der Triade, die Mutter und der Sohn, ihren Halt. Es war der Halt eines Würgegriffs. Damals, als der Vater sich nicht erheben konnte, war das so, als wären in einem Stromnetz die Sicherungen durchgebrannt. Ich sehe mich laufen in einer rasenden, durch die Erinnerung erst recht erhöhten Geschwindigkeit zu Frau Doktor Raab in die Märzstraße. Frau Doktor Raab ist die Anlaufstelle unserer Krankheiten gewesen, zu ihr trugen wir hin, was uns fehlte, und holten anstelle dessen die Gesundheit wieder ab. An die Gesundheit, ärztlich verpackt, das Existenzpaket, waren wir gewöhnt, viele von uns ...

Albert steht unvermittelt auf, die Bandagen mit einer herrischen Geste wegwerfend.

ALBERT: Das reicht jetzt; das Schönste sind die Proben, aber wir haben genug geprobt, und es muss nicht immer das Schönste sein. Ich mache jetzt Ernst. Können wir anfangen? Anfangen!! *(Albert verbeugt sich)* Mein Nam' und Art ist Regie- und Zeremonienmeister Albert Nettelsheim. Früher arbeitete ich in der IT-Branche, dann wollte ich »etwas mit Menschen machen«, und heute: Rotes Kreuz. Regie, Schauspielkunst, leidenschaftlich, aber nur im Nebenberuf. Wir beginnen gleich mit einer Probe aufs Exempel. Schnell nur noch eine Überlegung: Ausgerechnet jetzt, wo mein

Lehrstück meine künstlerische Entwicklung entschieden vorangebracht hat, muss ich einen Zweifel eingestehen. Ja, die Zweifel, zerstörerisch, aber ohne Zweifel keine menschliche Größe. Ich meine, keine menschliche Größe ohne Zweifel. Selbstsicher schaufeln wir uns das Grab ...

DR. NEDBAL *(fällt aus der Rolle und unterbricht Albert)*: Geh bitte ...

ALBERT: Ich habe stets »Realismus« gepredigt, will sagen: Dass die Figuren von Romanen selten aufs Klo gehen (kommt ja vor, es bleibt ein Geruch davon), dass in den Ärztefilmen die Patienten klinisch rein in weißen Betten liegen, ohne dass die Ableitungen ihrer Körperflüssigkeiten in die Darstellung miteinbezogen wären – ist das nun gut oder schlecht? Ist gar nicht so lange her, dass Damen bei Harndrang oder beim Rumoren ihres Darms den Klogang mit den Worten ankündigten: »Wir gehen uns frisch machen.« Könnte es sein, dass gerade »die Kunst«, viel mehr als die IT-Branche, den Sinn hat, die Utopie des Idealen am Menschen vor Augen zu führen, was den Preis hat, wenigstens ansatzweise das Animalische unserer Existenzen ausblenden zu müssen? Ich weiß es nicht, ich weiß es nicht mehr. »Der Mensch«, wer immer das im Einzelnen sein mag, ist in der Welt, und er hat eine Welt. *(Er verhaspelt sich)* Es gibt keine Welt, aber darunter und darüber. *(Er fasst sich wieder)* An eines glaube ich bestimmt nicht: Dass sich die Daseinsweisen – obwohl es genug Verbindungen zu geben scheint – miteinander nahtlos verbinden lassen. Der Abgrund zwischen Krankheit, Schmerz und dem Absterben auf der einen Seite und der menschlichen Größe auf der anderen ist in meinen Augen zu groß, um seine Überbrückung für möglich zu halten. Überbrückung, Vermittlung, das wäre zynische Hybris. Es passt nicht zusammen, die im Ärztefilm nicht gezeigten Flüssigkeiten, die

Abwässer der Existenz und das Hochgemute am Menschen. Der Schmerzensschrei und die Liebe zu Hölderlin – sie sind ganz und gar das jeweils Andere. Diese Antithese des Menschenlebens hat sich auf die Körper eingetragen. Überzeugen Sie sich selbst und lassen Sie uns die Probe aufs Exempel machen, folgen Sie uns in die Unterwelt, in die Unterwelt ohne Orpheus.

VERWANDLUNG

Eine riesige Bühne, die durch Lichtspots unterteilt werden kann. Jetzt erkennt man auch, dass das bürgerliche Vorspiel mit dem angeschlagenen Dr. Nedbal in einer Kulisse stattfand. Publikumsbeifall vom Band. Man sieht ein Schild, von Albert hochgehalten: »Die Unterwelt ohne Orpheus«. Links oben in der Bühnenecke der Mond Zicke-Zacke, ein höhnischer Himmelsbewohner, ein scharfer Charakter, aus dem All herausgeschnitten. Man muss auf die große leere Bühne sehen, bis man die akustischen Schwingungen hört. Sie wachsen an, läuten, die akustische Spannung löst sich in einem Gelächter, lachende Frauen und Männer.

PROF. WEIDER *(an das Publikum gewandt)*: Nein, ich ... Ich bin gekommen, um mich zu entschuldigen. Ich wollte Ihr Leben nicht retten. Ich habe Sie um einen schönen Tod gebracht. Aber Sie wissen, wie es geht: Man rettet und rettet, und es ist gar nicht so ernst gemeint ... Am Fließband, wie man sagt. In Ihr Leben und in Ihren Tod wollte ich mich nicht einmischen. Auf keinen Fall ist es etwas Persönliches. Nehmen Sie bitte auch Ihr Leben, das ich Ihnen geschenkt habe, wie eine alte Gewohnheit an. Ohne Drama. Man hat Sie in der Nacht gebracht, am Operationstisch hatte ich einen gewissen Schwung. Ich nahm Sie mir vor, und sicherlich, es war schon interessant, was an Ihnen alles kaputtging. Nabelbruch,

Darm gerissen, Lunge gerissen, Niere. Sepsis. Was soll man da machen? Ich machte mich ans Werk. Für uns hat es nicht lange gedauert, der Rest der Dauer lastet auf Ihnen.

Grelles Licht, blitzartig einschlagend. Das medizinische Personal in Reih und Glied, aufgestellt wie am Ende der Beggar's Opera. Einzelverbeugung. Operettenhaft. Die Protagonisten springen glamourös vor die Rampe, um sich zu verbeugen. Sie stellen sich namentlich vor:
Prof. Dr. Weider, geboren in Mainz.
Schwester Samantha, geboren auf den Philippinen, vom Tsunami angespült.
Pfleger Albert, geboren in Hermannstadt, Rumänien.

DIE DREI SCHWESTERN *(unisono):* Uns fragt man, woher wir denn kämen. Ich komme nicht aus dem Iran, ich nicht aus Südkorea, ich nicht aus Indien, *(alle drei)* auch wenn es so aussieht. *Eine jede nennt ihre Heimat:*
Ich bin aus Floridsdorf am Spitz.
Ich bin in Fünfhaus zuhaus.
Mein Wohnsitz ist in Oberlaa.
(unisono) Wir sind jetzt schon sehr lange da.
Wir sagen's gleich:
Das rassistische Huhn,
Fast am Ende dieses Stücks,
Sagt die Wahrheit nicht.
Es lügt auf Teufel komm raus,
Wir sind hier zuhaus!
Alle drei sind wir Original-Wienerinnen, bilden zusammen eine Chorusline *(man hört plötzlich ein Geräusch, als würde Geröll einen leichten Hang hinunterpurzeln – wie das bei den Luxusvillen in Gmunden, Lage am See, leider so oft der Fall ist),* und das ist unser Lieb-

lingspatient. *(Pfleger Albert schiebt einen Rollstuhl herein. Der Mann im Rollstuhl hat nur ein Bein.)*

Das gesamte heilkundige Personal ruft ihm begeistert zu:
Haben Sie gut geschlafen? Wie geht es Ihnen heute, Herr Navratil? Sie müssen mehr trinken. Perfekt. Haben Sie Hunger, Herr Navratil?

Völlig überraschend springt Herr Navratil auf. Er steht mit beiden Beinen im Leben und spricht seinen Text. Seine Einbeinigkeit ist ein genialer Theatertrick, der sofort wieder zum Einsatz kommt, wenn Navratil wieder in die Ruhelage geht und mit dem einen Beinstumpf dem Publikum zuwinkt.
NAVRATIL: Vor der Morgenwäsche zittere ich am ganzen Körper *(lacht)* – am ganzen Körper! Bei mir schon a Schmäh. Mein Körper ist nicht ganz. Ich habe Angst. Man weiß nicht, was herauskommt, wenn mit dem Waschen einmal begonnen wird.

Die drei Schwestern nicken.

NAVRATIL: Aber ich bin ganz auf der Seite der Schwestern. Einerseits machen sie ein Krankenzimmer zum Kasernenhof, andererseits haben sie recht: Sie müssen wie wir alle im Leben einen Ton finden. Ihr Ton muss mahnend, nachdrücklich und zugleich unnachgiebig und hilfreich sein. Schönes Dilemma.

Die drei Schwestern nicken. NAVRATIL *nimmt wieder Ruhelage ein und sagt der Schwester aus Floridsdorf am Spitz, die ihm mit einem Schwamm das Gesicht zu waschen versucht, seinen Text auf:*

Schwester aus der weiten Ferne,
liebes Fräulein, i sog Ihnas:
Wia i no jung wor,
hob i ollas g'essn.
Sie essn jo a no ollas,
weil Sie san jo
no jung.
Sie trinken ollos,
wia i damois,
als i no jung wor.
Und pudert hamma,
Fräulein Schwester,
sowas von vü pudert hamma

PROF. WEIDER *(zu Zeremonienmeister Albert):* Ist dieser schöne Text von Peter Turrini?

ALBERT *(macht psst):* Sei still.

NAVRATIL: ... und g'essn und trunken hamma,
wia i no jung war.
und pudert. Fräulein,
des wissen Sie net,
wie i damois pudert hob.
Damois woarn S' no gor net
auf dera Wöd,
wia i no jung wor.

Im Triumphzug wird Navratil weggerollt. Es ist eines dieser Bilder, die man vom Ersten Weltkrieg her kennt: der triumphierende Invalide, der siegesgewiss seine Krücken schwenkt.

PROF. WEIDER: Interessant. Wenn diese Menschen keinen sexuellen Appetit mehr haben, verlieren sie auch ihr Schamgefühl.

VERWANDLUNG

Ein Fokus auf der Bühne liegt links hoch oben auf Zicke-Zacke, dem scharf geschnittenen Mondgesicht. Rechts davon in einem eigenen Lichtausschnitt über der Szene hört und sieht man eine Putzfrau. Sie kommt sichtlich von weit her, und in einer abwehrenden Gleichmütigkeit sondergleichen manövriert sie eine Art Besen, der ein Schnappgeräusch erzeugt: klapp, klapp. Die Eingeweihten, die Todgeweihten auf der Intensivstation wissen: Sie heißt Salma und kommt aus Bangladesch. Einige Idioten rufen sie Selma. Sie erwidert ihnen stereotyp: »Ich bin keine Türkin, ich heiße nicht Selma, ich heiße Salma und komme aus Bangladesch.« Rechts in der Szene sitzt ein Mann im grellen Licht vor einem Computerbildschirm. Er registriert und archiviert lethargisch Abbilder der Innereien menschlicher Körper: Herzen, Nieren, und er murmelt vor sich hin: »Auf Herz und Nieren geprüft, auf Herz und Nieren geprüft.« Aber auch Lungen, Därme und Blasen, alles, was es so gibt. Vis-à-vis von dem ohne Rücksicht arbeitenden Mann liegt ein Kranker. Ihn sticht das grelle Bildschirmlicht in die Augen, aus dem letzten Loch pfeifend singt er: »Immer nur lächeln und immer vergnügt, immer zufrieden, wie immer sich's fügt. Lächeln trotz Weh und tausend Schmerzen. Doch wie's da drinnen aussieht, geht niemand was an.« Das Protestlied verklingt ungehört, der Kranke hat zu wenig Kraft, um sein Lied gebührend hinauszuschmettern. Der Mann vor dem Bildschirm, er ist, wie die Ein- und Todgeweihten der Intensivstation wissen, der Oberstarzt Grimsinger, ein echter Landdodl aus Altmannsstetten an der Lahm. Oberstarzt heißt er nicht, weil er fürs Militär arbeitet (Grimsinger war untauglich, er hatte vom Kameradschaftsbund der Ärzte einen Befund), sondern es ist Krankenhausjargon: Hier machen sie aus jedem Oberarzt einen Oberst, auch damit sie ihrer hierarchiebedingten Unterwürfigkeit eine Art Begründung geben können. Grimsinger trägt im Dienst Corona-Uniform: Schürze

und Kopfschutz, eine Art Großmutters Badehaube. Unterhalb der Szene erscheint nun ein Laufband: ADMINISTRATION UND DOKUMENTATION. Und dann steht eindringlich die Formel zu lesen: ADMINISTRATION UND DOKUMENTATION BEKÄMPFEN DAS GRAUEN.
Licht aus.
Dunkel, langsam beginnt die Luft zu surren. Schwaches Licht. Ein Mann in heller Fantasieuniform überquert langsam die Bühne, den Oberkörper vorgebeugt. Er grüßt militärisch, als würde er eine Parade abnehmen, und zugleich scheint er die nicht existierenden Menschenmassen beruhigen zu wollen. Er verschwindet im linken Abgang der Bühne. Man hört: klapp klapp klapp... Die Luft surrt. Von links kommt die Figur wieder. Die Uniform hat sich in Casual Wear verwandelt, keine Kappe, ein Rucksack, in dem ein Handy läutet. Der Mann holt umständlich das Telefon heraus und führt ein Telefongespräch. Den Gesprächspartner hört man nicht.

DER MANN: Ja?
Ja, er hat mich gefragt, ob wir wen haben, um den Alten in die Senkrechte zu stellen, und er hat gesagt, wenn nicht – dann soll er halt liegen bleiben.
Nein, nein – nicht zynisch, sondern verzweifelt angesichts der Ressourcen: zu wenig Leute. Er war ja ganz schön tangiert. Jetzt wecken sie ihn sieben Mal am Tag auf und empfangen ihn heiter, mit Sprüchen: Na, Herr Lauda – so, als hätte die Welt mit nichts eine größere Freude als mit einem wachen Herrn Lauda. Wie viel muss man lügen, um wenigstens eine halbe Wahrheit herauszukriegen? Na, die haben Angst, dass er ihnen in Morpheus' Armen abdampft. Mühsam.
Es ist schon erfrischend, wenn man das Schmerzpflaster weglässt. Mir fällt es schwer, die Lage einzuschätzen, es passt nicht zusammen: Einerseits ...

Na, die können doch froh sein über das »Gesundheitssystem«, das eine ordentliche Krankenverwaltung ist. Sie müssen nicht im Freien abkratzen. Aber andererseits ...
Es knirscht im Gebälk, wir sind personell und finanziell ausgehungert, am Anfang vom Ende. Es passt nicht zusammen: Das Glück, hier und nicht in Iowa vom Schicksalsschlag getroffen zu sein – und andererseits das Pech, bei uns auf der Station liegen zu müssen ...
Ich hab noch drei Flaschen davon. Verzeih die Produktplatzierung: drei Flaschen Schlumberger. Bauchige Kühle ... Ja, er hat seine Frau eineinhalb Jahre nicht gesehen. Erst haben sie ihn dahin verlegt und dann dorthin, und jetzt kann man ihn überhaupt als verlegt betrachten.
Nein, wir haben einen Fragebogen. Da steht oben drauf: BIOGRAFIE. Wir stellen den Alten Fragen, die wir uns selbst nie stellen würden – zu einem Zeitpunkt, da sie mit ihren eigenen Antworten, falls sie welche hätten, nichts mehr anfangen können. Wir panieren sie aus, wir papierln sie.
Sie sollen uns ein Geständnis ablegen, »die Lebensbeichte«. – Ja, zum Beispiel fragt unsereiner: »Zwischen welchen Personen ist Ihnen der Kontakt sehr wichtig? Kinderloser Kontakt, abgelehnter Kontakt? Religion, Spiritualität, prägende positive und negative Ereignisse des Zeitgeschehens? Was halten Sie von Ihrem Tod?« Aber auch: »Auf welcher Seite steigen Sie am liebsten aus dem Bett?«
Warum interessiert dich das so? Nein, nein, nein. Hierher kannst du nicht kommen. Unmöglich. Es darf ja nur ... Und *(ärgerlich)* was willst du denn von mir?

Das Licht verglimmt. Aus der Finsternis wird ein Krankenbett herangeschoben. Es bleibt im Zwielicht. Pfleger und Pflegerinnen arbeiten echt, tatsächlich in Echtzeit an einem fetten Patienten. Auf der Bühne wird tatsächlich ein Mensch nach allen Regeln der Kunst gewaschen.

SCHWESTER EVA: Guten Morgen ohne Sorgen. So, und jetzt stellen Sie das rechte Bein auf. Versuchen Sie, sich zu mir rüberzudrehen. *(Zum einem Pfleger)* Ja, Bruno, perfekt. *(Zum Patienten)* Was haben Sie gestern gesagt? Die Hölle ist das Positive? Was soll denn das heißen? Sie sind ja ein Philosoph, ich verstehe kein Wort. Soda mit Himbeer. Jetzt schmieren wir Ihnen nur noch den Rücken, Vorsicht, das wird kalt – und dann bekommen Sie von uns Ihre Anti-Thrombose-Spritze. Fertig. Fertig. Ende Gelände. Ja, fertig.

Es wird hell. Das Bett verschwindet im Dunkel.
Pfleger und Zeremonienmeister Albert ruft aus: Demütige Träume eines Bettlägerigen. Die Bühne wird strahlend hell. Artisten einer Zirkustruppe beginnen ihre Performance: Saltos, Sprünge, Pyramide aus Menschen. Plötzlich lange dunkel.

VERWANDLUNG

Surren der Luft. Es geht über in Meeresrauschen. Das Geräusch der Brandung wächst an und zieht sich wieder zurück. Trudi und Max Tuberer sitzen im Liegestuhl – ganz wie die Touristen am Strand von Mallorca. Sie sind voll maskiert – Gesichtsmaske, Sauerstoffmaske. Im Mund haben sie einen Schlauch, der ihr Innenleben bewässert. Sie sprechen sehr undeutlich, aber doch verständlich. Von weit hinten hört man animalische Schreie eines Menschen unter Schmerzen. Eine Sinnestäuschung?
Ein Mann im dunklen Anzug, wie ein Wiener Oberkellner, der sich in der Rolle nicht sicher ist. Über die Schulter hat er ein Handtuch geworfen.

DER MANN: Das kann doch nicht sein ... Bin ich hier richtig? *(Trudi und Max Tuberer atmen vergnügt schwerer)* – Ich möchte ... Es war vereinbart. Ich möchte bitte ein Gedicht vortragen.
TRUDI UND MAX: Ein Gedicht, ein Gedicht.
DER MANN: Also, ich bin so frei.
Nimmt einen Zettel aus der Brusttasche, wirft kurz einen Blick darauf und spricht dann auswendig: »In jedem Augenblick ist es so, dass das Individuum es selbst und die Gattung ist. Dies ist die Vollkommenheit des Menschen, als Zustand gesehen. Gleichzeitig ist es ein Widerspruch; doch ein Widerspruch ist stets Ausdruck für eine Aufgabe; eine Aufgabe aber ist Bewegung; doch eine Bewegung als Aufgabe auf dasselbe gerichtet, was als dasselbe angegeben war, ist eine historische Bewegung. Also hat das Individuum Geschichte; wenn aber das Individuum Geschichte hat, dann hat die Gattung sie auch. Jedes Individuum besitzt dieselbe Vollkommenheit, eben deshalb fallen die Individuen nicht numerisch auseinander, ebenso wenig wie der Begriff der Gattung zum Phantom wird. Jedes Individuum ist wesentlich an der Geschichte aller anderen Individuen, ja genauso wesentlich wie an seiner eigenen interessiert. Die Vollendung in sich selbst ist daher die vollkommene Partizipation am Ganzen. Kein Individuum ist gegen die Geschichte der Gattung gleichgültig, ebenso wenig wie es die Gattung gegen die eines Individuums ist. Indem nun die Geschichte der Gattung vorwärtsschreitet, beginnt das Individuum ständig von vorn, weil es selbst und die Gattung und darin wiederum die Geschichte der Gattung ist.«
MAX: Liebe Frau Tuberer.
TRUDI: Lieber Herr Tuberer.
TRUDI UND MAX: Das war doch kein Gedicht.
DER MANN: Was? Kein Gedicht? *Er wirft sich in Pose:* »In jedem Augenblick ...« Das ist kein Gedicht?!

TRUDI: Nein, das ist kein Gedicht.

DER MANN: »In jedem Augenblick ...« Verstehen Sie nicht? Kein Gedicht?

Kopfschüttelnd über so viel Unverständnis verlässt der Mann die Szene.

VERWANDLUNG

Dunkel. Plötzlich Licht.
Zeremonienmeister Albert. Inschrift: UNVERGESSEN. Übergroße Porträtfotos erscheinen. Der Zeremonienmeister nennt laut die Namen:
Waltraud Wagner (geb. 1960)
Irene Leidolf (geb. 1962)
Stefanija Meyer (geb. 1940)
Maria Gruber (geb. 1964)

MAX *(am rechten Bühnenausgang):* Ah, das sind die Todesengel von Lainz.

TRUDI *(von links):* Sie haben viele Menschen ermordet, die vier Pflegeassistentinnen.

MAX: Sie konnten der Versuchung nicht widerstehen.

TRUDI: Welcher Versuchung?

MAX: Die Wehrlosigkeit von Menschen macht einige andere mörderisch geil.

Trudi und Max nehmen die Schläuche aus dem Mund und können deutlich sprechen.

MAX: Man muss über den Großteil der Pflegerinnen und Pfleger Wörter sagen wie »Helden des Alltags«. Heldisch der Betrieb, der auch die Aussichtslosen hilfreich betreut.

TRUDI: Ist ja auch was Wahres dran. Die große Mehrheit macht ihre Arbeit. Und sie macht sie hervorragend. Diese Helfer sind unverzichtbar. Aber die Phrase von den Helden vertröstet doch nur über schlechte Bezahlung und über Personalmangel.

MAX: Weiß ein jeder!
Pause.
TRUDI: Weißt du noch, wie die Lainzer Pflegeassistentinnen eine ihrer Prozeduren nannten?
MAX: Welche denn?
TRUDI: Nase zuhalten, Wasserschlauch in den Mund, Spülung, bis die Opfer erstickten.
MAX: Ja, ich weiß. Das nannten die Pflegeassistentinnen »Mundpflege«.
TRUDI: Der Spuk ist aber nicht zu Ende.
MAX: In der weiten Landschaft der Not wurden einem Menschen von Pflegern seine Ausscheidungen in den Mund gestopft, um ihn darüber zu informieren, dass man nicht ins Bett macht.
TRUDI: Todesengel wurde auch die berühmte Schwester der Charité genannt. Irene Becker. Die Schwester Tod, die Todspritzerin.

Ein Foto der Irene Becker, vom Schnürboden heruntergelassen, ergänzt die Fotogalerie der Österreicherinnen.

MAX: Das war alles einmal, in blutig grauer Vorzeit. Wie die Pensionistenkillerin Blauensteiner.
TRUDI: Und die Dunkelziffer?
Die Porträts werden kurz grell beleuchtet. Dann verschwindet eines nach dem anderen im Rhythmus eines Trauermarsches von Gustav Mahler. Der Marsch verklingt.

VERWANDLUNG

Standbild. Die Akteure sind bewegungslos starr, wie auf ein Foto gebannt. Es sind drei Elemente, aus denen das Bild besteht. Zwei Betten stehen einander gegenüber. Die Bettlägerigen müssen einander ins

Gesicht sehen. Ihre Blicke können nicht ausweichen. Die Gesichter sind von einer außerordentlichen Hässlichkeit. Einer der Männer hat den Mund offen, weit offen – er hat keine Zähne.
Auf einem zweiten Teil des Bildes sieht man einen sehr großen und überaus dünnen Mann. Er sitzt querbett (Querbettsitzen ist eine manchmal nicht zu erbringende Leistung Schwerkranker), das Hemd ist ihm um den Hals zugebunden und hält ihn im Würgegriff, der Rücken ist frei. Alle Krankenhäuser der Stadt verwenden dieses Hemdenmodell, in der Demokratie ist die Gleichheit vor dem Krankenhaus ein großes Anliegen. Die Voyeure sehen den gebeugten, ausgezehrten Rücken des alten Mannes. Er hat ein Vogelgesicht, Glatze, er stiert ins Nichts.
Das dritte Element: Eine Autoritätsperson, wahrscheinlich eine Ärztin, und ein kleiner, offenkundig verwirrter Mann stehen einander gegenüber. Sie wollen einander nichts Gutes.
Das Bild zerfällt plötzlich und geht in Alltagshandlungen über. Die Autoritätsperson hat den Verwirrten stehen lassen und ist zum langen Mann mit dem nackten Rücken gegangen. Sie sagt etwas zu ihm, man versteht den Wortlaut nicht. Der Mann nimmt seine Kräfte zusammen und brüllt, um es einer ewig Verständnislosen klarzumachen:

Brunzen wü i!

VERWANDLUNG

TRUDI: Eine aus dem global mix. Sie hat mir das Nachthemd übergezogen. Dabei musste ich den Arm in die Höhe strecken. Na, sagte ich, wie wär's mit der Überschrift: Schwester zwingt Patientin Hitlergruß auf. Sie fand's überhaupt nicht witzig. Ich – ich hab's immer schon komisch gefunden, wie die Gesten ineinander hinübergleiten in ganz andere Zusammenhänge mit ganz anderen

Begründungen und Hintergründen. Sie hat sich dezidiert verwahrt: Nicht komisch, sagte sie – ungut, und sie war auch ... Wo ist denn der Witz, fragte sie aufgebracht. Ich kleinlaut: Na ja, ist halt eine Parodie auf dümmliche Schlagzeilen.
MAX: Sie hat recht. Was für eine Rohheit! Du schaffst es in jeder Lage, Misfit zu sein. Andererseits ... Na ja ... Deine Aggression als Reaktion darauf, sich helfen lassen zu müssen. Außerdem: Die Menschen haben nicht alle den gleichen sogenannten Humor. Wenn man da die Grenzen überschreiten ...
TRUDI: Das ganze Theater um die Helferei. *(Sie umfasst mit einer einzigen Geste den ganzen Bühnenraum. Über der Szene hat sich allmählich medizinisches Personal auf einer Galerie eingefunden. Man beobachtet und hört zu.)* Hilfeleistung. Unterlassene Hilfeleistung.
MAX: Ja, helfen muss man sich leisten können.
TRUDI: Das kann man wohl sagen. Ich erzähl dir den Witz vom Schweinderl, vom Bauern und vom Pferd. Also der Bauer geht in der Früh in den Stall zum Pferd. Das Pferd lässt alles hängen, es ist entkräftet, es ist fertig. Der Bauer ist darüber traurig. »Ja«, sagt er auf dem Rückweg in die gute Stube, »wenn das morgen nicht besser wird, muss ich mein Pferd schlachten!« Das hört das Schweinderl und läuft in den Stall zum Pferd. »Pferd«, sagt das Schweinderl, »reiß dich zsamm. Die schlachten dich morgen, wenn du so kaputt bist!« In der Früh steht der Bauer auf, schaut auf den Hof hinaus, und was sieht er? Das Pferd. Es galoppiert frisch und fröhlich im Hof herum. »Frau«, sagt er zur Gattin, »unser Pferd ist wieder gesund. Das müssen wir feiern. Lass uns zur Feier des Tages das Schweinderl schlachten!«

Lachstürme von der Galerie, frenetischer Beifall, Bravorufe, vereinzeltes Pfui.

VERWANDLUNG

Links oben Zicke-Zacke, der schneidige Mond. Rechts oben die Putzfrau mit ihrem Klapperbesen. Sie verschwinden allmählich.
Auf der Bühne Geräusche von Geschäftigkeit. Bühnenarbeiter schieben ein Klavier herein. Ein Mann im Frack erscheint: der Pianist. Von einem Band ertönt endenwollender Beifall. Der Pianist winkt ab, der Beifall verstummt. Der Pfleger und Zeremonienmeister ALBERT *eilt aus dem Dunkel der Bühne an der Rampe. Außer Atem verkündet er:*
Das Sextett des Wiener Gesundheitsverbunds singt ein Lied.
Es erscheinen schüchtern und von den Scheinwerfern verfolgt drei junge Frauen und drei junge Männer. Zunächst ungeordnet, jeder für sich. Der Gesang mündet in die Mehrstimmigkeit. Der Gesang ist perfekt, höchste Kunst:

Am Brunnen vor dem Tore, da steht ein Lindenbaum
Ich träumt in seinem Schatten ...
Schüchtern, wie sie gekommen sind, verlassen die Sänger den Raum. Mit ihnen verzieht sich auch der Pianist. Er ist der berühmte Dirigent des Wiener Leptosomenorchesters, das seit 2009 auch Pykniker aufnimmt. Er ist auch der Leiter der Musikalienmesse auf Burg Schlaiming an der Pfahl.
Pfleger und Zeremonienmeister ALBERT *erscheint. Er will etwas sagen, findet keine Worte. Nervös durchsucht er seine Taschen und holt schließlich ein Blatt Papier hervor. Er hebt pathetisch an.*
Diese Dokumente der abendländischen
die Humanität das ist ... Humanität ist nicht bloß
Menschlichkeit ..., nicht dieses Menscheln zum Billigpreis ...
Verwirft seinen Versuch und trägt auswendig, künstlerisch einwand frei, die letzte Strophe von »Am Brunnen vor dem Tore« vor, die das

Sextett des Wiener Gesundheitsverbunds gerade gesungen hat. Prima la musica.

Die kalten Winde bliesen mir grad' ins Angesicht.
Der Hut flog mir vom Kopfe, ich wendete mich nicht.
Nun bin ich manche Stunde entfernt von diesem Ort.
Und immer hör ich's rauschen: du fändest Ruhe dort.

VERWANDLUNG

VIER VORTRAGSKÜNSTLER *des Burgtheaters. Sprechoper. Hörspiel. Sie wirken höchst intellektuell. Sie lesen vom Blatt die folgenden Äußerungen, stets ihre randlosen Brillen in einem abgestimmten Rhythmus richtend.*

Au Au
(Wienerisch) Au weeh
Au
Au weh Au
Au
Au weh
I kann nimma
I konn nimma
I kann nimma sitzen
I konn nimma
Bitte
Bitte
Bitte
Au
Au weh
Au
Au weh

Au
Au weh
I bin wund
ibaoll
Fredi
Fredi wo bin i
Mama
Jetzt kann i nimma
die Lebensgeister valossn mi
Au
Au weh
Au au weh
Die Lebensgeister ...
Einer der Sprechkünstler ruft Da capo!
Ein anderer Al fine!

Darauf beginnen die Sprechkünstler den Text von vorne zu rezitieren. Die Rezitation erinnert an eine Endlosschleife. Von weit, weit hinten hört man wieder dieses Gelächter. Der Lachende hat ein tiefes männliches Organ. Einige Frauenstimmen werden laut und immer lauter. Die allmählich entfesselte Stimmung im Hintergrund klingt ganz nach Wiener Ball, Johann Strauß und so. Aber mit einem Mal verstummt die Szene ganz.

VERWANDLUNG

Der Schreibtisch von Prof. Weider füllt den Raum, der Professor thront dahinter. Der kecke Patient sitzt tiefer. Weider kann auf ihn herabsehen.

PROF. WEIDER: Sie wohnen in der Hütte einer Kleingartensiedlung. Allein?

DER KECKE PATIENT: Sie wern's net glaub'm: I hab sogar a Frau.
PROF. WEIDER: Gut. Und wir werden für die Zeit nach Ihrer Entlassung eine Unterstützung für Sie organisieren.
DER KECKE PATIENT: Wer soll mich unterstützen – a Beamter, die Feuerwehr?

Weider lacht betont künstlich. Er läutet, indem er auf einen Knopf am Schreibtisch drückt. Pfleger Albert erscheint.

PROF. WEIDER: Ach, Albert. Was gibt's zum Essen?
ALBERT: Heute gibt es Augsburger uralt.
PROF. WEIDER: Schlangenfraß! Hören Sie zu, Albert. Bringen Sie den Herrn, den Herrn ...
ALBERT: Das ist Herr Woditschka.
PROF. WEIDER: ... den Herrn Woditschka auf sein Zimmer. Aber legen Sie ihm bitte Ketten an und ziehen Sie ihn hinter sich her. Damit er nicht verloren geht und man findet ihn dann im Keller wieder. Auf der Psychiatrie in Eisenstadt springen sie eh gleich aus dem Fenster, und ich – ich hab Termine, Termine, Termine. Mein leider auch schon verstorbener Freund Harald Juhnke hat oft gesagt: »Was ist Glück? Keine Termine und leicht einen sitzen.« Was hab ich jetzt? *(Blättert im Kalender)* Ach ja, jetzt kommt ein Mädchen aus der Neuen Mittelschule Stättermayergasse, dann muss ich ins Fernsehen zur Sendung »Happy Pepi ist gesund«. Der Pepi, Herr Dr. Peplatschek, er war schon auf der Uni ein Quatschkopf, wie gemacht fürs Fernsehen. Jetzt ersetzt die Gesichtsmaske mit dem ernsten und dauerbesorgten Blick sein wahres Gesicht, das er auf dem Weg hinauf zum Küniglberg verloren hat. Er find's nimmer mehr! Aber er sucht auch gar nicht, der Happy Pepi, er überlässt das treuherzige Dreinschauen der dafür gut konditionierten Kamera. Also Stättermayergasse. *(Stolz)* Man will

mir danken, *(sentimental)* die jungen Menschen – ich habe dem Schuldirektor das Leben gerettet.

Grelles Licht, und im Raum steht ein zehnjähriges Mädchen im weißen Kleid. Das Mädchen, das alle Blicke auf sich zieht, während kein Scheinwerfer mehr auf Weider gerichtet ist:

Im Namen der Direktion der Neuen Mittelschule Stättermayergasse, im Namen des Lehrkörpers und im Namen der Schüler möchte ich zu Ihren Ehren, sehr geehrter Herr Professor, ein Ständchen in Prosa geben, das Ihr Berufsleben berücksichtigt und das dennoch symbolisch weit darüber hinausgeht. Wir in der Mittelschule Stättermayergasse blicken über den Tellerrand.
Man sieht weit im Hintergrund den Pfleger Albert, wie er Woditschka an der Kette führt.

WODITSCHKA *(ruft in einem fort)*: Gerhard, Gerhard.
ALBERT *(der die Rufe nicht mehr hören kann)*: Woditschka, wer, um Gottes willen, ist denn dieser Gerhard?

Das MÄDCHEN *aus der Stättermayergasse singt »Das Lied der Draußenstehenden«:*

Draußen stehen sie
in einer langen Schlange.
Sonntag reicht sie
bis ins benachbarte Ausland.
Hübsch einzelweise
werden sie vorgelassen,
die Besucher.
»Vergesst uns nicht!«,

brüllen die Bresthaften
aus ihren Betten im Chor.
Die Untergebrachten
warten und warten und warten.
Die Heraufkommenden
kommen nicht herauf.
Ein Cerberus unten am Tor
sperrt ihnen den Zugang.
Den schließlich doch Heraufgekommenen
sagt der Pfleger Albert:
Besuchszeit zu Ende.

Das Mädchen verbeugt sich. Es läuft wie ein Funkenmariechen ins Off. Ein Karnevalstusch ertönt.

VERWANDLUNG

Einsam auf der großen Bühne: Dr. Nedbal im Zwielicht. In der Szene läuft neben Dr. Nedbal ein Film ab, ein Streifen. Man sieht einen sogenannten Extrembergsteiger, der eine äußerst steile Wand im Alleingang erklimmt.

DR. NEDBAL: Das hier ist nicht die Hölle. Es ist der Arsch der Hölle ... Nein, ganz schiefes Bild. Das kommt von der letzten Leidenschaft meines Lebens, den Ort zu verfluchen, an dem für mich hoffentlich Schluss sein wird. Und wo war denn je eine Leidenschaft, die nicht überschießend war und mit der man nicht schieflag? Die Unterwelt ohne Orpheus, die Vertreibung jeder Schönheit. *(Äfft nach)* »Gesicht waschen, Popo waschen, waschen.« Die Helfer beweisen ihre Menschlichkeit, während meine von ihnen abhängig ist. Den ganzen Unterbau der Existenz, das Animalische, hat es nach oben, in die erste Linie gekehrt. Vom Kosmos des Begehrens blieb vielleicht der Durst und der Harndrang. »Herr Doktor Nedbal, wollen Sie etwas trinken?« Das ist beileibe kein Angebot, es ist eine Mahnung. Die aussichtslose Existenz muss bis zum letzten Moment bewässert und verwässert werden. »Müssen Sie groß oder klein? – Na, eher größer!« Wo sind wir also, wo bin ich denn? In Teufels Küche, dem überhitzten Ort. Devil's Kitchen. Hier wird mit der Menschlichkeit eingeheizt, aber man kann nichts sagen, man muss pflegeleicht sein. Außerdem ist es ungerecht – die opfern sich auf, die Heldinnen und Helden des Alltags, man kann sie sogar in der Nacht und im Morgengrauen herbeirufen, und da beschwert sich so ein Wichtl.

Eine schrille Frauenstimme: Mir reicht's. Mir ist meine Brille in die Scheiße gefallen!

Hören Sie, selbst die Sehhilfen finden ihren Weg. Der Blick: Am Anfang meiner Karriere in der Unterwelt ohne Orpheus schenkte mir eine Ärztin einen Blick. Ich war damals nicht bei Bewusstsein, oder besser, ich war in einem seltsamen Bewusstseinszustand, so etwas wie Realität war mir verloren gegangen. Die Realität ersetzte mein Gehirn durch Fantasieren *(lacht).* »Träume, die Kunstwerke der Seele.« Irgendwann hatte ich das Wort »Pflegebetrug« erträumt. Den Blick, den mir die Ärztin schenkte, erwiderte ich mit einer höhnischen Fratze. Es sollte kein Zweifel daran bestehen, dass ich den Pflegebetrug durchschaute. Ich war einem großangelegten Betrug zum Opfer gefallen! »Die kassieren Körperlgeld für mich«, rief ich. In den Träumen war ich gut in Form – so beweglich, auch körperlich, dass ich nach allen Regeln der Kunst als Judokämpfer auftrat: fallen, aufstehen, dem Gegner das Bein stellen, werfen, geworfen werden. Die Kampfszene war in mattgelbes, leicht schmutziges Licht getaucht. Ich war ein wendiger Kämpfer, zugleich aber, buchstäblich gleichzeitig, war ich gefesselt. Die Pflegebetrüger hatten, während ich siegte, meine Fesselung um nichts gelockert. Sie verrechneten meinen gesunden Körper und fuhren mich mit dem Bus, einmal auch mit der Bahn, durch alle Welt. Außer den Pflegebetrügern sollte niemand Zugriff auf mich haben. Überdeutlich erinnere ich mich an einen Vorfall: Wir waren im Hochgebirge, in einem Gebirgsresort. Eine Ärztin, eine Krankenschwester, ich – ein kleines Ensemble des Pflegebetrugs in der Gebirgssonne. Mit einem Mal hatte ich einen unüberwindlichen Wunsch. Heißes Begehren im leuchtenden Schnee. Man möge, wünschte ich, mir einen Haufen Eiswürfel auf die linke Schulter schütten. Ich versuchte meinen Wunsch zu äußern. Ich konnte es nicht. Ich war buchstäblich sprachlos. Ich machte meinen Mund auf und zu. Aber die Lippen stießen in eine weiche Leere. *(Er ahmt den beschriebenen Vorgang nach.)* Nachdem ich aufgegeben hatte, probierte ich es mit dem Zeigen. Ich zeigte auf den Sektkübel, den sie vor sich auf dem Tisch stehen hatten. Zuerst beachteten sie mich nicht. Aber dann begann die Krankenschwester meinen Körper zu untersuchen. Ob der Schlauch in meinem Mund richtig sitzt und so weiter. Dabei stellte sie sich so ungeschickt an, dass die ganze Versuchsanordnung explodierte. Mein Schlauch schnalzte ihr um die Ohren, und sie rief erschrocken der unbeeindruckten Ärztin zu: »Das war er, das war er.«

Hinter Nedbal geht ein vazierender Kranker über die Szene.

DR. NEDBAL: Sehen Sie den? Er trägt seinen Urinsack um den Hals gebunden an der Brust. Er trägt ihn wie einen Orden.
ORDENSTRÄGER *(kurz bevor er ins Off verschwindet)*: Also wie? Sie Reisender *(lacht)*. Jetzt sind Sie angekommen. *(Er lacht und lacht.)* Am Ziel, am Ziel!
DR. NEDBAL: Schmor in der Hölle! – Ja, die Reiserei eines mit

Morphinen vollgepumpten Kranken. Tatsächlich hat sie einen Hintergrund, der einiges erklärt. In der Unterwelt ohne Orpheus gibt es anstelle von Gesang eine Klimaanlage. Für das morphinbefreite Hirn ist das ein monotones Dauergeräusch, das man vielleicht nach drei Wochen oder vier schon überhören kann. Für mich ist das so wie der Verkehrslärm in der Hadikgasse, wo auf 112 die Schriftstellerin Dorothea Zeemann wohnte, die nicht nur aufgrund ihres Todes bloß fast mein Lebensmensch hätte sein können. Dora borgte mir die Wohnung für zweifelhafte außereheliche Abenteuer, und während wir, eine geliebte Frau und ich, uns drin vergnügten, tobte draußen vor der Tür der Autoverkehr. Die Verkehrsdichte in der Hadikgasse, kein Aphrodisiakum, ein Anästhetikum. Ja, ja, ich hab mich vergaloppiert ... Wenn man so redet ... Jedenfalls lautet die Information: Mit der Monotonie kann man das Störende des Lärms unhörbar machen, die Gleichförmigkeit erstickt die Dissonanzen. Aber mit all den Betäubungsmitteln in mir bot die Klimaanlage eine Grundlage für meine Halluzinationen. So wie es Reiseschriftsteller gibt, fühlte ich mich als reisender Kranker. Dahin, dorthin, immer unterwegs, kein Halt. Die Klimaanlage blies mir sozusagen den Marsch, und ich fantasierte, dass mit dem Auf und Ab des Gebläses Fahrten verbunden waren. Einmal war ich am Meer, und ich hörte, wie draußen auf der Terrasse einer der Pflegebetrüger rief: »Wir müssen die Polizei holen!« Worauf sofort ein Schuss zu hören war. Bei jeder Station hatte ich das Gefühl, es würden Getränke aufgeladen, vor allem eiskaltes Bier, und oft hörte ich dieses Gelächter. Der Lachende war aber nur der Oberpfleger aus der Intensivstation, ich hielt ihn für den Teufel, der mit ein paar Engeln, Todesengeln, aus dem dritten Stock feierte. Gewöhnlich fuhren sie mich mit dem Bus durch alle Welt, jedenfalls möglichst weit weg von meiner eigentlichen Bestimmung, was immer die sein mochte. Aber es gab auch Bahnfahrten, vorzüglich in die Länder des früheren Ostblocks, wie die Journalisten sagen. Seltsam war, dass ich diese osteuropäischen Sprachen nie gelernt hatte. Ich spreche kein Polnisch, aber im Zug verstand ich jedes Wort. Es fiel mir gar nicht auf. Es war mir selbstverständlich. »Ich bin ein Warschauer«, sagte ich in meinem reinen Oberschichten-Polnisch. Das machte mich im Eisenbahnabteil nicht beliebter. Ich war eben doppelzüngig.

(Hinter Dr. Nedbal taucht Prof. Weider auf. Er führt an einer langen Kette den vazierenden Patienten, der ihm gebeugt folgt und hin und wieder ausruft): Ihr Sklave, Ihr Sklave!

PROF. WEIDER: Sie sind kein Sklave. Sie sind mein mündiger Patient, mein Vorzeigepatient, und außerdem ist die Kette, an der ich sie herumführe, lange genug: Sie haben Auslauf, Sie sind der freie Mann im Spital. Dort wo Ihre Krankheit Ihre Freiheit einschränkt, sind wir zur Stelle, und kraft unserer Heilkunde überbrücken wir Schwachstellen und führen Sie hinauf ins Reich der Freiheit.

PATIENT: Natürlich nur im Rahmen der Gesetze. Wie der Herr Professor so gerne sagt: »Manchmal muss man halt autoritär sein!«

Plötzlich reißt der Stummfilm mit dem Bergsteiger. Der mündige Patient verschwindet an der langen Kette in der Dunkelheit. Weider tänzelt nahe an Nedbal heran und mustert ihn halb amüsiert und halb verärgert.

PROF. WEIDER: Waren Sie das?
DR. NEDBAL: Ich war es sicher nicht. Aber zum Trost: Ich werde bald genesen, ach nein, ich werde bald gewesen sein. Die gestundete Zeit verdanke ich Ihnen, Sie haben mir »das Leben gerettet«. Aber glauben Sie bitte nicht, dass ich Ihnen dafür dankbar bin.
PROF. WEIDER: Dankbarkeit brauche ich nicht. *(Zur Seite leise ins*

Publikum): Untote, Leute, kann man nicht töten. *(Wieder zu Dr. Nedbal):* Haben Sie die Leute angestiftet?

DR. NEDBAL: Ich pflege keinen Umgang mit Leuten, die sich in meiner Gegenwart vor Schmerzen winden oder in den Leibstuhl öffentlich hineingacken. Oder die, ohne aufhören zu können, »Scheißdreck, Scheißdreck, Scheißdreck« schreien. Der Mangel an jeder sogenannten Intimsphäre lässt einen die letzte Integrität in der Menschenverachtung ...

PROF. WEIDER: Ich bin Chirurg. Mir ist das zu hoch, zu hochgestochen. Sie waren es also nicht?

DR. NEDBAL *(unschuldigst)*: Was denn, was denn?

PROF. WEIDER: Ich hab auf Station 5 eine Protestbewegung. Alles, was dort halbwegs gehen kann, läuft am Gang herum und hält Schilder hoch. Die Bettlägerigen decken sich mit solchen Schildern zu, und wenn jemand von unserem Personal kommt, schreien sie den Text heraus: »Kein Schlangenfraß mehr in unseren Spitälern.« Oder: »Nie wieder abgestandenes Fleisch in grindigem Saft.« Oder lakonisch: »Ich muss speiben.«

DR. NEDBAL: Sehr geehrter Herr Professor. Als man mir das Mittagessen servierte, kotzte sich der Mann vis-à-vis von mir bereits das Herz aus dem Leibe. Der Kardiologe musste es ihm wieder hineintun. Sehr geehrter Herr Professor, hiermit schließe ich mich der Protestbewegung von Station 5 an. *(Ruft aus Leibeskräften)* Nie wieder ...

PROF. WEIDER *(sehr ungehalten)*: Was wollt ihr? Das ist nicht das »Steirereck«.

(Weiders Telefon läutet, er geht von dannen, sich an der Kette entlanghantelnd, an der irgendwo im Weltall der mündige Patient hängt. Am Telefon meldet Weider sich mit: »Weider«. Und dann ist er in dieser Szene Geschichte.)

(Grelles Licht auf) DR. NEDBAL: Bitte, dieses Stück wird unter-

stützt von Produktplatzierungen. Von Unterstützern, die wir haben, und solchen, die wir nicht haben, auf die wir aber hoffen. Können wir auf die Unterstützung des »Steirerecks« hoffen? Nein, denn das »Steirereck« ist wie die guten Ärzte auf keine Reklame angewiesen. Warum mache ich dennoch für das »Steirereck« Reklame? Weil ich von tiefer Dankbarkeit erfüllt bin, dass ich dereinst dort Gast war. Es ist in dieser heterogenen, gespaltenen Gesellschaft, in der der Einsame vom Vielsamen und das Vielsame vom Einsamen erwürgt wird und in der, wenn's gut geht, beide mit knapper Not den Würgegriff überleben – in dieser Gesellschaft ist ein Abend im »Steirereck« eine Lösung: Im Luxus löst sich die Scheiße auf. Das »Steirereck« – es war früher im dritten Bezirk, in einem dezidiert nicht noblen Viertel, aber es war abgeschottet, so wie die Reichen von den Armen abgeschottet sind. Die Armen haben keine Arbeit, und die Reichen haben Arbeitsessen. Das Lokal erstrahlte im Glanz des Kapitalistenbarocks, viel Zeug zur Verschönerung, alles höchst überflüssig, ein Museum des Überflusses. Ästhetik und Form folgten allem Möglichen, gewiss nicht der Funktion. Aber das Essen ... Was das Glück für die Menschenseele ist, ist eine Mahlzeit im »Steirereck« für den Gaumen. Ich habe zwei, drei Jahre gespart, um einmal im Leben einen Happen im »Steirereck« zu ergattern. Heute ist das »Steirereck« im Blinddarm des Wiener Stadtparks gelegen. An dem Platz gab es früher ein verzaubert-verwahrlostes Café mit einer riesengroßen Terrasse über dem Wienfluss, der kein Fluss ist, sondern ein Abwasser, das gerade für nicht überzeugte Selbstmörder reicht, wenn sie von hoch oben hinunterspringen. Die »Steirereck«-Chefs haben einen schnieken Tempel bauen lassen. Als ich diesmal schon fünf, sechs Jahre gespart hatte, saß ich glücklich im »Steiereck«, ausgesetzt der wunderbaren Jungchefin, der alles leicht von der Hand geht und die eine vom Arschkriechen weit entfernte Freundlichkeit besitzt. Mit dem Trinkgeld, das man gerne gibt, erwirbt man sich die Fähigkeit, ihre Freundlichkeit für echt zu halten. Ist ja auch echt, es ist die alternative Echtheit, die gut gespielte Authentizität, die das Leben leichter macht statt schwerer. Aber man muss sie, um sie richtig genießen zu können, ironisch durchschauen. Sonst wird man dem Trottel immer ähnlicher, für den man die besten Voraussetzungen mitbringt. Aber das Essen ... Nein, nicht nur das Essen – auch das Antifranzösische der Raumaufteilung geht mir zu Herzen. In Paris saßen die Leute so eng nebeneinander. Ich merkte gar nicht, dass ich die Gabel meines Nachbarn im Mund hatte. In meinem Traum-»Steirereck« sind die Tische großzügig im Raum verteilt. Der Sommelier kommt und stellt mir einen Wein aus Ungarn hin, der in seiner Heimat sicher nix kostet, der mir aber auf herrlichste Weise die Zunge löst. Oder einen Wein aus dem Weinviertel, betörend dunkelrot, man hört beim ersten Schluck die Engel singen, und diesmal nicht die Todesengel. Köstlich, was zum Essen aufgetischt wird, ich spreche in meiner traurigen Lage die Namen der Speisen nicht aus, sie sind mir heilig. Und dann erscheint der Brotwagen, Brot und Käse kommen bei mir zum Schluss, falls ich die dafür nötige Summe mir ebenso ausgeborgt habe. Ich liebe die Menschheit stets dafür, dass sie von allem nicht nur eins hatte, zum Beispiel nicht nur ein Brot, sondern hunderte Arten Brot, Brot für die Welt, und lasset uns wenigstens heucheln im Gedanken an die, die gar kein Brot haben. Ein Viertel aller weggeworfenen Lebensmittel kommen direkt aus dem Spital, kein Wunder, wenn die Firma Garmax die Speisen bringt, bei denen es keinen Unterschied macht, ob man sie gleich samt der Kunststoffverpackung auffisst oder ob man das Risiko eingeht, sie aus ihr herauszuholen. Der Traum vom »Steirereck« *(Weiders Stimme aus dem Off:* Hier ist nicht das »Steirereck«!) – er erfüllt mich. Der Vater des Traumgedankens ist der Wunsch nach dem Essbaren, das ein Luxus ist. Dafür mache ich jetzt von meinem Demonstrationsrecht Gebrauch. *(Ruft laut)* »Kein Schlangenfraß in unseren Spitälern!«

VERWANDLUNG

Buchstabenlaufband: Der Witzetod im Schwesternzimmer auf Station 9.

ALBERT: Die Ärztin Anna Dermilidisdalami-Mayer, Anästhesistin, der Internist Arnfried Sefcik, der Chirurg Haimo P. Bocklberger rasten im Schwesternzimmer. Sie spielen gelangweilt Preferanzen. Die Schwestern sind aushäusig, wie man in Bayern sagt, was ein jeder weiß, der auch nur einmal die saublöde Fernsehserie »Rosenheim-Cops« gesehen hat. Man möchte Rosenheim dem Erdboden gleichmachen, natürlich gewaltfrei, damit sowas Saublödes nicht mehr stattfinden kann. Die selbstzufriedenen Gemütsbayern und Cops, do haut's da jo den Beidl auf die Seitn, um es mit einem wirklich harten Burschen, einem Fußballtrainer des LASK, zu sagen. Aber bitte zur Sache. Es ist die Stunde nach Mitternacht, die Schwestern tun Dienst am Bett des ewigen Patienten. Die Ärzte haben sturmfreie Bude. Sie sind wie Kinder, wenn die Eltern einmal aushäusig sind. Sie grimassieren, grinsen und kudern ohne erkennbares Motiv. Es sind natürlich Fachärzte. Wir vom Lesetheater, gegründet von Rolf Schwendter, lassen uns nicht lumpen, vor allem lassen wir keine Allgemeinmediziner einfach auftreten. Wir haben gesuchte Spezialisten. Der dicke Mann, der aussieht wie der brave Soldat Schwejk, ist der Internist Sefcik. Der Chirurg Haimo Bocklberger kommt aus dem schönen Salzburg – weiß der Teufel, wo die anderen herkommen. Haimo spielt zartfühlend Flöte – er selbst, Sie sehen's ja, ist groß und stark. Es haftet ihm etwas Ungeschlachtes an, ganz wie das Klischee es vom Chirurgen verlangt. Anna Dermilidisdalami-Mayer, die Anästhesistin, liebt ihren Beruf leidenschaftlich, aber leider ist ihre Menschenliebe auf betäubte Menschen beschränkt.

Albert geht mit einer Verbeugung ab. Grelles Licht. Dr. Arnfried Sefcik wirft die Spielkarten auf den Tisch.

HAIMO: Wer gibt jetzt?
ANNA: Was gibts?
ARNFRIED: Geh, lass mas.
HAIMO: Wos soll ma sunst mochn?
ARNFRIED: Dir fehlt wer zum Aufschneiden.
ANNA: Na, zum Aufschneiden hot er gnua.
ARNFRIED: Erzähln ma uns wos.
HAIMO: Wos denn?
ARNFRIED: Na – ein Narrativ.
ANNA: Geh, moch kane Gschichtn.
ARNFRIED: I erzähl euch an Witz.
ANNA: Wos hob i glacht gestern. Do wor a Sketch vom Farkas. Auf ORF III. Kultur und Information.
HAIMO: Nau, geh.
ARNFRIED: Wie geht der Sketch?
ANNA *(lacht)*: Also, der Depperte und der Gscheite. Der Gscheite lässt das Wort »ergo« fallen. Der Depperte frogt: »Wer is denn der Ergo?« Er erhält die Auskunft, »ergo« sei Latein und hieße folglich. »Wos«, frogt der Depperte, »Sie sprechen Latein? I hob glaubt, Latein reden die Ärzte?« »Eh wohr«, sogt der Gscheite, »die reden Latein. Sie müssn jo ihre Patienten rechtzeitig an a tote Sproche gewöhnen.«
ARNFRIED: Des san vier Punkte am Witzestammtisch. Von durt

hob i a an Witz. Oiso, die Oma hot ihr Leben laung Tagebuch gschriem. »Du«, sogt ihr Tochter, »die Nochbarin, die Gerti, is heit 95 Jor alt wurn. Des is wirkli oid!« »Nau guat«, sogt die Oma, im Tagebuch blätternd, »wenn du's sogst. Daun schreib i holt die Gerti nur mehr mit Bleistift.«

ANNA: Gelt, wengan Radiern, net?

HAIMO: Meiner is besser, is oba a zum Thema. In da Schul: Heute steht der Tod und das Sterben auf dem Stundenplan. Die Lehrerin frogt: »Weiß jemand von einem schönen Tod?« Der Franzi zeigt auf: »Mein Opa, der ist schön eigschlofn und nimma aufgwocht.« »Sehr gut«, sagt die Lehrerin, »und kennt jemand einen schweren Tod?« Wieder zeigt der Franzi auf. »Ja, Franzi«, sagt die Lehrerin, »du kennst auch einen schweren Tod?« Der Franzi: »Einen gaunz schweren Tod hatten die, die im Auto hinten gsessn san, während der Opa vurn eigloschlofn is.«

ARNFRIED: Is no wos von der Presswurst do?

HAIMO: Klor. Die Zwiefl.

VERWANDLUNG

Nedbal eilt über die Bühne. Er hat seinen Auftritt versäumt – »verschlafen«, wird er auf der Premierenfeier sagen. Auf dem Eilweg zum Krankenbett versucht er es mit einem Extempore.

DR. NEDBAL: Ich habe wieder dicke Beine. Meine Ödeme, die venöse Insuffizienz. Die Ödeme waren weg, ich bin lange gelegen, da ist die Wasserzirkulation im Körper in Ordnung. Ich verrate aber nichts – wenn die meine Haxen sehen, verpassen sie mir Stützstrümpfe, das ist eine Qual, fast so arg wie die Plastiksackerln unterm Oasch – im Hochsommer klebst du dran, nur damit sie das Leintuch nicht wechseln müssen.

Nedbal ist am Krankenbett angelangt, er zieht sich das Nachthemd über, platziert sich im Bett, bedient die Bettenfernbedienung, sitzt dann im neu formierten Bett wie auf einem Thron.

DR. NEDBAL: Ich weiß auch was Komisches, allerdings aus berufenem Munde. Einer der größten komischen Künstler der Welt, Gerhard Polt aus Bayern, hat es erzählt, diese nostalgische Geschichte aus dem heiteren Leiden. Es ging dabei um früher und heute: Früher, da war eine Hetz im Krankenzimmer. In einem Zimmer waren zehn Leute, und es herrschte gute Unterhaltung. Sagt der Polt. Aber heute, da wollen alle ein Einzelzimmer, und wenn sie eins haben, dann liegen sie im Bett und mustern trostlos die Fliegen. Mit den Fliegen vergeht einem die Zeit aber nicht. Damals im Zehnbettzimmer war's mehr ein Lazarett, da war noch was los. »Wenn die Schwester Ruderika reinkommen is«, erzählt der Polt, »hat einer immer sein Gebiss rausgnommen und hat gsagt: ›Da schaun S', Schwester Ruderika, i kann mi selber in Oasch neinbeißen.‹«
Einspruch, Counsellor! Ich sage gar nichts über die Überbleibsel echter Lazarette, die ich seinerzeit – auf Krankenbesuch – in den fünfziger Jahren noch gesehen habe. Da lagen siebzig Männer, sie waren allein schon durch ihre Vielzahl ganz und gar ohne Individualität. *(Ironisch-pathetisch)* Ihre Schmerzen verklangen in den Schmerzensschreien der anderen. Ein Entertainment stellte sich nicht ein. Die moderate Anzahl von zehn Menschen ist, falls sie ein Talent und ein Gebiss dafür haben, eher unterhaltsam. Polt hat die Geschichte immer wieder erzählt, sodass ich fast glaube, er glaubt sie selber. Aber der Witz ist, dass der Unterschied nicht der zwischen früher und heute ist. Der Unterschied, ja der Abgrund tut sich auf zwischen Kranken, die erwarten können, wieder heimzugehen, und jemandem wie mir, der bleibt: Ende sowohl absehbar

als auch unabsehbar. Ein Verenden in Sicht, und zugleich wird es dazu kommen in einer undurchdringlichen Zukunft voll erwartbarer Überraschungen. Ja, damals ging es lustig her, auch bei mir im Viererzimmer, wenn's den Kudronac auf die Goschen ghaut hat. Er hat geschrien, als hätte man ihn am Grill gebraten. Wenn ein riesiger Mann mit der Stirn auf dem Boden aufschlägt, macht das einen so gewaltigen Eindruck, dass es nicht mehr lustig ist.
(Die Stimme Weiders aus dem Hintergrund) Das hier ist kein Wellness-Hotel, es ist ein Krankenhaus.
DR. NEDBAL: Er hat wieder einmal recht, der Weider. Tja. Die Ärztinnen und Ärzte. Sie fahren nach Barbados zum Kongress, um zu diskutieren, wie sie's anstellen sollen, dass man ihnen die Steuerschlupflöcher nicht schließt. »Das sind nur die Orthopäden«, hat mir Prof. Weider gesagt. *(Einen blöden Patienten nachahmend)* »Mein Leibarzt hat eine Zwölf-Meter-Yacht.« Das ist eine Dimension der Medizin. Seit Molière hat sich nichts daran geändert, was die dunkle Seite der Medizin ausmacht: arrogant und ahnungslos, standesbewusst, taub und blind für die Leiden, die sie zu kurieren vorgeben. Sie sind auf ihrer dunklen Seite das verfehlte Erhabene in Person, also komisch. So eine Person auf Visite hat mich gefragt: »Wie geht's?«, und ich antwortete: »Den Umständen immer mehr entsprechend.« Darauf die Person: »Damit kann ich nichts anfangen. Die Umstände kenn ich ja nicht.« Ich wäre fast vor Lachen erstickt. In einem Vierbettzimmer mit uns Erledigten erkennt sie die Umstände nicht. Das ist ein Couplet im Spitalspektakel, und Frau Doktor singt an der Rampe: »Da mach ich keine Umständ, nein – die Umständ mach ich nicht. Das loss i lieber bleibm – i kenn sie ja nicht, i kenn sie ja nicht – die Umständ.« Na gut, ich hätte auf ihre Frage einfach antworten können: »Beschissen.« Aber so rede ich mit einer Respektsperson nicht. Niemals! Ja, der Weider. Ein großer Operateur. Die andere Seite der Medizin, der Fortschritt ...

Respekt, Respekt. Der Weider schneidet einem mit dem Lineal die Leber heraus. Mir hat er den Bauch aufgeschnitten, und dann hat er rausgeholt, was drin war. Den Darm, die Nieren, die beiden Lungenflügel – das alles hat er abgewaschen. »Lavage« sagen Leute seines Formats – von lavare, waschen. Lavoir scheint dieselbe ... Ach, dann hat er die Innereien zum Trocknen in der Kantine aufgehängt. Es dauerte ein Pfirsichkompott lang und einen kleinen Braunen. Schließlich hat er die wahre Innerlichkeit des Menschen – den Darm, die Niere und die Lungenflügel – mir wiederum hineingestopft.

Stimme Prof. Weiders aus dem Off. Eine Niere rausholen – das kann jeder Assistenzarzt. Sie wieder hineintun – das ist die Kunst.

DR. NEDBAL: Ich hatte Glück, denn da lag noch ein anderer mit offenem Bauch im Operationssaal, gleich neben der Leichenhalle. Versonnen – es war ihm schlecht vom Kompott – hatte Weider, den ich den Ausweider nenne, dem anderen Herrn meine Niere hineingetan. Es fiel Weider aber gleich auf, der Mann hatte ja noch seine eigene. Und ich liege jetzt im vierten Stock des Kaiser-Franz-Herzogin-Vilma-Maria-Theresia-Wilhelminen-und-Königin-Anna-Spitals. Kurz »Resi« genannt. Die Bürokratie meiner Stadt, der lebenswertesten auf der Welt, hat längst mit dem Umtaufen der aristokratisch benannten Anstalten begonnen. Die Rudolfsstiftung soll heißen »Klinikum Wien-Mitte« *(lacht)*. So ein Scheiß. Neuer Name, neuer Anfang. Aber klar, jeder nachdenkliche Demokrat schämt sich der Vergangenheit. *(Lachend)* »Die Vergangenheit ist nicht tot. Sie ist nicht einmal vergangen.«

Eine Krankenschwester erscheint. Sie erklärt vollmundig:

Ich bin Schwester Renate. Sie bekommen von uns eine Thrombose-Spritze. Bauch oder Oberschenkel?

DR. NEDBAL: Oh Herr, gib uns täglich unsere Anti-Thrombose-Spritze. Bauch!
SCHWESTER RENATE: Jawohll, Karfioll.

SCHWESTER RENATE *zieht Nedbal das Nachthemd über den Kopf. Sie spritzt Nedbal etwas ungeschickt das Zeug in den Bauch. Dann zieht sie ihm das Nachthemd wieder ordentlich an. Sie geht triumphierend ab und sagt:* Na, diesmal hat's wenigstens nicht wehgetan. Alles Klärchen wie im Märchen.
DR. NEDBAL *(sich die Einstichwunde haltend)*: Im Märchen ist gar nix Klärchen. Das ist geradezu das Wesen der Märchen: das Unklärchen.
SCHWESTER RENATE *(abgehend, freundlich Nedbal zuwinkend)*: Jawohll, Ärosoll.
DR. NEDBAL *(nachdem die Schwester im Bühnendunkel verschwunden ist)*: Himmel, der Einstich brennt. Sie sagen hier so gern: »Sie bekommen von uns ...« Als wär's ein Gnadenakt, von höchster Stelle angeordnet. Oder in der gleichen Ordnung: »Ich gebe Ihnen ...«, und dann bekommst du ein Jaukerl, dass die Hirnrinde vierzehn Tag lang zittert.
Stimme von Prof. Weider hallt über den Bühnenraum: Ist ja auch ein Gnadenakt, wenn man bedenkt, was das alles kostet. Sie sind mir sowas von teuer, Nedbal.
DR. NEDBAL: Und doch kann niemand es demütig als Geschenk hinnehmen. Das Gesundheitssystem und der Pflegefall. Ich war im dreißigsten Lebensjahr, als ich das Wort Pflegefall zum ersten Mal in seiner ganzen Bedeutung hörte. Ich saß damals in trauter Runde in einem neu eröffneten Gasthaus, in der Nähe vom Elisabethspital. Der Kellner holte mich ans Telefon. Mein Vater war dran. Kaum hatte ich den Hörer in der Hand, rief der Vater hemmungslos: »Die Mutter wird ein Pflegefall, die Mutter wird ein

Pflegefall!« Die Mutter war ihm wurscht, dachte ich. Dass ihn ein Pflegefall belasten würde, war sein Problem.
Stimme von Prof. Weider: ... und es ist ja auch eines.
DR. NEDBAL: Von dem Augenblick an, da ich im In-Lokal das Wort Pflegefall in vollem Umfange begriff, vergingen noch fünfzehn Jahre, und dann war es soweit. Die Mutter war ein Pflegefall geworden. Als Pflegefall hat sie den Vater überlebt. Sie starb ein Dreivierteljahr lang. Leblos dämmerte sie dahin, und eine Episode ihres Todesfalls habe ich in überdeutlicher Erinnerung. Vater und Mutter lagen auf derselben Station in der Jasomirgott-Stiftung, ein paar Zimmer voneinander entfernt. Sein ganzes Eheleben lang hatte dieser Vater mit patriarchalischem Ingrimm die Familie zusammengehalten, und dann, als ihm, der Wasser in der Lunge hatte, das Angebot gemacht wurde, seine Frau zu sehen, antwortete der Alte total selbstbezogen: »Was nutzt des an Kranken ...«

Zwei Männer, wahrscheinlich aus der Krankenhausverwaltung oder Pflegeassistenten, schlendern über die Bühne.

EINS: Alles roger in Kambodscha.
ZWEI: Du hast rechts mit links verwechselt.
EINS: Eh wurscht!
ZWEI: Und auf der Visite hast du gsagt: »Wir stellen ihn in die Waagrechte auf.«
EINS: Na, und?
ZWEI: Es heißt Senkrechte, du Trottel.

DR. NEDBAL: Die Mutter lag in Baumgarten in einem sogenannten Geriatriespital – als wäre die Geriatrie krank und müsste ins Spital – was ja auch sein Wahres hat. Die Umstände im Geriatriespital trafen mich mit aller Wucht. Ein solches Siechtum hatte ich im Leben nie gesehen. Auf den Gängen, in den Aufenthaltsräumen sah ich viele Menschen. Alle Verwirrtheitsgrade waren vertreten. Schmerzen, verzerrte Stimmen – ich hatte keine Ahnung, dass ich eines Tages zu ihnen (die für Zugehörigkeit keinen Sinn mehr hatten) gehören würde. Die Mutter lag mit vier Frauen in einem Zimmer. Sie hatte auf der Stirn ein riesiges Krebsgeschwür, das – in ihrem Alter und bei ihren Aussichten – unbehandelt blieb. Das Zimmer blitzte vor Reinlichkeit – Leintücher und Bettdecken waren von jenem strahlenden Weiß, für das die Werbung schwärmt. Das war ihr letzter Luxus, die weißen Betten.

Man hört die überfreundliche Stimme einer Krankenschwester aus dem Off: Ins Bett, legen Sie sich ins Bett, Herr Kudronac! Im Stehen kann man nicht schlafen.

KUDRONAC *(ebenso aus dem Off)*: Ich kann's auch im Liegen nicht, Sie dumme Kuh.

SCHWESTER *(weiterhin überfreundlich)*: Wern S' net aggressiv, ja net aggressiv wern, Herr Kudronac!

KUDRONAC: Aggressiv ist, wenn mich ane für deppert holt.

SCHWESTER: Wolln S' was essen, Herr Kudronac?

KUDRONAC: Na. Bei solche Leit vergeht ma da Appetit. Da geht mir das Gimpfte auf. Und i bin Impfgegner.

SCHWESTER: Herr Kudronac, wolln S' was trinken?

DR. NEDBAL: »Wie ertragen Sie das«, habe ich die leitende Ärztin in der Geriatrie gefragt. Ich dachte, sowas hältst du nur aus, wenn du eine mentale Rückversicherung hast, ein Fundament, ein Glaubensfundament, jedenfalls etwas, das sich nicht beweisen lässt, und ich fragte sie: »Frau Doktor, sind Sie Sozialistin oder Christin?« Und sie antwortete: »Nein, ich bin Buddhistin. Für mich ist dieses Leben nur ein Durchgangsstadium ins nächste.« Ich dachte, okay, zum Diskutieren gibt es da nichts. Aber was hätte mich daran hindern können, die Wiedergeburtslehre für eine verbilligte

Anstrengung zu halten, mit dem Entsetzen, das man nicht selbst verursacht, sein Auskommen zu finden. Man muss hinschauen, einfach weil das Entsetzliche, die Entmenschlichung existiert. Wer wegschauen kann, ist fein raus. Unbegreiflich, dass man ausgerechnet seinen Frieden mit der nässenden und stinkenden Armseligkeit schließt, indem man die ganze Misere fokussiert und beteuert, dass sie kein Ende nimmt und stets wiedergeboren wird ... Mir entwischt sogar das eine Leben, mein einziges in der menschlichen Gesellschaft, und ob ich als Eisbär wiedergeboren werde, ist unsicher. Wenn, dann ist sicher, dass mir die Antarktis unterm Hintern schmelzen wird. Es ist diese schmerzhafte Verzahnung von Biografischem und Biologischem, die mir eine Wunde nach der anderen schlägt.

Dr. Nedbal weint. Neben ihm erscheinen Frauen und Männer. Es sind die Judokämpfer der Polizeisportvereinigung Rossauer Lände. Ungerührt und zugleich konzentriert legen sie die Matte auf. Man hört den harten Aufprall der geschickt Fallenden. Schiedsrichterin im Kampf der Meister ist eine kleine Dame in würdevoller Haltung. Sie trägt einen sehr eleganten blauen Blazer und eine exakt passende graue Hose.

DR. NEDBAL: Die Verzahnung von Biologischem und Biografischem ... Ich dachte, dieser fleischige Knoten beim Bauchnabel ist ein Lipom, eine gutartige Fettgeschwulst. Das hatte ich schon reichlich, eines neben dem Halswirbel. Es wuchs in den Himmel. Hätte ich keins gehabt, hätte ich mich nicht irren können. Damit, mit dem Irrtum, ging es eine Zeitlang gut. Dass mir, wie man sagt, schlecht war, schob ich auf verspeiste Sardinen aus Portugal. Schließlich wurden die Schmerzen unerträglich. Im Morgengrauen hob ich beide Hände zum Himmel, nein, zur Zimmerdecke. Ich sehe meine Hände vor mir, sie formten in der Luft Spiralen. Der nächste Schritt war ein Anruf beim sogenannten Notarzt. Der tastete auf meinem Bauch herum – durch den Pullover hindurch. Er spürte nichts, er verschrieb mir lieber einen Magensäureblocker, als dass er nur einen Blick auf die veritable Anatomie geworfen hätte. Das war, neben meiner intimen Kenntnis von Lipomen, der zweite Punkt, der die totale Zufälligkeit meines baldigen, sehr wahrscheinlichen Todes kennzeichnete. Hätte ich zufällig keine Lipome gehabt und wäre der Notarzt zufällig kein Trottel gewesen, ich würde heute nicht in einem Krankenbett wohnen, das jeden Morgen wie eine Müllhalde aussieht: Blutflecken vom von mir persönlich aufgekratzten Rücken, Speisereste von der Verpflegung – Verpflegung ist ein gutes Wort: Was die Pflege leistet, verspielt die Verpflegung. Einen Tag später, nach der Intervention des Notarztes, war die sogenannte Rettung da. Ich erinnere mich haarscharf, wie sie mich im Stiegenhaus um die Ecke gebracht haben und dann hinaus zum Ausgang. Von diesem Moment an habe ich keine kontinuierliche Erinnerung mehr, nur Bruchstücke, kontingente Teilaspekte meines Schicksals. Ich kann sie zu einer brüchigen Montage versammeln. Wie die Sanitäter die Bahre, auf der ich festgebunden lag, im Erdgeschoß um die Ecke lenkten – das war ein nautisches Manöver. Mir unvergesslich. Dann der Corona-Test im fahlen Licht der Aufnahmestation – Wattestäbchen in die Nase, kein Fieber; Kurzzeit-Unterbringung in einem leeren Krankenzimmer. Ich zog mein Sakko aus (englischer Tweed), lud das Handy auf, aber davor, davor hatte ich noch ein Erlebnis: Ich saß wartend am Gang und fixierte den Lichtstreifen, der unter der Tür des Ärztezimmers nach außen leuchtete. Dies ist das Inbild, das mich verfolgt, der Anfang der Folter, und dann kam auf der sogenannten Intensivstation die dunkle Stimme einer vielleicht auch sterbenden Frau dazu. Ihre Laute, ihre verzweifelte Tonlage, das

Schwanken zwischen Dasein und Schon-nicht-mehr-Sein – das alles hat sich mir ins Gedächtnis eingebrannt. »Herein! Wenn's nicht der Tod ist«, sagt man auf dem Land, wenn es an der Türe klopft. Ich habe die Frau niemals gesehen, sie hatte ihr Lager neben mir, war aber ganz und gar von allem abgeschottet. Viel bekam ich ja im ärztlich angeordneten Drogenrausch sowieso nicht mit, ausgerechnet das aber schon: Ich dachte, es ist der Ghost of Canterville, als sie die in blütenweiße Leintücher gehüllten Toten an meinem Bett vorbeitrugen. Sonst nichts – Finsternis, keine Erinnerung, diese Vergangenheit ist nicht vergangen, aber tot ist sie schon. Aus dem Totenreich die synthetischen Geräusche der Intensivstation. Aber hören Sie bitte.
Er dreht sich allzu problemlos für einen Schwerkranken zur Seite um und ruft: Karl! – Ein mürrischer Bühnenarbeiter schlurft herein. Karl, spü's uns jetzt vor.
KARL: Jetzt glei?
DR. NEDBAL *(herrisch)*: Sofort!

Währenddessen kämpfen auf der Matte zwei Judokas, riesige Männer. In der Größenordnung heißen solche Menschen auf Wienerisch »Riegeln«. Die zwei Riegeln führen ihren Kampf in einer Art Ballettchoreographie. Man erkennt, die beiden sind große Meister. Jeder von ihnen – das sieht man an ihren Gürteln – hat den zehnten Dan, den höchsten Rang in der Kämpferhierarchie.

DR. NEDBAL: Karl, wos is jetzt?
KARL *(legt eine CD in den Ghettoblaster ein)*: Bitte, die akustische Maske der Intensivstation.

Krachend kommen die Störgeräusche, am Anfang selbst noch gestört, zum akustischen Vorschein, und plötzlich hört man sie in Reinkultur.

Höllenlärm. Es piepst und es trommelt, es hämmert und es klirrt. Die beiden Kämpfer halten erschrocken inne.

DR. NEDBAL: Karl, kannst di no an den Dirigenten erinnern? Ein berühmter Musiker, hat alle großen Orchester der Welt dirigiert, Liebling der Wiener Philharmoniker, Held der Berliner, Star der Salzburger Festspiele. »Ich«, sagte der Mann, dessen Namen ich leider vergessen habe, »ich habe mein Leben lang mein immer schon absolutes Gehör gepflegt. Lieber wäre ich tot als diesem menschenfeindlichen Lärm ausgeliefert.«

Der Lärm steigert sich zum grandiosen Finale und verebbt schließlich.

KARL: Ich bin ja nur Träger, das heißt, i trog die Kranken obe, in die Urologie zum Beispiel. Aber schön war's schon, wie ein Team aus Wiener Philharmonikern und Wiener Symphonikern, das Beste aus beiden Welten, bei uns in der Intensiv gastiert hat – zu Ehren des sterbenden Herrn Dirigenten.

Karl packt seine Sachen und geht ab.

DR. NEDBAL: Vom Hörensagen weiß ich, was sie gespielt haben: Brahms und Bruckner. Solchen im Grunde vereinbaren Gegensätzen verdanken wir Menschen die geistige Seite unserer kreativen Lebendigkeit. Wer bin ich? Heute bin ich der Mann mit dem verkrusteten Intimbereich, dem man das Bett macht. Am frühen Morgen die Vorwarnung der guten Schwester: »Vorsicht, Herr Nedbal. Ich bin mit dem Waschlappen in Ihrem Popsch unterwegs.« Das hab ich jetzt vom Leben. Merkwürdig, merkwürdig. Ich hab mich einmal schon in dieser Situation gesehen. Damals ging ich im Erzherzog-Ketterl-Spital den Gang entlang. Ich erhaschte einen Blick in ein Zimmer. Die alten Männer lagen darin herum. Um Gottes willen, dachte ich, ich doch nicht. Niemals ich. Heiße Angst, richtige Wallungen, darauf Verdrängung mit aller seelischen Kraft. Dass ich tatsächlich an genau dem Ort gelandet bin, der mir so einen Schrecken eingejagt hat – es bringt einen auf die Idee des Aberglaubens, hier wäre Bestrafung im Spiel. Das Schicksal – bis in die Knochen, bis ins entzündete Bauchfell hinein kein sinnfremder Naturvorgang, auch nichts, was irgendeiner Logik folgt, und sei es der der körperlichen Verwahrlosung. Das Siechtum ist physisch, flüstert der Aberglaube, und es ist zugleich metaphysisch. Mich amüsiert die Fragwürdigkeit, ob ich genug Sünden genossen habe, um hier gelandet zu sein. Wenn, dann hätte es sich ausgezahlt. Wenn nicht, dann bin ich über Gebühr bestraft worden. Wurscht, ich kann's ja niemandem zurückzahlen. Ich weiß, Träume werden wahr, vielleicht, aber sicher die Alpträume.

Nedbal steht auf wie ein Gesunder. Verbeugt sich vor dem Publikum wie in einem drittklassigen Kabarett. Vom Band Beifallsstürme, unterbrochen von Meinungsäußerungen.

»Das geht in die Geschichte ein!«
»Ja, als der große Nedbal-Monolog.«
»Das ist doch Scheiße.«
»Im wahrsten Sinne des Wortes.«
»So ein Scheißdreck.«
»Wo sind die Ideale?«
»Ja, wenn der Nihilismus die unteren Schichten erfasst, dann sehe ich schwarz für die Kultur.«
»Gehn S' scheißen, Sie Geistesaristokrat.«
»So ist der Mensch – Nedbal spricht Klartext.«
»Will ich alles nicht wissen.«

»Weiß ich eh alles.«
»Sowas spieln s' heute im Burgtheater...«
»Heruntergekommen, auf den Hund gekommen.«
»Herrlich. Ich hab in der Volksoper sowas Ähnliches gesehen. Aber das war mit Musik.«

Die Judokämpfer haben ihre Matte eingezogen. Ein zehnter Dan tritt vor das Publikum. Er sagt wenig engagiert:

Meine Damen und Herren, für das hochgestimmte und hochgebildete Publikum bringen wir jetzt die Arie einer gewissen Brünnhilde. Musik: Richard Wagner. Text auch von ihm.
Und nun vom Band:
An Brünnhildes Felsen fahrt vorbei.
Der dort noch lodert,
weiset Loge nach Walhall!
Denn der Götter Ende
dämmert nun auf...

VERWANDLUNG

ALBERT: Mein Augenstern schläft oder das geträumte Huhn namens Hohn macht seine Aussage.

Pause. Halbdunkel. Ein riesiges Huhn mit dunkelbraunem Gefieder betritt die Bühne. Das Huhn trägt links und rechts einen Putzkübel. Es erscheint über der Szene die Putzfrau aus Asien mit ihrem klipp-klapp-klappernden Putzbesen. Auf der Bühne liegt ein alter nackter Mann in einem Bett. Er liegt fast gekreuzigt da, das Huhn wirft vorerst keinen Blick auf diese Ikone des Leidens.

HUHN HOHN: Putzen, putzen. Ich bin das geträumte Huhn, aber Sie sehen, es gibt mich wirklich. Nennen Sie mich einfach eine Grenzgängerin zwischen Traum und Wirklichkeit. Ich bin auch das zynische Huhn: Krankheit, sage ich, ist etwas für Schwächlinge. Kein Wunder, dass man sie in Therapie-Kasernen auf einen Haufen zusammenwirft und vielleicht am Sonntag besucht. Hierzulande ist man jenseits aller Empathie so sensibel. Sogar einige Hühner aus dem Putztrupp betreten hier alle Zimmer und grüßen die Kranken: »Guten Morgen, wie geht es Ihnen heute?« Die Leute hier mögen uns Ausländer nicht, nicht besonders. Sie sind in ihrer Mehrheit Chauvinisten, ohne dass sie – so wie wir Polen – dafür berühmt wären. Aber wenn sie Hilfe benötigen, dann kaufen sie sie halt ein, und die Ausländer, die sie weghaben wollen, bleiben halt da. »Was täten wir ohne euch, wer würde unsere Alten pflegen?« Pflegen, pflegen, pflegen. Manche der Menschen, die die Einheimischen in einem fort pflegen und pflegen, verstehen kaum Deutsch. Die sind viele Jahre hier, davon dreißig Jahre auf der Neurologie im Lainzer Krankenhaus, sie radebrechen Deutsch. Klären Sie so eine Hilfsschwester aus der weiten Ferne oder aus der Slowakei über Ihre Schmerzen auf. Wenn Sie Pech haben, tut die dann so, als verstünde sie jedes Wort – damit man ihrem Unverständnis nicht auf die Schliche kommt und sie nicht auch beruflich diskriminiert wird. Aber das simulierte Alles-eh-Verstehen erzeugt die größten Missverständnisse. Diese Woat-a-bissi-Sprache. Oder: »Ich sprecke gut Englisch als Deutsch.« Und beruflich: Unverständnis. Das gilt nicht nur für uns Ausländer. Einige der stolz erworbenen Hilfskräfte heißen »Keine Ahnung«. Ich weiß nicht, ob das ihr Name ist, aber so stellen sie sich vor: »keine Ahnung, keine Ahnung.« Andererseits droht Gefahr. Und schon wieder hat ein Irrer eine Krankenschwester fast erwürgt. Ein Schlachtfeld. Rettet die Retter ... Na ja, eh alles eine Frage des Mammons. Für

10 000 Euro pro Tag pflegen sie dich ganz fein – bis in deinen güldenen Sarg hinein. Typisch für die Dekadenten ist das Gejammer über die Zweiklassenmedizin. Sie jammern lieber, als dass sie sich darüber freuen, dass auch ihre Armen versorgt werden. Zum Sterben zu viel versorgt, zum Leben oft genug zu wenig. Die Daseinsfrömmler sagen: Der Tod gehört zum Leben. Stimmt einerseits. Der Tod hinterlässt mitten im Leben einen Leichnam. Er ist eine Grenze – da kennen wir Ausländer uns aus. Da gibt's auf der einen Seite ein Diesseits und unwiderruflich auf der anderen ein Jenseits. Wo gehört der Tod hin? Für die Theologie bin ich nicht da, da hat man eigene Fachkräfte, die sich angestrengt bemühen, ja nicht das Wort Gott auszusprechen, denn das könnte ja im letzten Moment seines Lebens einen Ungläubigen vor den Kopf stoßen. *(Das Huhn Hohn raucht sich eine Zigarette an.)* Putzen, putzen. *(Entgegen dieser Ankündigung einer Tätigkeit nimmt das Huhn Platz auf einer Bank nahe beim Bett.)* So, jetzt wird im Rauchverbot geraucht. Putzen, putzen, putzen. *(Sehr seltsam: Das Huhn spricht die ganze Zeit Polnisch, aber sein Polnisch kommt übersetzt aus seinem Munde. Jeder hier kann jedes Wort verstehen. Es ist ein Rätsel, das man vielleicht auf die Formel »sprechende Untertitel« bringen kann. »Ich versteh' das auch nicht«, sagt Albert. Er könnte aber auch gesagt haben: »Auch das verstehe ich nicht!«)* Noch ist Polen nicht verloren. Für Ungläubige, also für Nicht-Polen: Man kann es googeln. Die Mär vom nicht-verlorenen Polen ist der erste Satz der polnischen Nationalhymne: »Mazurek Dąbrowskiego«, gedichtet 1797. Mir kann Polen gestohlen bleiben. Es ist heute, sagt man, »gespalten«, ich kann das Wort gespalten nicht mehr hören. Oder sie sagen: Ganz Europa, ja, die ganze Welt ist »bis zur Zerrissenheit gespannt«. Hören Sie? Hören Sie's nicht? Das ist das pandemische Grundrauschen. Es schafft für kurze Zeit eine Zusammengehörigkeit, die aber gegeneinander ausgelebt wird. Grenzen, Grenzen, Grenzen, Quaran-

tänen und Gesetze. China, die USA und Kanada, dieser Wurmfortsatz der Vereinigten Staaten. Rette sich, wer kann. Ach, ich altes Huhn, ich sehe so gerne amerikanische Fernsehserien: »Law and Order«, ein längst abgesagtes Justizdrama, mit dem man einem nicht interessierten Publikum beibringt, wie gut Polizei und Staatsanwaltschaft aufeinander eingespielt sind. Da sind sogar die Mörder freudig dabei beim Einspielen.»Law and Order«: In einer der Folgen fantasiert ein religiöser Fundamentalist den Weltuntergang – bei genauer Datumsangabe. Als eines der Endzeichen nennt der Amerikaner die Europäische Union. Das Leben ist immer gespalten, die Union ist der Tod. Armes Amerika, es ist nicht allein auf der Welt. Wir Polen hatten die Russen, um nicht allein zu sein. Die konnten wir nie so richtig abzocken – die nehmen lieber alles und haben den Mund voll, was sie einem geben: die ganze Völkergemeinschaft, den Kommunismus. Ja, man sollte in die Politik hineinschauen, damit man versteht... Aber Politik interessiert mich nicht. Ich habe polnische Literatur in Warschau unterrichtet, am Gymnasium. Jetzt verdiene ich mehr: »Putzen, putzen.« Die Literatur bleibt privat. Unser großer Gombrowicz hat gesagt, in der Emigration geben sich alle Polen als Aristokraten aus. Damals halt, was zählt heute ein polnischer Aristokrat? In Polen haben wir doch eine Demokratie, alle sind supergleich. Aber die polnische Putzfrau, die zählt hier, auch wenn sie schlecht behandelt wird. Ich schau mir an, was die Dekadenzler ohne uns machen würden. Ich sag's gern nochmal. Dekadenzler – da hat Putin, der harte Hund, recht. In dieser Spitalshölle lagert man die armen Teufel ein. Sie arbeiten nichts mehr, und sie leben von der Krankenkasse. Aber sie haben nie so viel eingezahlt, wie sie jetzt kosten. In dem Zimmer daneben steht auf dem Kasten drauf: »Pflegekasten.« Ich lese immer »Pflegekosten«, bin eben ökonomisch veranlagt. Begünstigung durch Bedürftigkeit und Solidarität! Ans Bett gefesselt, lassen die Lebenskünstler sich von den Krankenschwestern bedienen. Die müssen nicht einmal aufs Klo, weil sie für alles Schläuche haben. Bei manchen sogenannten primitiven Völkern gibt es einen guten Brauch: Man schickt die Menschen, die nicht mehr mit der dynamischen Vitalität des Stammes mithalten können, in die Büsche. Dort können sie ruhig sterben.

Das große braune Huhn dämpft seine Zigarette aus, steht auf und nimmt in jede Hand einen Putzkübel. Als ob das Huhn Hohn ihn zum ersten Mal gesehen hätte, sagt es zum alten Mann: Sie wissen schon, dass Sie pudelnackert daliegen? *(Der Nackte schweigt.)* Lieber als so ein Alter wäre mir ein nackter Junger.

Das Huhn kichert.

VERWANDLUNG

Die Kapelle zum Totengedenken im Spital der iatrogenen heiligen Denkwürdigkeiten. Dr. Nedbal. Trudi und Max Tuberer. Man hört das Armesünder-Glöcklein und dann Orgelmusik der französischen Spätromantik.

DR. NEDBAL: Wir Menschen sind einander nie genug. Wir haben schnell genug voneinander. Aber weil wir den Nächsten als für uns nicht ausreichend empfinden, können wir ihn gut und gerne hassen. Wenn wir lieben, dann sind wir uns selbst nicht genug. Glück nennen wir, wenn sich jemand gefunden hat, der sich als unsere Ergänzung darbietet, und wenn wir wirklich Glück haben, dann haben wir auch bald von dieser Ergänzung genug.
TRUDI: Media vita in morte sumus.
MAX: In meiner Station liegt ein alter Herr. Er schreit den ganzen

Tag. Aber er schreit nur: »Hallo, bitte, bitte, hallo.« Er hat seine Kommunikation auf das Überflüssigste eingeschränkt. »Hallo, bitte, bitte, hallo« ist das Mantra seiner Rollstuhlexistenz auf dem Gang im dritten Stock. Man fragt ihn, was er ihn denn fehle. Er erwidert darauf nur: »Hallo, bitte, bitte, hallo.«
TRUDI: Aber manchmal ruft er doch auch »Gerhard, Gerhard!«
MAX: Gerhard ist sein Sohn. »Gerhard« ruft er nie mit Nachdruck, sondern stets matter of fact, ganz so wie er im früheren Leben den Sohn gerufen hat. Er fingiert mit der Namensnennung sein verlorenes früheres Leben. Allerdings manchmal erhebt er seine Stimme für die Gerhard-Rufe. Es ist, als würde er sich bei der sogenannten Wirklichkeit erkundigen, ob Gerhard für ihn noch da sei.
TRUDI: Mit den Rufen macht sich der Mann seine letzte Wirklichkeit.
DR. NEDBAL *(in seiner Besinnung fortfahrend)*: Galater 5,19: »Die Werke des Fleisches sind deutlich erkennbar: Unzucht, Unsittlichkeit, ausschweifendes Leben, Götzendienst, Zauberei, Feindschaften, Streit, Eifersucht, Jähzorn, Eigennutz, Spaltungen, Parteiungen, Neid und Missgunst, Trink- und Essgelage und Ähnliches mehr.« Das ist ne schöne Latte, damit kommt keiner ins Himmelreich. Hilft dagegen der Geist oder ist er gar in seiner Antipoden-Existenz hilflos erstarrt? Galater 5,22: »Die Frucht des Geistes aber ist Liebe, Freude, Güte, Treue, Sanftmut und Selbstbeherrschung.« Schmecks!

TRUDI: Ich glaube, die moralische Illusion dient bloß einer Strategie, die das Heterogene der Haltungen und das Abgründige des Tuns und des Erleidens vereinheitlichen möchte. Dem überhaupt nicht Integrierbaren, dem schmerzlich Auseinanderfallenden soll für einen faulen Frieden der Nipf genommen werden.
MAX: Kan Nipf ham heißt mutlos sein.

TRUDI: »Will dir das absolut Spekulative aller Ethik nicht in den Kopf, so mache eine Reise um die Welt. Du wirst nachher Bergson und Spinoza lesen [...], wie wenn du einen Besuch in einem Heim für Schwachsinnige machen würdest«, sagt Walter Serner.
DR. NEDBAL: Dessen Spur sich in einem Konzentrationslager verliert.

VERWANDLUNG

[Inschrift, von Pfleger Albert hochgehoben: FINALE. Es folgt eine Choreografie, eine Pantomime. In Schlangenlinie – unter Führung von Politikberater Höferl, Leiter des Instituts für Anlügeberatung – kommen Männer in schwarzen Slimfit-Anzügen über die Bühne. Und Frauen, gekleidet in der Boutiquenmode des gehobenen Mittelstands. Es ist ein gemischter Chor, der sogenannte »Kompetenzchor« der jeweiligen Bundesregierung. Hinter jeder Figur ein Sekretär, der eine Aktentasche trägt. Die Protagonisten der Politik, auch »das Gesundheitssystem« verkörpernd, kommen an der Rampe zu stehen. Sie machen schweigend, aber als ob sie sprechen würden, die Bewegungen und Gesten des Argumentierens und des Überzeugenwollens – und auch des Anordnens. Für das Anordnen fahren sie die Zeigefinger der rechten Hand aus, stechen damit in die Luft und machen eine Bewegung der Entschiedenheit: So und nicht anders, es gibt keine Alternative! Alles läuft in einer durchkomponierten Choreographie ab. Vor der Kamera eines Fernsehteams: der Politikberater Höferl. Seine Stichworte sind dem Volk bekannt: ein klares Ziel, ein klares Projekt, eine klare Strategie. Deutlich-Sein, Deutlich-Machen, Deutlich-Sprechen. Orientierung und Einsatz. Engagement und Authentizität. Glaubwürdigkeit und ein Hineinhören in das Volk, eben Bürgernähe. Gestern hat er im Fernsehen der Moderatorin Vera gesagt: »Ich empfehle zur Horizonterweiterung meinen Aufsatz ›Politikwissenschaft als Schwurbel. Analysen für das Einheitsmedium aus öffentlich-rechtlichem Fernsehen und Corona-Zeitung‹, erschienen in der internationalen Zeitschrift *Uninteresting Political Affairs* (New York und Treibach-Althofen). Das kurze Werk zum langen Ruhm ist ein Beispiel für meinen soziologischen Sinn, den wir auf meiner heimatlichen Universität … Na ja, eigentlich war ich Journalist und lernte so die Politik von innen …«] *Heute hält Höferl, der morgens in der Corona-Zeitung und Tag und Nacht im Fernsehen ist, die Festrede des Finales. Er hat ein besonderes Anlügen, nein, Anliegen.*

HÖFERL: Hallo Dienstmann! Die Analysenrunde ergibt runde Analysen. Wegen der Angelobung, grätscht mitten ins politische Geschehen hinein. Auf jeden Fall das Amt weiter verführen. Wer fragt, der führt, und wer führt, fragt nicht. Das Paradox ist das Stigma der Moderne. Man frage nicht. Windige Aktien im Labyrinth undurchsichtiger Geldströme. Mehr Transparenz! In Wien wird so viel Brot weggeworfen, dass man mit diesem großen Wurf alle Grazer ernähren könnte. Es trenzt der Lenz vor Transparenz. Mein Hund bezahlt die Tierarztrechnung selbst. Ich habe den Belag und folgendes Anliegen: Dieses Land braucht, ich lege mich dafür ins Zeugl und fest, braucht zwei Bundespräsidenten. In Worten 2. Erstens weil derzeit eh zwei billig zu haben sind, sie wurden, ach was sind, nämlich von Geburt an Bundespräsidenten. Dazu muss man geboren sein. Also zwei wie das doppelte Lottchen, ebenfalls zwei Blutsverwandte, zu lange voneinander getrennt. Keine einsame Spitze, eine Doppelspitze, ganz in der Tradition. Es geht also um den Doppelpräsidenten – eine Fortsetzung des Doppeladlers mit den gleichen Mitteln. Zusammenführen, zusammen führen. Einiges und noch einiges mehr. Es war so kalt in Florida, die Leguane fielen von den Bäumen. Zwei Bundespräsidenten reden mehr als einer und viel mehr als keiner. Das Land braucht, einer ähnlicher dem anderen. Zwei. Wir müssen aus doppelter Röhre heraus hören, dass wir nicht so sind, geschweige denn so sind, wie wir sind. Oder tatsächlich anders formuliert: Im Treibaus der Sitzungsstühle ist das Vereinende. Wir brauchen mehr Verführungskräfte in der Politik. Anubis führt die Hundeseele sicher durch das Totenreich. Das Verneinende ist laut, aber out. Gott sei Dank. Die große Herausforderung meistern, gemeinsam statt Leinsam zum Frühstück. Wir hängen alle an einem Strang. Das Ausgrenzende abstellen und gute Ergebnisse einfahren. Erzielen und Gestalten. Wenn die Gestalten veralten, muss man halt mehr verwalten. Gestalten die Gestalten oder umgekehrt die Gestalten gestalten? Man muss vor Ort und am Abort helfen. Mei Zeugl steht in da Gruam. Hallo Dienstmann! Ich danke Ihnen für die Aufmerksamkeit *(verbeugt, verbiegt sich tief)*.

Lärm hinter der Bühne. Erstarrung der Politikdarsteller. Deren Szene löst sich auf. Sie verteilen sich nonchalant über die Bühne.

ALBERT: Wir machen Schluss. Wir vom Lesetheater haben das Privileg, aufhören zu können, während es in Devil's Kitchen weitergeht, ohne Rücksicht, es geht kalt und zugleich überhitzt zu. Kalt und warm für jede und jeden, je nach Beschädigung. Wir mögen überlebt sein, verlebt, aber wir haben überlebt – bis jetzt.

Von der Hinterbühne wird ein riesiger Tisch hereingeschoben, übervoll mit Getränken. Der höhnische Mond Zicke-Zacke fällt vom Himmel. Ein Riesentheater, Chaos. Ein paar der Darsteller drängen zur Rampe, um beliebige Sätze zu sagen:

Das Leben schlägt auf uns ein. Aber wer will deshalb nicht am Leben sein?

Es sammelt sich das Wasser in den Beinen so wie das Virus in Vereinen.

Marge Simpson: Großvater, du darfst keine gefährlichen Medikamente schlucken – außer sie sind in einem Pappbecher.

I brauch ka Haus mehr / Und kan Gortn / Auf mi braucht kane mehr zu wortn. / I krotz mir meinen wunden Rücken. / I muaß mi nimmer bücken.

Sie ist die Prinzessin auf der Erbse / nimmt man ihr die Erbse / dann sterbtse.

Die letzten Tog / lieg i stolz und stille / in mein Krankenbett auf ana Rille. / Mei Leintuch ist ganz schlecht gespannt. / Bald ist es auch entmannt.

Der echte Wiener hat immer recht.

Rasch verrinnt das Leben.

Vom Erotischen ins Sklerotische.

Ohne Empathie kann man niemanden manipulieren.

Wenig Hoffnung, viele Facetten.

Was hast du eigentlich gegen einen durchtrainierten Pfleger mit einem knackigen Arsch?

Hier liegen meine Gebeine. / Ich wollt, es wären deine.

Kurt Tucholsky: Das Leben ist gar nicht so. Es ist ganz anders.

Die Klinik-Clowns, die weiß Gott gute Arbeit machen, treten mit ihrem Meeresprogramm auf, den Seemann ansprechend: »Deine Heimat ist das Meer, / Deine Freunde sind die Sterne, / Über Rio und Shanghai, / Über Bali und Hawaii ...« *(Das erfüllt noch den dementesten Insassen unserer Pflegeheime Lebensgier).*

Aus dem Hintergrund der Bühne kommt unsicheren Schrittes eine schon bekannte Figur.

DER MANN: Bin ich hier richtig ... Kann man hier ... Ich möchte ein Gedicht vertagen, also vortragen.
TRUDI UND MAX: Ein Gedicht, ein Gedicht.

Der anonyme Mann beginnt an der Rampe zu deklamieren:

In jedem Augenblick ist es so, dass das Individuum es selbst und die Gattung ist. Dies ist die Vollkommenheit des Menschen, als Zustand gesehen ...

Der Gedichteaufsager hat in den geselligen Lärm einige Schweigeinseln gerissen. Das hält nicht, und der Pfleger und Zeremonienmeister Albert beansprucht einmal noch seine Autorität.
Der anonyme Mann versucht jedoch, am Wort zu bleiben:

... deshalb fallen die Individuen nicht numerisch auseinander, ebenso wenig wie der Begriff der Gattung zum Phantom wird. Jedes Individuum ist wesentlich an der Geschichte aller anderen Individuen, ja genauso wesentlich wie an seiner eigenen interessiert. Die Vollendung in sich selbst ist daher die vollkommene Partizipation am Ganzen. Kein Individuum ...
ALBERT: Schluss, Schluss, wir machen Schluss. Jetzt.

VORHANG

EDITORISCHE NOTIZ

Zu den Problemen, die am Ende des Buches »Lachen und Sterben« mir durch mein Schreiben erst entstanden sind, gehört die Unsicherheit, ob Freud heute noch recht hat, wenn er den Witz ans Unbewusste gebunden sieht.

Eine solche Bindung habe ich bei einer Lesung in Brasilien erlebt, als ich einige Körperflüssigkeiten und das Leiden ihrer Beherrschung erwähnte. Im Publikum saß ein Priester, ein kleiner, dicker Herr. Er sprach mich auf meine Übertretung an, und er hatte eine Mimik aufgesetzt, die man nur mit dem Idiotenwort »verschmitzt« bezeichnen kann. Er freute sich verschämt und kindisch über das, was ich »herausgelassen« hatte. Es erleichterte ihn, weil endlich heraus war, was zu verbergen man ihm beigebracht hatte, und er schien meinen gemütlichen Tabubruch demonstrativ teilen zu wollen.

Aber das war absolut Old School. Die professionelle Komik veröffentlicht alles Geheimgehaltene auf diesem Gebiet. In »Two and a Half Men« furzt Lindsey ins Sofa hinein, um ihrem Geliebten Respektlosigkeit zu zollen. Lindseys Sohn, ein Teenager, der vorbeikommt, hält sich die Nase zu und beklagt glaubwürdig eine ungeheure Geruchsbelästigung. Auch die Werbung kennt nichts Anrüchiges: Eine Dame sagt nachvollziehbar, dass es »unten« juckt, und eine andere schwärmt davon, dass sie »eine Waffe in der Hose« habe. Man trägt das Unbewusste auf der Zunge, mit der man Geld verdient. Es gibt nichts mehr zu überwinden, keinen Gruß mehr aus dem Unbewussten, und so fehlt dem Witz der

Überraschungseffekt, der einem hilft, im Notfall jede Peinlichkeit lustig zu finden.

Ein leicht melodramatischer Freund hat mir gesagt: »Ich habe mehr gelacht als geliebt.« »Er zerreißt sich«, verlautet es über den Lachenden. Das kann einem in der Liebe auch passieren. Lachen und Liebe haben gemeinsam, dass man sich wieder zusammensetzen muss. An der Liebe kann man zerbrechen. Das Lachen, falls man kein habitueller Witzbold ist, lässt einen ungeschoren. Ich wollte mir einen anschaulichen Begriff über das Lachen bilden – eine nicht abzuschließende Aufgabe.

Jetzt soll ich, weil der Verleger es will, eine editorische Notiz schreiben. Der Text über Helmut Qualtinger ist einst im *Falter* erschienen, ebenso der über Heinz Conrads. Der Text über den, wie man sagt, legendären Herrn Karl ist in der dritten Lieferung der »Grundbücher der österreichischen Literatur« (*profile* 26, 2019) abgedruckt, der meiner Zusammenschau Österreichs vom Burgtheater bis Glasenbach in der *Neuen Zürcher Zeitung*. In der Zeitschrift *GEO* erschienen einige Ansätze über den Wiener Schmäh. Alles habe ich überarbeitet und dabei mich selbst auch.

Die meisten Texte jedoch sind für dieses Buch geschrieben. Kann sein, ich weiß es nicht, dass ich in der Aufzählung etwas vergessen habe. Das kommt davon, dass ich erstens schlampig bin. Zweitens bin ich nicht der Buchhalter meiner eigenen Arbeit. Diese Arbeit funktioniert, wenn überhaupt, als *work in progress*. Progress heißt hier nicht Fortschritt. Es meint den kaum zu unterbrechenden Bewusstseinsstrom, die andauernde Befassung mit seinen Themen, die jeden Menschen, der auf eigene Art zu schreiben versucht, am Ende charakterisiert.

»Lachen und Sterben« ist eine Hommage an das Jahr 2020. Ich höre dort auf, wo ich 2020 angefangen habe. Als Prof. Dr. Klaus Brinkmann, der Chefarzt der »Schwarzwaldklinik«, einmal zu spät zu einem Konzert kam, erklärte er der versammelten Kulturmeute: »Ein akuter Blinddarm nimmt keine Rücksicht auf Mozart.«

F. S., Dezember 2020

INHALT

2020 7
Tot in Wien 9
»Lebenshilfe Wien« 11
Der Tod im Haus 26
SOKO Donau 28
Taubenvergiften im Park.
Über den Wiener Schmäh 29
Der Blues 38
Unser Wien. Eine Anleihe bei Karl Kraus
und Elias Canetti 42
Blendung heute 58
Mein Österreich 61
Notizen auf Kur 71
Die Gesellschaft der Gierale 77
Fragmente der Eitelkeit 81
Fragmente der Einsamkeit 104
Rembrandt im Selbstbildnis 118
Der Tod des Vaters 124
Versuch über einen Publikumsliebling 126
»Das österreichische Antlitz erscheint.«
Zu Helmut Qualtingers Bedeutung 136
Der Herr Karl und andere Herren 146
Da Korl 154
Schmähführen. Über Lukas Resetarits 155
Über Philosophie und Schauspielkunst ... 170

Alles Theater!	182
Ringsgwandl	185
»Das Komische ist von Natur aus kalt«	188
Alte Leier	230
Erste Liebe	231
Carmen	234
Hummelflug	235
Aufzeichnung zur Lage am Weltasthmatag (5. Mai 2020)	236
Alte Donau	245
Erledigt	246
Josephinum. Rasch verrinnt das Leben	248
Nach Russland oder Der Tod als Zufallstreffer	264
In Wien kommt der Tod mit dem Taxi	265
Chanson. Eine Hommage an Charles Aznavour	266
Glücksvögel	269
Todesengel. Ein Lesetheater	272
Editorische Notiz	329